当代中国国家治理丛书

国家"211工程"重点建设项目资助
江苏高校优势学科建设工程资助项目
江苏省重点学科政治学一级学科资助项目
马克思主义生态文明理论与江苏生态文明实践协同创新中心资助项目
2014年度江苏省高校哲学社会科学资助项目(批准号2014SJB110)
江苏省"十二五"重点图书出版规划项目

丛书主编 赵晖

汪旻艳 著

网络舆论与中国政府治理

南京师范大学出版社
NANJING NORMAL UNIVERSITY PRESS

图书在版编目(CIP)数据

网络舆论与中国政府治理 / 汪旻艳著. —南京：南京师范大学出版社，2015.12

（当代中国国家治理丛书）

ISBN 978 - 7 - 5651 - 2215 - 6

Ⅰ.①网… Ⅱ.①汪… Ⅲ.①国家行政机关－行政管理－研究－中国 Ⅳ.①D630.1

中国版本图书馆 CIP 数据核字（2015）第 165603 号

书　　名	网络舆论与中国政府治理
作　　者	汪旻艳
责任编辑	刘娟娟　濮长飞
出版发行	南京师范大学出版社
地　　址	江苏省南京市宁海路 122 号（邮编：210097）
电　　话	（025）83598919（总编办）　83598412（营销部）　83598297（邮购部）
网　　址	http://www.njnup.com
电子信箱	nspzbb@163.com
照　　排	南京凯建图文制作有限公司
印　　刷	江苏凤凰通达印刷有限公司
开　　本	660 毫米×970 毫米　1/16
印　　张	15.25
字　　数	233 千
版　　次	2015 年 12 月第 1 版　2015 年 12 月第 1 次印刷
书　　号	ISBN 978 - 7 - 5651 - 2215 - 6
定　　价	45.00 元
出 版 人	彭志斌

南京师大版图书若有印装问题请与销售商调换

版权所有　侵权必究

总　　序

新中国建立以来,经济、政治、文化、社会和生态等各方面均发生了巨大的变化。以改革开放为分水岭,新中国的发展分为两个阶段。改革开放以前,中国建立和实行一套计划经济体制以及与之相适应的政治体制、行政体制、文化体制和社会体制。实践证明,计划经济条件下以高度集中的政治体制为单一重心的国家治理方式经过30年的曲折发展,已然不能适应当代中国经济社会发展的需要。

改革开放以来,国家治理呈现出若干显著特征:(1)经济体制改革推动政治体制的适应性改革,政府管理由计划体制的管理逐渐转向市场经济体制的管理。(2)现代化条件下的国家治理方式经历了一个不断深化的过程,改革的重点由精简机构、党政分开到转变职能、政企分开,再到注重效率、责任行政、服务型政府的构建。(3)政府角色和管理方式逐步转型,从过去完全是管制型政府、全能型政府,转变为一个能够注重社会管理、注重服务质量的政府;由过去完全的社会资源的分配者逐步转变为资源的保护者、调控者和公共物品的提供者;行政行为由控制结果、权力主导转向过程管理、规则透明、服务主导。

国家治理方式改革虽然取得了一些实效,但是一些深层次的问题并未得到根本解决。当前的主要问题在于:(1)政府职能转变相对滞后的局面没有得到改变,政府在提供公共服务方面,和公众的需求相比,还存在着明显的差距,主要表现为对公共服务职能重视不够,公共服务投入不足,公共服务体制僵化,质量不高。(2)将国家治理成果完全量化,强调数字化的政绩,忽视社会全面、协调、可持续发展。在经济增长论英雄观念的长期主导下,公共服务理念并未引起一些地方领导的足够重视,招商引资、上项目、征地、筹措资金、经济规划等问题成为政府决策的主要议题,一些亟待解决的重大民生问题被忽视,形式主义、官僚主义、政绩工程等问题未能得到有效的遏制。(3)尚未建立公共服务型财政体制。目前中国的财政体制基本还是"建设财政"和"吃饭财政",其中用于经济建设的费用明显偏高,而用于社会服务的费用偏低。公共支出被过多地投入竞争性和盈利性领域,而涉及公共安全、公共卫生、教育事业、社会保障和基础设施方面的财政投入不足。(4)国家机构改革依然没有跳出"精简—膨胀—再精简—再膨胀"的循环,政府部门设置过多,部门之间职能交叉、权责不清、部门利益化比较突出等。

解决当前国家发展中存在的深层次问题的根本路径就是,在整个中国特色社会主义民主政治的框架下,依法治国,全面构建现代化的国家治理体系与提升现代化的国家治理能力。推动今日中国国家治理研究须坚持三条基本方法论。

1. 西方治理理论必须与中国本土化相结合

20世纪70年代以后,西方国家因为国家机构的庞杂僵化和效率低下等问题,将治理理论引入了政治学领域,其中突出表现为管理理论的更新。以奥斯本为代表的学者,主张在政府等公共部门广泛采用私营部门成功的管理方法和竞争机制,强调文官对社会公众的响应力和政治敏感性,倡导更加灵活、富有成效的管理。其后以登哈特为代表的一些学者,又提出了新公共服务理论,认为政府的职责是服务而非掌舵,追求公共利益是政府的最终价值。新公共服务理论将公民置于整个治理体系的中心,推崇公共服务精神,重视政府与社区、公民之间的对话沟通与合作共治,试图实现政治与行政、民主与效率在更高层次上的统一。这些理论不仅有力推动了西方国家公共行政的转型,也为推动当下中国公共行政转型提供了有力的理论支撑。

然而,西方国家治理理论,从一般理论设计到学科体系安排,都是以该国的国情与实践为背景和分析基础的,其理论设计和学科体系的安排必须解决两大问题:一是对该国现实的国家治理中的现象与问题进行理论解释，以解除人们认识上的困惑；二是对该国未来的国家治理活动进行理论指导，防止具体的治理实践活动误入歧途。可见，西方的国家治理理论实际上是该国国家治理活动中各种实践活动在理论层面的反映和诉求，其理论设计和学科体系安排与该国国情是紧密契合在一起的。加上不同国家的文化差异，导致国家治理理论中的基本概念的使用都被深深地打上了本国文化习惯的烙印。对于这种与某国国情相适应的公共行政理论，我们不能简单地照搬照抄过来，我们的正确态度只能是把其作为研究分析的素材和思路，结合我国的国情和我国的国家治理实践要求，进行必要的理论和理论体系的再创造。为此，我们要立足中国国情，坚持将西方国家治理理论与中国具体实践相结合，着力将西方先进的治理理论与中国传统文化相结合，科学、合理地批判、借鉴和吸收西方国家治理活动发展中所形成的基本理论，并以此来指导当前中国国家治理现代化的伟大实践，推进西方国家治理理论的中国化，为中国的国家治理现代化目标作出贡献。

2. 抓住政府理念转型建设这一关键议题

政府理念转型是贯穿当下中国国家治理的关键议题，是中国国家治理现代化的基本方向，是现代化国家治理方式的理论路径与现实目标。我国的政府理念属于传统型行政管制理念，政府是公民的管理者，公民处在政府政治权力的统一管制之下，并未将公民及其他社会组织视为对等的主体。同时，还认为政府职能无所不包。管制政府通常是所谓的"全能型政府"，政府权力渗透到经济社会生活的方方面面，然而在提供公共产品和公共服务方面却缺乏物质保障。由于传统的管制行政模式缺乏调动公众积极性的有效手段，束缚了经济社会的健康发展，社会财富贫乏，公众的生活只能维持在较低的水平，民生陷入困境。市场化改革以来，由于政府在医疗、教育、就业、住房等问题上把一些本该由政府承担的职能推向市场，而市场的作用也不是万能的，因为市场机制在公共产品和公共服务供给上会失灵，于是种种民生问题凸显出来，教育、医疗、社会保障、住房等成为民众普遍且持续关心的问题，已到了非解决不可的地步。

要解决这些问题,根本的出路在于以全新的国家治理方式,推动实现政府职能的切实转变,并进行相应的机构改革,即从传统的国家管理转变为现代化的国家治理,打造真正的服务型政府。服务型政府就是要为社会服务,为公众服务,这不仅仅是对政府公共服务职能和社会管理职能的强调,也是对社会主义市场经济条件下政府管理本质、政府职能和管理方式的要求,包括政府如何服务于中国经济和社会的可持续发展,如何适应基本公共服务均等化要求,如何有效解决重大的民生问题等。

3. 促进社会治理与政府改革的有效互动

在国家治理现代化中,体制改革和社会治理都要经受考验,一切都要为适应内外的压力和挑战而进行积极的变革。当下中国正在经历一场伟大的现代化社会治理运动,即从农业的、乡村的、封闭的半封闭的传统型社会,向工业的、城镇的、开放的现代型社会转型。当代中国社会治理的实质就是如何完成经济、政治和思想文化等领域全面性的社会变革,由传统农业社会向现代工业社会、传统计划经济体制向社会主义市场经济体制、封闭型社会向开放型社会转变的社会变迁和社会发展,实现"中国式"的现代化。当下中国的社会治理对政府改革提出了紧迫的要求和严峻的挑战:公民对行政知情和参与的权利意识凸显,对于行政机构和行政者公正、关怀、善治与精细化服务的诉求和期待不断上升,而行政领域的信息透明度仍然不高,许多涉及群众切身利益、发展与福祉的问题未能得到足够的重视和解决;当代行政的系统性与交互性不断增强,而现实中"自上而下"的单向式行政模式难以满足新形势与复杂环境下社会治理科学性与精细化的需要;新兴领域不断涌现导致现有的行政监管盲区也不断扩大,而目前的行政资源、技术手段和制度保障严重不足,难以适应社会发展的需要;现实中不断涌现的众多公共问题和社会矛盾日益尖锐突出,亟待更优的行政管理和行政决策来解决和完善。在此背景下,中国宏观的国家治理理念与方式要尽快适应社会治理活动中变化的趋势,加快体制机制的改革,通过自身的改革积极回应社会治理的现实需求,强化政府的社会管理和公共服务,真正把政府自身的重心转移到医疗、教育、社会保障等民生领域中来,使公共行政成为实现社会转型目标的强大动力和重要保障,让中国的社会治理和社会发展从此进入到一个制度文明的新时代。

推动当代中国国家治理现代化是一项长期而艰巨的任务。遵循上述三条基本方法论,真正实现传统国家管理向现代国家治理转型,就必须在行政理念转型、政府形象塑造、政府绩效优化、公共政策创新、政府职能转变等方面下功夫。这几个方面构成了当前中国国家治理的核心课题。

转变治理理念是传统国家管理向现代国家治理变迁的前提。传统国家管理倾向于把效率视为政府行政管理的最终目的,从而常常使自己陷入单纯工具理性的泥淖。由于过分强调对效率和工具理性的追求,公共行政无力反省自身的根本价值,将其变为执行与管理的工具,以致它不但无力担负起捍卫民主政治价值的责任,也无法实现提升公民道德水准的使命。坚守民主、平等、自由、秩序、公共利益为核心的公共精神,推动公共行政以为最广大人民群众的根本利益服务为终极目标,是现代国家治理的价值体现,也是摒弃传统国家管理困境的必由之路。

国家治理中,政府是政策制定与决策的主导与核心。政府形象既是政府活动的产物,又是政府治国理政的前提和资源。如果政府在社会公众心目中的形象比较良好,这种形象就会转化为政府履行职能、提高公共服务能力的积极资源。反之,就可能会妨碍政府履行职能,甚至削弱政府的公信力和执行力。政府良好的形象需要政府的各级部门和政府中的公职人员通过自己的不懈努力来塑造。一个政府全心全意服务于公众,坚持依法行政,勇于担当责任,处处节约廉洁,有较高的执行力,它就具有树立良好形象的基础。因而,必须把各级人民政府的行政权力纳入法治化的轨道,建设法治政府;同时加强对行政权力的监督和制约,建设责任政府。

良好的政府形象要建立在公共服务的优质绩效上。在现代国家治理理念下,需要探索的是科学、合理的政府绩效优化管理,即政府绩效管理必须立足于优化政府公职人员的服务行为和质量,必须优化政府部门行为和服务的质量,必须优化政府整体行为和公共服务质量,制定绩效战略,明确各个层面的绩效目标,来达到优化政府绩效的目的。

公共政策是保证国家治理现代化进程的重要基础条件。公共政策的制定和实施是服务型政府的一项经常性工作。顺应体制转轨的需要,作为治国理政重要手段的公共政策必须创新,而且政府优良的形象和良好的绩效也要依赖于公共政策创新。公共政策创新的任务就是要致力于消解政策冲突、政策风险、政策负排斥、政策执行偏差、政策终结受阻、政策供给滞后等公共行政转型的难题。

政府职能转变是国家治理现代化的关键环节,其成败直接关系到国家治理转型的成败。总体而言,政府职能就是处理公共问题,包括经济调节、市场监管、社会管理和公共服务等,大量非公共性的问题应让位给市场,让位给社会。因此,必须转变政府职能,推进政府治理创新,从根本上理顺政府与市场、政府与社会的关系,强化政府公共服务职能,实施民生战略,提升政府公共服务能力,构建民生型政府。

基于以上考虑,我们不揣浅陋,编写"当代中国国家治理丛书"。本丛书的作者均为南京师范大学公共管理学院的教师。丛书从不同视角对当代中国国家治理进行解读,试图更加深刻地揭示当代中国国家治理的历史背景、动力机制,深入探究当代中国国家治理的价值向度和内在规律。然而囿于学术水平,各种观点必然存在诸多疏漏和不当之处,我们热诚欢迎学界同仁和广大读者的批评指正。

本丛书的出版得到江苏高校优势学科建设工程项目资助;南京师范大学出版社徐蕾女士、张春女士对丛书的出版倾注了大量的支持、关心和帮助;本丛书吸收了学界同仁的研究成果,在此一并表示衷心感谢。

南京师范大学公共管理学院　赵晖
2015 年 12 月 12 日于随园

前　言

"治理"是一个古老的词汇。对于国家治理的需要始于政府开始显示自己是一个独立于市民之外的组织，而不仅仅是一个过程。在古代雅典，市民聚集于市场处理公共事务，政府只是处理这些事务的一个过程，并不独立于市民之外。但是，今天很少有人认为政府是一个过程。事实上，作为一种制度模式，它已经成为社会中的诸多角色之一，而且是一个非常重要的角色。政府被认为是独立的实体不仅因为它已经成为一种制度，也因为它已经作为某一群体的代表。

就当代社会而言，治理一词被广泛使用始于20世纪90年代，目前广泛应用于各个领域，遍及组织治理，拓展到问题治理，还应用于基层社会治理和政府治理，甚至全球治理。人们越来越认识到，"治理是一种驾驭和引导社会和组织的艺术"[①]。它包括权力如何应用，决策如何作出，居民或利益相关者如何参与决策过程，等等。治理是结构之间、过程之间以及传统之间的一系列互动。与管理相比，治理一方面更侧重行动，是一种由共同的目标支持的活动；另一方面，治理是指一系列的价值、政策和制度，通过这些，社会可以来管理它的经济、政治和社会进程。从本质上看，首先，管理的权威主要来自政府，而治理虽然需要权威，但这个权威并不为政府所垄断。治理是政治国家与公民社会的合作、政府与非政府组织的合作、公共机构与私人机构的合作、强制与自愿的合作。其次，权力运行的向度发生变化。管理的权力运行是自上而下的，它运用政府的政治权威，通过发号施令、制定和实施政策，对公共事务实行单一向度的管理。与此不同，治理则是一个上下互动的过程，政府、非政府组织以及各种私人机构主要通过合作、协商、伙伴关系，通过共同目标处理公共事务，所以

[①] Tim Plumptre & John Graham, Governance and Good Governance: International and Aboriginal Perspectives, Institute On Governance, Canada, December3, 1999.

其权力向度是多元的,并非纯粹自上而下。社会力量在治理中的作用日益增强,也可以通过正常途径,自下而上地对政府施加影响。

当下公共领域的实践和现代政治学、行政学等研究已将治理拓展为一个内容丰富、包容性很强的概念,重点是强调多元主体管理,民主参与式、互动式管理,而不是单一主体管理。中国的政治发展历程中也积累了大量国家治理的智慧和经验,并对"治理"这一概念赋予了许多新的内涵。

新中国成立以来,特别是改革开放以来,作为全国范围内长期执政的中国共产党不可回避地关注国家管理,创建科学合理、逻辑清晰的理论,构建结构完整、主体多元的体系,探寻针对性强、行之有效的方法,并顺应时代潮流和社会需要不断提升能力,虽然那时候并没有明确提出过"治理体系"和"治理能力"的理念。作为新时期改革开放的"升级版",党的十八届三中全会通过的《中共中央关于全面深化改革若干重大问题的决定》对新的历史起点上的改革作了系统部署,明确提出全面深化改革的总目标是完善和发展中国特色社会主义制度,推进国家治理体系和治理能力现代化。"国家治理"便成为了党关于全面深化改革的思维体系、话语体系和制度体系中的一个核心范畴、一个重大理论创新。由此,推进和完善政府治理就成为中国共产党和政府、学术理论界和普通群众关注的理论课题和实践任务。

当前,我国社会发展已进入互联网"新常态",呈现出不同于往常的新特征。信息技术特别是网络技术的发展,改变了几千年来形成的信息传递方式、人际间的沟通方式和社会管理的组织方式,并对社会生活和政府运作的方式产生了深刻的影响。同时,无线电信网、固话网、电视网等与互联网的相互融合在技术上已经实现。互联网的普及使得我国经济社会发展的技术基础发生了质的变化,互联网不仅成为新型主流媒体,而且开始支撑越来越多的各类创新应用,对公众日常生活的渗透力度持续扩大,改变了传统的社会舆论格局以及政府治理的社会基础。根据麦肯锡全球研究院2014年7月24日在上海发布的最新研究报告,截至2014年6月,我国网民数量达6.32亿。[①] 他们通过互联网更加关注社会实践,而且

---

① 中国网民数量达6.32亿人[OL].[2015-04-30]. http://sh.people.com.cn/n/2014/0725/c176737-21772166.html.

热衷于在网上发表意见,参与新闻跟帖和论坛讨论,言论十分活跃。

因此,当代中国的政府治理除了立足于社会主义初级阶段这个最大国情外,更应该及时关注信息化时代的新变化,关注网络舆论对政府治理的重要影响。互联网时代网络信息源急剧增多,信息传播速度更快,互联网平台上的服务更加错综复杂,互联网管理涉及的范围越来越广,对网上信息进行监控和及时处理的难度也越来越大。在这样的背景下,中国政府必须结合实践环境的新变化,考虑研究对象的特殊性,牢牢把握信息技术革命的契机,积极应对网络舆论对政府治理带来的种种变化和挑战,在提高回应性、完善服务、透明公开、现代高效几个维度上努力改善政府治理。

本书以马克思主义辩证法和历史唯物论为总的方法论原则,首先,通过规范性分析和经验性分析相结合的方法,一方面,根据治理理论的一般原理和价值取向,寻求政府的治理之道;一方面,分析和掌握信息时代网络舆论现状及走向,综合马克思主义关于舆论问题的基本理论,通过典型个案研究寻求经验支持。其次,通过运用历史性分析与系统性分析相结合的方法,展开舆论历史演进、治理理论在中国适用性的分析,梳理舆论和政府治理的关系脉络,并以此为鉴,更全面系统地提炼政府治理所涉及的政府与公民、政府与政府的关系。再次,通过学理分析与政策分析相结合的方法,一方面从理论上论证政府治理从内在理念到外在模式及形态的转变过程;一方面从实然角度进行定性的政策分析以提供政策保障。

目　录

总　序 ··· 1

前　言 ··· 1

导　论 ··· 1
  一、研究问题的提出 ·· 1
    （一）网络舆论背景下中国政府治理的特殊性 ············· 1
    （二）研究网络舆论背景下中国政府治理的意义 ············ 4
  二、研究综述 ·· 6
    （一）我国学者对治理理论的引介及发展 ······················ 6
    （二）西方学者对"治理"的关注及释义 ······················ 11
  三、本书研究思路及基本框架 ······································ 17
    （一）研究思路 ·· 17
    （二）基本框架 ·· 18

第一章　网络舆论和治理理论概述 ······························ 20
  第一节　网络舆论的基本问题 ······································ 20
    一、马克思、恩格斯对舆论的科学认识 ······················ 20
    二、舆论概念的历史演变与当代释义 ·························· 22
    三、网络舆论的含义和特点 ······································ 28
    四、网络舆论的形成过程 ··· 32
  第二节　治理理论及其在中国的适用性 ·························· 36
    一、马克思主义经典作家的国家理论及治理意蕴 ············ 37
    二、治理理论的代表人物和主要观点 ·························· 39

  三、"治理"概念的创新价值和政府治理的含义 …………… 42
  四、治理理论视野下的当代中国政府治理实践 …………… 46
 第三节 网络舆论与政府治理的互动关系 ………………………… 48
  一、网络舆论为治理理论提供了新视角 …………………… 49
  二、政府治理创新是网络舆论功用理性发挥的必然前提 …… 53

第二章 网络舆论背景下的中国政府治理基础 ………………… 59
 第一节 马克思主义经典作家的舆论治理功用思想及其发展 …… 59
  一、马克思主义经典作家关于舆论治理功用的阐述 ……… 60
  二、马克思主义经典作家舆论治理功用思想的继承与发展 …… 62
 第二节 中国政府治理社会基础的两极走向 …………………… 64
  一、网络舆论有效提升网络公共领域的发展水平 ………… 65
  二、网络舆论可能导致网络公共领域的生态失衡 ………… 69
 第三节 中国政府公共权力结构的转型 ………………………… 71
  一、网络舆论推动公共权力结构从控制型向参与型转变 …… 72
  二、网络舆论促使公共权力结构从金字塔型向扁平型发展 …… 74
  三、网络舆论创制了公共权力监督制约的新形式 ………… 75
 第四节 中国政府巩固权威的挑战及机遇 ……………………… 80
  一、政府网络舆论危机导致政府公信力下降 ……………… 80
  二、网络舆论挑战地方政府权威的案例分析——以钱云会事件
    为例 ………………………………………………………… 85
  三、网络舆论是政府巩固权威的契机 ……………………… 90
 第五节 网络舆论对中国政府公共政策制定的影响 …………… 93
  一、网络舆论对公共政策制定的积极影响 ………………… 93
  二、网络舆论对公共政策制定的消极影响 ………………… 98

第三章 网络舆论背景下的中国政府治理理念 ………………… 101
 第一节 中国政府治理理念转变的内因外由 …………………… 101
  一、网络舆论对政府传统治理理念积弊的冲击 …………… 101
  二、网络技术普及的客观要求 ……………………………… 103
  三、网络舆论放大社会张力下的现实要求 ………………… 104

第二节　网络舆论背景下中国政府治理理念的转变 …… 107
一、从垄断性治理理念转向协同性治理理念 …… 107
二、从"官本位"意识转向公民本位理念 …… 109
三、从管制理念转向服务理念 …… 114
四、从效率理念转向责任理念 …… 118

第四章　网络舆论背景下的中国政府治理模式 …… 122
第一节　中国政府治理模式创新的理论基础 …… 122
一、马克思主义经典作家的"人民参与"思想与参与式治理理论 …… 123
二、协商治理理论 …… 128
第二节　中国政府"协商—参与"治理模式的可行性分析 …… 133
一、中国政府"协商—参与"治理模式的现实基础 …… 133
二、参与式治理在中国的实践 …… 134
三、协商治理在中国的实践 …… 136
四、参与式治理和协商治理的衔接与互补 …… 138
第三节　网络舆论背景下"协商—参与"治理模式的基础条件 …… 141
一、培育"协商—参与"治理中的共识精神 …… 142
二、构建"协商—参与"治理模式的合法性基础 …… 143
三、加快"协商—参与"多元治理主体的成长 …… 145
四、形塑"协商—参与"治理的伦理精神 …… 146
第四节　"协商—参与"治理模式自上而下的推动 …… 148
一、提升制度自我革新和吸纳能力 …… 148
二、从控制到对话的转变 …… 150
三、促进自由表达和规范的平衡 …… 152
第五节　"协商—参与"治理模式自下而上的践行 …… 153
一、组织化"协商—参与"：从"共同体模式"到"自组织模式" …… 154
二、拓宽基层"协商—参与"的渠道 …… 156

第五章　网络舆论背景下的中国政府治理形态 …… 158
第一节　电子治理的基本内涵与主要范畴 …… 158

一、电子治理的基本内涵 ······ 159
二、电子治理的主要范畴 ······ 161
第二节 国外电子治理发展概况及其经验 ······ 162
一、国外代表性国家电子治理发展概况 ······ 163
二、国外代表性国家电子治理发展的基本经验 ······ 169
第三节 网络舆论背景下中国电子治理的必然和实然 ······ 171
一、网络舆论背景下中国电子治理的必然性 ······ 171
二、网络舆论背景下中国电子治理的实然性 ······ 174
第四节 网络舆论背景下创新政府治理形态的路径选择 ······ 179
一、确立以"顶层设计"统领电子治理整体发展的模式 ······ 179
二、实施网络舆论与电子治理互动的保障性措施 ······ 183
三、强化电子治理的核心运行机制 ······ 186
四、拓展电子治理的实现路径 ······ 189
五、利用"大数据"提升电子治理智能化水平 ······ 203

结　语 ······ 210

参考文献 ······ 213

后　记 ······ 227

导　　论

一、研究问题的提出

(一) 网络舆论背景下中国政府治理的特殊性

党的十八届三中全会提出"推进国家治理体系和治理能力现代化"的治国理政新理念,这是对十八大提出的"加强和创新社会管理"理念的创新和发展。从"社会管理"上升到"国家治理",是中国共产党人在总结历史经验、把握时代脉搏、探索执政规律的基础上对治国方略的重大创新。秉承着党中央对中国治理问题的指导思想,国内学者高度关注"治理"课题,主要形成了以下认识:治理主要是指政府在一个既定的范围内运用权威维持秩序,满足公众需要;治理的目的是在各种不同的制度关系中运用权力去引导、控制和规范公民的各种活动而最大限度地增进公共利益;从政治学角度看,治理是指政治管理的过程,它包括政治权威的规范基础、处理政治事务的方式和对公共资源的管理;较之其他理论,它更关注在一个限定的领域内维护社会秩序所需要的政治权威的作用和行政权力的运用。

将中国政府治理置于网络舆论的背景中,其特殊性体现在:

第一,中国政府治理创新具备了一定的公民社会基础。

新中国成立后,我国建立起了计划经济体制,它的特征是高度集中,社会一切资源集中于国家,国家的触角延伸到社会各个领域,并逐渐取代社会作用,形成了以政府为中心,以单位体制为基础的一元化社会管理模式。

改革开放以后,伴随市场经济体制的建立和完善,政府体制改革也在深入进行,政府职能进一步明晰,政府机构得到精简和调整,政府作用逐步退出微观领域,对社会规制有所放松,市场开始在资源配置中发挥基础性作用。社会资源流动性增强,市场、社会和个人的占有能力也得到了提升。在这样的背景下,社会自主发育空间得到释放,社会自主能力不断提升,各类非政府组织蓬勃涌现,承担了大量的社会公共事务,"小政府、大社会"的雏形开始出现,打破了单位制下个人与国家的强依附关系,具体表现如下。

(1)政府控制范围缩小。政府从管理者转变为服务者,从专制走向民主,向包容多元主体的多元化发展,"以人为本"视角更多聚焦于公民权益和弱势群体。公民的自主性显著增强,政府对社会文化、科研和生活领域的直接干预和控制越来越少。

(2)相对独立的社会力量纷纷形成。首先是产生与建立了为数不少的具有相对独立地位的经济组织,其次是逐渐建立了各种具有独立地位的非政府组织,上述组织合力构成未来公民社会生活的主要部分。

(3)新媒体的出现成为联系政府与社会的桥梁。新媒体改变了人们固有的思维方式和行为方式,重塑着人们的道德观念和精神价值,尤其是社交媒体和移动互联网,由于其较低的进入门槛和更为方便、快捷、自由的空间,大大拓宽了大众获得信息的渠道并降低了获得信息的成本,使之成为大众生活和工作的首选。在电视、报纸等传统媒体的基础上,网络媒体这一新媒体形式成为中国尚属薄弱的公民社会的集体发声器,成为公共领域利益表达的重要渠道,也为政府了解民意、掌握社会动向提供了新的手段。

第二,转型期中国政府治理面临新的挑战。

网络舆论是现实社会风险在网络虚拟社会的一种景象和释放。处于转型期的中国政府治理面临风险和机遇并存的局面,而其风险在一定程度上与重大网络舆论事件密切相关,因为社会关系越紧张,社会群体的承受能力越弱,社会不安全感越强,则诱发的网络事件越多。从最近一些重大国际事件的报道和反应来看,网络舆论无论是在传播的速度和规模、影响的地域范围还是媒体的表现形式等诸多方面,都远远超出了以往的大众传播媒体,在社会领域和政治动员中充分展现了混沌学所言的"蝴蝶效应",即当某种有影响的事件出现以后,在网络上各个电子公告板、新闻组、微博都会迅速做出反应,来自民众自发性的声音通过"多对多"的交流形式迅速演变成有组织的大规模集体行动。在2008年奥运火炬传递、"抵制家乐福事件"、汶川地震中的网络救援以及"范跑跑事件"和"王石捐款门事件"、"贵州瓮安群体性事件"、"山西省娄烦铁矿山体滑坡事件"、周正龙的"华南虎事件"等一系列事件中,网民参与意识强烈,网络舆论发挥了较大作用。这些网络舆论事件均涉及重大的社会公共问题,如保护公民权利、监督公共权力、维持社会秩序、伸张社会正义等。自2009年以来,网络舆论更是高潮迭起、层出不穷。据人民网舆情监测室发布的分析报告,2009年统计了国内五大网络社区的发帖(不含跟帖)量,有16项热点事件超过了5 000条,其中5项事件的发帖量已经超过万则。[①]在这种新形势下,如果政府传统的治理理念、治理机制、治理模式不能有重大突破,政府公信力必然受损,经济与社会管理也会有失控的风险。因此,中国政府改革面临的挑战,已经不仅是政府职能转变的问题,更是政府治理创新和转型的问题。

第三,信息时代的中国政府治理需要与时俱进。

进入21世纪,互联网正以前所未有的速度在发展,尽管这中间有曲折,但网络虚拟空间的政治走向已初见端倪,网络已成为公民政治参与的重要工具,电子治理为政府治理提供了很好的范式,网络成为推动政府再造的主要力量。"正如英国学者登力维所言,信息网络几十年来一直是形成公共行政变革的重要因素。"[②]虽然工业时代信息技术的革新只是改变了政府的办公方式和信息处理方式,对政府管理变革并未产生根本性的影响,但应该看到,信息时代网络技术的成熟和信息系统的广泛应用已深刻影响到社会的方方面面,政府只有突破传统的僵化管理模式,提高对行政生态环境的灵敏度,才能更好地应对技术变革对政府治理的新要求。

网络的开放性为各个治理主体提供了广阔的参与平台,它不仅轻松地改变了精英阶层对话语权的垄断,而且促进了强弱势群体力量格局的调整,使得社会弱势群体也获得了更多的发言权。广大公民尝试密切关注政府的政策走向以及实施情况,并通过网络积极主动地与政府进行接

---

① 祝华新,单学刚,胡江春.2009年中国互联网舆情分析报告[OL].[2013-07-12].http://yuqing.people.com.cn/n/2012/0727/c209170-18615454.html.

② 顾丽梅.网络参与与政府治理创新之思考[J].中国行政管理,2010(7).

触,将自己的感受、意见反馈给政府,对政府的治理政策提出批评和建议,这些信息反过来促进政府行政效率的提高。在此背景下,发生了极大变化的政府治理环境与运行环境必然要求政府治理与时俱进,治理路径由单向运作转向双向互动。

(二)研究网络舆论背景下中国政府治理的意义

政府是人类文明发展到一定历史阶段的产物,即伴随生产力的发展、私有制的出现、阶级的产生、社会矛盾和冲突的发生而产生和存在。将各种矛盾和冲突维持在秩序范围内是人类赋予政府的基本职能和作用,政府对人类社会发展不可或缺,对促进经济社会发展具有非常重要和不容忽视的意义。世界银行的考察和研究说明:在一国经济和社会发展过程中,政府的作用举足轻重,决定了经济和社会持续发展的可能性。在国家层面的改革推进、影响方面的能力和潜力也是不可替代的。如一国政府能很好地发挥这一能力,将推动经济快速发展,否则将阻碍经济的发展。

在网络舆论背景下考察政府治理符合我国社会发展的需要,对促进我国社会主义民主政治建设有着积极的作用。以中国共产党十六届四中全会首次把建立健全舆情信息汇集和分析机制写入《中共中央关于加强党的执政能力建设的决定》为标志,舆论工作受到了前所未有的高度重视,这是贯彻"以人为本"、顺应现代政府治理理念的科学举措。因而,如何建立一个能够促进发展的良好政府,如何用科学理论指导政府创新,如何将政府治理置于网络舆论环境进行全面分析,具有十分重要的理论价值和现实意义。

当然,本书研究不是不加批判地照搬照抄西方治理理论,而是根据中国治理实际,批判地借鉴西方治理基本理念来理解政府治理的含义。

首先,作为分析框架,政府治理是政治学新的研究领域。政府治理反映了中国在转型期的特征。按照相关理论,"治理"若得以存在和实现,需具备两个前提,即成熟的多元管理主体以及它们之间的伙伴关系,民主、协作和妥协的精神。[①]然而,在当下中国,这两个条件并不能说完全成熟。一方面,"官本位"在中国还相当盛行,部分官员往往不把人民当作社会的

---

① 沈佩萍.反思与超越:解读中国语境下的治理理论[J].探索与争鸣,2003(3).

主人;另一方面,我国公民还缺乏运用政治权利来保护自己合法正当权益的强烈要求和训练。①

政府治理是走向现代化国家的进程中社会对合理有序秩序的需求。根据发展中国家转型的经验教训,发展中国家在由传统向现代的转变过程中,随着经济的增长,社会秩序失范的危险性也越来越大,正如美国著名学者亨廷顿所言:"现代性孕育着稳定,而现代化的过程却滋生着混乱。"现实中,网络本身的权力分散、全球化以及权利赋予的特点,使网络的自由表达权利有被滥用的可能,产生危害他人及公共利益甚至引发社会混乱的严重后果,因此,为保证有一个强有力的政府,强调政府治理是一个必不可少而又顺应潮流的明智选择。

政府治理是中国经济社会发展的阶段性结果。从经济社会的发展阶段来看,至今为止,人类历史上共存在三种经济社会形式,即农业社会、工业社会和后工业社会。与三种社会发展阶段相适应的社会治理模式分别为统治型、管理型和服务型。社会的低度复杂性决定了政府能够有效地治理一个社会,即使需要社会自治组织参与社会治理的过程,也是以政府为中心的;而当人类进入后工业社会,随着社会经济的复杂性和不确定程度的增加以及多元主体的出现,仅靠政府自身管理社会经济事务已经变得越来越困难,政府必须转变角色,与社会自组织一道进行合作治理。②

其次,从实践来看,近年来政府治理无论是在成效、能力还是模式方面都取得了极大改善,但是在特定的环境和特定的发展阶段,治理的重点都应该有所变化。以网络舆论为载体、以网络社交为形式的新媒体技术是信息技术发展的代表性成果。在虚拟空间,网络突破了传统的地域限制,实现了全球互联,成为网络政治的发源地。在现实社会,信息技术赋予不同的行为主体新的信息收集、处理、传递能力,进一步解构传统的社会权力结构。诸多重大国际性事件均体现了新媒体崭露头角、拓展信息空间的巨大作用,如2010年"朝鲜扣留韩国渔船事件"、2011年"东日本大地震"、2012年"钓鱼岛事件"、2014年"马航事件"。网络政治对政府治

---

① 俞可平,李景鹏,等.中国离"善治"有多远:"治理与善治"学术笔谈[J].中国行政管理,2001(9).
② 张康之.行政伦理的观念与视野[M].北京:中国人民大学出版社,2008:347.

理能力的挑战,无论是在范围、力度还是深度方面都是不容小觑的。为了实现善治目标,政府应重塑治理理念,并在理念支配下进行制度建设和结构调整,并将网络社会作为新的治理对象和治理重点。

再次,对于作为"元治理者"的中国政府而言,应该把网络舆论转化为良性执政思维与治理行动,争取更大范围的理解和支持,自觉把互联网的优势转化为推进社会治理的现实动力和强大合力。而怎样通过网络舆论获取真正的民意,怎样有效实现网络舆论监督,怎样正确引导网络舆论,则是政府治理面临的现实难题。习近平总书记指出:"做好网上舆论工作是一项长期任务,要创新改进网上宣传,运用网络传播规律,弘扬主旋律,激发正能量,大力培育和践行社会主义核心价值观,把握好网上舆论引导的时、度、效,使网络空间清朗起来。"①由于对网络舆论的认识局限,网络舆论与现存体制之间仍然存在着摩擦和冲突,具体表现就是党和政府的信息控制能力强,信息交流以自上而下为主要形式,现存体制难以提供释放公民话语权的足够空间。公民的话语权是公民的基本权利,也是公民社会的基本要求。只有保证自由、平等、独立的话语权,才能更好地维护公民的知情权、监督权和批评权。正如米歇尔曼所认为的那样,话语指的是对社会协作的一种态度,一种开放的态度,它容许经过论证接受他人和自己的态度。②

因此,需要从认识、体制上入手解决网络舆论面临的冲突和矛盾,既要警惕"民意多数"带来的"多数人暴力",防止对网络舆论过于放纵与妥协;也要反对政府为维护其核心利益而对网络舆论采取绝对控制的行为,以拓展网络舆论发挥作用的空间,促进网络舆论与政府治理互动。

二、研究综述

(一)我国学者对治理理论的引介及发展

自1995年刘军宁(智贤)在《GOVERNANCE——现代"治道"新概念》一文中对治理作了最早介绍以来,以治理为主题的相关论著日益增

---

① 总体布局统筹各方创新发展,努力把我国建设成为网络强国[N].光明日报,2014-02-28.
② 尤尔根·哈贝马斯.包容他者[M].曹卫东,译.上海:上海人民出版社,2002:284.

多,已经成为一个方兴未艾的新兴研究领域。治理理论是具有深远影响力但远未尽善尽美的理论,因此在国内学术界也引起了许多争议,大致上,国内政府治理研究可以归纳为以下几个方面。

第一,对治理理论的引入和介绍。毛寿龙、李梅、陈幽泓所著的《西方政府的治道变革》比较系统地介绍、分析了20世纪70年代末以来,西方国家陆续开始的以政府职能市场化、公共管理引入市场机制、在信息时代重塑政府、调整政府与行政关系为主要内容的治道变革。在治理理论引入和介绍方面,贡献最大的则是俞可平。在《治理和善治引论》一文中,在列举关于治理既有主要观点的基础上,俞可平提出了对治理内涵的理解,"治理一词的基本含义是指在一个既定的范围内运用权威维持秩序,满足公众的需要"[①];明确辨析了治理和统治的区别,认为"善治就是使公共利益最大化的社会管理过程。善治的本质特征,就在于它是政府与公民对公共生活的合作管理,是政治国家与市民社会的一种新颖关系,是两者的最佳状态"[②]。2000年9月出版的《治理与善治》因收录了治理理论的代表人物斯托克、库伊曼、杰索普、罗茨等人的著作,引起了国内理论界的强烈关注。

对治理理论的引介,比较重要的文章还有:胡仙芝的《治理理论与行政改革》(《中国行政管理》2001年第1期)和《治理视野中的行政改革》(《新视野》2001年第5期),程杞国的《从管理到治理:观念、逻辑、方法》(《南京社会科学》2001年第9期),孙柏瑛的《当代政府治理变革中的制度设计与选择》(《中国行政管理》2002年第2期),孔繁斌的《治理对话统治——一个政治发展范式的阐释》(《南京社会科学》2005年第11期),关学增的《当代西方国家的社会治理思潮》(《湖南师范大学学报(哲学社会科学版)》2006年第4期),聂平平与王章华的《公共治理的基本逻辑与有限性分析》(《江西社会科学》2006年第12期),龙献忠与杨柱的《治理理论:起因、学术渊源与内涵分析》(《云南师范大学学报(哲学社会科学版)》2007年第4期),曾凡军的《西方政府治理模式的系谱与趋向诠析》(《学术论坛》2010年第8期),刘少华的《作为一种治理新模式的政策网络》(《理论探讨》2010年第4期),陈剩勇的《网络化治理:一种新的公共治理

[①②] 俞可平.治理和善治引论[J].马克思主义与现实,1999(5).

模式》(《政治学研究》2012年第2期)。这些论文分别从不同角度介绍了治理理论,为治理理论的引介做出了贡献。

第二,"政府管理"的研究途径。这一研究将治理等同于政府管理,将公共管理改革问题置于市场化条件下,对政府与市场的关系也是从政府部门的角度理解的,主要有"最小国家的治理"、"新公共管理"、"善治"等用法。国内学者的研究是从20世纪90年代中后期开始的,《公共论丛:市场逻辑与国家观念》这本书中最早出现了有关"治理"的论文。毛寿龙教授在《西方政府的治道变革》一书中将"governance"翻译为治道,认为治道是在市场条件下政府如何界定自己的角色,如何运用市场的方法管理公共事务。治道变革指的是"西方政府根据如何适应市场经济的有效运行的需要来界定自己的角色,进行市场化变革,并把市场化观念引进公共领域,建设开放而有效的公共领域"[①]。

国内诸多学者也遵循这一研究途径,延伸了不同的研究视角。徐勇教授认为治理不仅涉及公共权力运作,而且涉及权力配置。付永等人论证了政府治理结构与区域发展的逻辑辩证关系,指出地方政府治理结构的组合要素是政府、市场和企业,提出了制度成本、制度创新和正式制度等分析框架。王小龙、吴昊等运用实证主义研究方法、经济学研究工具对地方政府治理效能低下的原因进行分析,从经济学的视角提出对策。

第三,对治理理论的"中国化"阐释。首先,许多学者以官僚科层制模式为起点研究中国的治理问题(娄成武、张建伟,2007)。此类研究试图将官僚等级的治理主张进行中国的本土化适应性诠释。传统官僚科层制作为一种有效治理工具,其作用不言而喻,中国的单一制结构与政府治理主体的强势地位使其仍然具有生命力。其次,部分学者从市场模式的角度研究,其成果揭示了中国社会转型期基层政府的治理特点。基层政府处于压力型体制之下,一方面承担着主导经济体制市场化改革的重任,一方面承受着来自社会结构变化和市场经济发展带来的压力,一方面又承受着新生机制对传统机制的冲击。基层政府的治理基本围绕各项指标进行,包括对指标分派、落实和最后的评估,其实质是契约关系对政治领域的渗透(杨庆东,2002)。为进一步提高治理效率,政府也会考虑公共服务

[①] 毛寿龙.西方政府的治道变革[M].北京:中国人民大学出版社,1998:7.

合同外包的形式,将政府的部分公共服务职能转移给其他社会主体。再次,学界开始重视网络模式,从已有研究来看,以公民权利制约、监督政府权力逐渐成为共识。研究还指出,理性建构和发展政府与第三部门的合作、信任关系是推动治理创新的基础(郭道辉,2005),公民的广泛政治参与是推进治理的动力。

第四,公民社会导向研究。关于中国治理的研究一直与中国公民社会存在交集,许多有关公民社会的研究蕴含了中国治理的研究成果。俞可平等人认为中国公民社会的发展缺乏一定的制度环境,国家应通过正式的法律、法规、政策和非正式的规则规范公民社会的行为(俞可平、何增科和徐秀丽,2006)。康晓光等人对中国公民社会现状进行梳理并做出理论阐述,较为创新地提出政府对不同的社会组织采取分类控制策略(康晓光、韩恒,2005)。

在政府与公民社会关系方面,李娜、曾维和指出"公民治理是公民崛起时代背景下形成的一种以公民为中心的新型政府治理模式,它具有独特的概念框架与理论模式。它主张由公民自己来决定自己的命运与公共事务,这是一种由积极的公民直接治理的形态。公民事实地参与到公共治理中来,并影响和参与公共决策的制定与执行"[1]。徐君认为公民治理模式的目标是"在最基层的社区层面上,通过成立必要的治理机构来协助公民持续、便利地参与社区公共事务的决策与实施,形塑出'积极的公民',从而最大限度地实现'强势民主'"[2]。曲丽涛认为:"公民社会的发展必然促使公民对政府提出了越来越多的要求,对公民社会要求反应迟钝的政府将面临着前所未有的合法性危机和信任危机。……公民社会推动的社会治理主体的日益多元化也同时改变着整个社会的治理格局。政府不再是高高在上的、掌管一切的唯一权威治理者,而是与社会共处于同等地位的合作关系中。"[3]

在政府与非营利组织的关系方面,研究成果也不断涌现,如对中国环境保护组织、希望工程、养老院、在华外国非营利组织的研究,均具有一定

---

[1] 李娜,曾维和.从公民参与到公民治理:公众崛起时代西方政府治理理论创新及启示[J].湖北经济学院学报,2010(3).
[2] 徐君.公民治理理论及其对中国街政改革的启示[J].学海,2007(3).
[3] 曲丽涛.公民社会与政府治理模式转变[J].成都行政学院学报,2009(1).

的代表性。

第五,中国地方治理经验的实证研究。在方法上,此类研究更注重案例研究,力图通过案例剖析和经验分析提炼、抽象出一般观点和通用规律。如郁建兴等(2007)对温州商会、王诗宗(2007)对宁波市海曙区政府购买居家养老服务以及王信贤(2006)对中国大陆环保组织的考察。

相对而言,治理概念在我国具有相当浓厚的政治、社会和行政"范式"转换的目的论意蕴,因此,我国学者更强调规范价值。俞可平等在2001年就指出,中国的"治理是建立在转型的三个层次的基础上的:在制度层次上创造中立的国家,在社会层次上创造自由的公共圈或曰民间社会,以及在个人层次上创造自由、'自我'和'现代'的行为模式"①。

第六,对电子治理的关注和研究。起源于国外的电子治理理论也备受国内学者的关注,并成为公共管理理论研究的另一个重点和热点问题。对电子治理的研究大致可以分为两个阶段:"第一阶段是2005年以前,电子治理研究处于萌芽阶段,没有完全作为一个整体被提出来,主要探讨了治理的理念对电子政务的影响、电子治理的一般意义,对电子治理与电子政务关系进行一般性描述;第二阶段是2006年后,电子治理研究成熟发展阶段,从电子治理的本质到电子治理的应用,从机制到体系,电子治理理论也逐渐完备。"②

以 CNKI 期刊全文数据库、万方数据库为检索平台,基于检全率与相关度,以"网络舆论、政府"进行篇名检索,2007年至今,分别检出163篇、283篇文献,以"网络舆论、政府治理"进行篇名检索,分别检出6篇、13篇文献。具有代表性的如顾丽梅的《网络参与与政府治理角色变迁之反思》、王秋菊的《网络时代政府治理水平的提升路径探讨》、周道华的《论网络舆论与政府的互动》、谢金林的《网络舆论的政府治理:理念、策略与行动》等。学术界对网络舆论生态环境、网络舆论产生的多维影响、政府的应对之策作了一定的实证研究和理性分析,并侧重于网络舆论引导、网络舆论的发生机制及原因、网络舆论监督和网络舆情研究四个方面。从现有成果来看,由于研究视角的局限性和学科的交叉性,尚未完全揭示网络

---

① 俞可平.作为一种新政治分析框架的治理和善治理论[J].新视野,2001(10).
② 朱新现.国内外电子治理研究文献综述[J].中国行政管理,2010(10).

舆论和政府治理的内在逻辑关系,存在着值得进一步探讨的问题:

(1)从研究方法和理论基础看,以网络舆论的特点为基础进行网络舆论影响及政府网络舆论规制的研究居多。大部分研究视角愈加细致入微和深化,比如运用网络舆论监控数据进行分析,或建立模型进行微观研究,但也出现了机械套用西方舆论建构模型而忽视具体适用语境的问题。

(2)从概念界定看,对网络舆论的看法见仁见智,如有学者将网络舆情等同于网络舆论,另外一些研究者又坚持对此进行细致区分。同时,多数研究仍然停留在对网络舆论表达的现象描述上,而对隐藏在其背后的复杂社会背景缺乏分析。概念的含糊和批判研究的缺失制约了研究的深入进行。

(3)从研究内容看,相关领域的成果较多,但侧重于分散研究,视角局限于政府的控制、疏导和管理,整体研究如对政府治理理念、治理方式和治理模式的转变问题较少涉及,对网络舆论与政府治理的内在逻辑关联的理论分析不够深入,尤其未能系统地探讨政府治理创新的战略性方案。

(4)从研究的立足点看,绝大部分研究成果都属于操作层面的对策研究,集中于政府应对网络舆论的能力提升和机制建构,深入的学理研究较少,而且著作类成果明显偏少。

(二)西方学者对"治理"的关注及释义

从20世纪90年代开始,西方学者开始逐渐重视研究公共事务领域的治理理论,称之为公共治理理论,研究的范围包括全球治理、国家治理和社区治理,研究的内容涵盖了治理的主体、治理的理论基础、治理工具到治理模式、治理形态等。

1.对"治理"的本体研究

"在政治学领域,詹姆斯·马奇和约翰·奥尔森的著作《制度新探》(*Rediscovering Institutions*)(1989年在美国出版)成为促进当代治理理念最初流行的著作之一。他们对组织的现代化及其适应'变革'的能力进行了追问,并建议研究治理在这方面所起的作用。"[①] 不久之后,在一部名为《普遍政治交换(1990—1991)》的集体著作中,主编德国人伯恩·马兰

---

① [法]让-皮埃尔·戈丹.何谓治理[M].钟震宇,译.北京:社会科学文献出版社,2010:20.

(Bernd Marin)在与众多欧美学者交流的基础上,用不同的方式重新论述了这个问题。"这些学者对务实或者象征性的政治交换进行了思考,这种政治交换我们可以在合作与竞争关系并存的单个行为体或群体行为体内观察到:起初,主要指在各个福利国家进行的大型社会事务谈判,在这些国家中,这样的谈判已经被制度化了,然后相关的思考又扩展到更多的行为体,这些行为体如今都在竞相影响公共政策的制定:企业、行业公会、行政部门、社会组织,等等。"① 第三部谈到治理的作品则出现于20世纪90年代初期,视角更为集中于多极化的所有政治层面,这部于1993年出版的名为《现代治理》(Modern Governance)的集体著作是欧洲政治学研究学会1991年集体工作的结晶,荷兰学者让·库伊曼在书中提请人们把注意力集中在"互动"情况的多样性上,即存在于公民社会和政治权力之间的多样性。

当然,在对现代权力的思考中派生出的、关于治理的上述想法还是比较分散的,但是它们都有相同的诞生趋势、趋同的分析基础和共同的探索对象,即包括地方层面、国家层面和国际层面在内的各级公共权力的相对化。综合上述观点,可以看出这些早期研究所共有的中心论点:"除了其分散性之外,它们都致力于了解在公共行为的众多行为体(个体或集体)之间发展起来的紧密的相互关系。对治理的论证能更好地归纳人们所寻求的协调方式:行为体之间(战略或利益)的协调,还有规则与行动价值的协调。"②

治理理论的代表人物罗伯特·罗茨(R. Rhodes)在列举关于治理的六种不同定义后,较为全面地概括了不同治理模型下的治理本体,即:① 作为最小的国家管理活动的治理,它指的是国家削减公共开支,以最小的成本取得最大的效益;② 作为公司管理的治理,它指的是指导、控制和监督企业运行的组织体制;③ 作为新公共管理的治理,它指的是将市场的激励机制和私人部门的管理手段引入政府的公共服务;④ 作为善治的治理,它指的是强调效率、法治、责任的公共服务体系;⑤ 作为社会控制体系的治理,它指的是政府与民间、公共部门与私人部门之间的合作与

---

① [法]让-皮埃尔·戈丹.何谓治理[M].钟震宇,译.北京:社会科学文献出版社,2010:21.
② [法]让-皮埃尔·戈丹.何谓治理[M].钟震宇,译.北京:社会科学文献出版社,2010:23.

互动;⑥ 作为自组织网络的治理,它指的是建立在信任与互利基础上的社会协调网络。

2. 对治理理论基础的研究

斯托克将网络管理理论、授权理论、社会解释理论看成治理理论的三个主要理论支柱(杰瑞·斯托克,2007)。此外,较有代表性的观点还有实力—依赖关系论、政权论及调节论。

实力—依赖关系论认为,在政治实践中,中央和地方都独立地掌握资源,并以之对对方产生影响,在发挥作用的同时力图扩展自己的资源以摆脱对方的束缚和制约,但实际上,中央和地方掌握的各种资源和采用的方法都是有限度的,不可能完全独立而不依赖于对方。"因此,大多数的政府组织都是以相互依赖为特征的,资源交换是相互依赖的结果。"①

美国学者斯通(Stone)于1989年率先提出了"都市政权"的概念,认为它是一种非正式却比较安定的、方便获取政府机制内部资源的统一体,并持续影响政府决策的客观因素。较之"实力—依赖关系",这种分析方法倾向于多种因素的作用,特别强调经济力量的重要性,并注意到了成长机器(growth machine)未能关注其他冲突和妥协的政治过程。

马克思在分析资本主义再生产过程中比较系统地应用了调节论。他认为资本积累是资本主义再生产特别是扩大再生产的基础,资本积累受到工人、资本家、市民消费者、政府等多元主体以及国际和国内等多重因素的影响,因此,要想顺利实现必须依赖包括经济、政治、文化和社会在内的调节手段。20世纪80年代末以来,许多研究者开始尝试用这一经济学的有效方法来研究城市政权问题,特别是社会转型与其他社会有机体维度的关系。

3. 对"治理"工具的研究

"网络分析"方法最早出现于20世纪30年代的心理学领域,随后就被应用于公共决策机制的研究,其目的主要在于确定一个社会群体内个体之间的关系流和关系结所具有的特点;随后,网络分析又扩展到涉及围绕所有的规范化或非规范化的决策或集体行动进程所展开的合作、竞争

---

① 史伟锋.政府治理理论研究综述[J].江西行政学院学报,2008(S1).

与交流。

"政策网络分析"是一种有效的分析工具并被用于治理研究,罗伯特·罗茨是其积极推动者之一,他充分运用政策网络概念,分析了英国中央与地方的关系。1996年,他提出国家本身已经成为"一个汇聚了各个机构间网络的集合体,这些网络由政府参与者和社会参与者组成,但是没有处于统治地位的最高权力行为体",即处于合作与竞争并存关系的所有公共政策网络组成了一个指导公共行为的新机制,这种"新型"治理能够不求助于统治特权而运作起来。

4. 对政府治理模式的研究

随着西方政府改革向纵深发展,曾作为政府改革与治理理论主导模式的新公共管理日渐式微,取而代之的是协作性公共管理、多中心治理、数字时代的治理、网络化治理、整体治理等政府治理理论。这些理论形成了一种以整体政府与跨部门协同为特征的理论化系谱,[①]成为顺应整体政府改革实践要求而涌现出的创新模式。

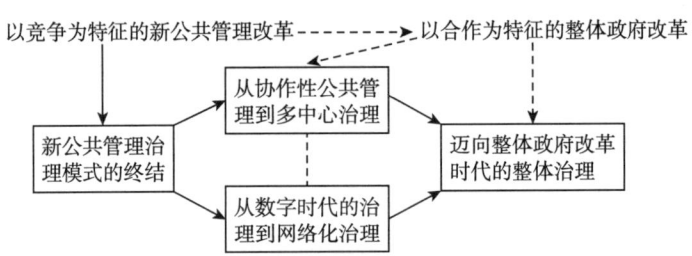

当代西方政府治理模式创新的理论化系谱

一是从协作性公共管理(collaborative public management)到多中心治理(polycentric governance)。把协作作为核心要素是协作性公共管理的主要特征,它也是政府治理模式的一种。罗伯特·阿格拉诺夫和迈克尔·麦圭尔所著《协作性公共管理:地方政府新战略》一书将政府组织间的合作赋予"协作公共管理"新的术语内涵,将"协作"作为描述政府组织间管理的一种基本的描述符号。所谓"政府间"关系不仅包括了联邦、州政府之

---

① 曾维和.当代西方政府治理的理论化系谱:整体政府改革时代政府治理模式创新解析及启示[J].湖北经济学院学报,2010(1).

间的关系,州政府和地方政府之间的关系,以及地方政府之间的关系,而且还包括政府之外的组织间的各种契约、管制、援助、互惠的互动关系,以及政府与准政府之间的关系。

文森特·奥斯特罗姆是多组织、多中心治理研究的主要代表之一。他的著作《美国地方政府》基于实证研究并从历史角度对美国的地方政府治理结构进行了论述。其主要内容包括地方政府治理结构的复杂性("百衲被"结构)、不同层级政府面临问题类型的多样性、政府运作的法律秩序、治理中的公民角色及公民选择、治理机制之间的差异和限度等。多中心治理理论一方面对新公共管理忽视公私部门管理的差别、政治过程和市场过程的差别,以及过分强调市场机制的作用而产生的治理困境做出了理论回应与对策思考,另一方面也对协作性公共管理的基本内涵进行了拓展,引入了制度安排与政策设计等内容。

二是从数字时代的治理(digital era governance)到网络化治理(governing by network)。数字时代的治理是指围绕着信息技术变革和信息系统变化而提出的一种政府治理模式。登力维认为数字时代的治理是不同于传统途径的真正变革和治理模式创新,主要包括以下三大理论主张:① 重新整合;② 以需要为基础的整体主义;③ 数字化变革过程。①

网络化治理理论对数字时代的治理理论进行了扩展,以适应信息时代网络技术发展和信息革命的需求,是一种以跨界性合作服务为基本内容的治理模式。斯蒂芬·戈德史密斯和威廉·D.埃格斯所著《网络化治理》一书认为:"它将第三方政府高水平的公私合作特征与协同政府充沛的网络管理能力结合起来,然后利用技术将网络连接到一起,并在服务运行方案中给予公民更多的选择权。"②也就是说,网络化治理是把先进技术与依靠各种伙伴关系建立起来的横向合作关系有机地结合起来,把新公共管理松散的组织结构连接成为一个有机整体而在公共服务中进行整体性运作。

三是基于整体政府改革时代背景下的整体治理理论(holistic govern-

---

① 陈水生.新公共管理的终结与数字时代治理的兴起[J].理论导刊,2009(4).
② [美]斯蒂芬·戈德史密斯,威廉·D.埃格斯.网络化治理:公共部门的新形态[M].孙迎春,译.北京:北京大学出版社,2008:17.

ance)的提出。整体治理对多种治理理论进行了内涵的扩展与理论的延伸,是对整体政府改革的基本内容进行理论提升的成果。英国学者佩里·希克斯首倡整体性政府的概念,在其第三本著作中将整体性政府改为整体性治理。他认为整体性治理就是政府组织各部门间通过充分沟通与合作,使政策目标趋于一致,彼此协调整合,达到治理目标的治理行动。整体治理涉及治理层级、治理功能和公私部门之间三个方面的整合。①

5. 对信息时代政府治理形态的研究

国外关于信息时代政府治理形态的研究起步于 20 世纪末 21 世纪初,研究与分析呈现出从特殊到一般、从表面到本质的发展过程,文献及成果数量呈快速增长之势。纵观其研究成果,诸多学者认为"电子治理"形态俨然成为信息时代政府治理的全新形态。

(1) 电子治理内涵的研究。从比较典型的成果看,主要从两个维度来阐述电子治理概念。维度之一是政府工作的自动化,实现政府上网。Backus、Kettl、Kim S. K. Snellen 等学者认为,电子治理就是政府业务的计算机化或自动化,是政府利用现代电子和通信技术,便捷地为公民提供政府信息和公共服务的过程,其形式包括互联网、手机、触摸屏和政府服务大厅。维度之二是政府治理模式的信息化。西方电子治理领域的学者们认为,电子治理是政府治理方式的改革,是政府运用技术革命的一切成果构建了虚拟政府,在此基础上改善公共服务的提供,增进政府与公民互动的一系列过程。

(2) 电子治理作用的研究。学者普遍认为,电子治理是连接政府和公民的有效途径,是架起数字鸿沟的桥梁,有利于利用现代信息与通信技术和知识构建一个更加透明、责任、民主、有效的新政府,促进善治,实现善政。

(3) 电子治理面临的挑战和机遇的研究。学者对发展中国家要不要进行电子治理存在意见分歧,部分学者如 Pradip Thomas ,Sharon S. Dawes, Norris, Moon 则对电子治理是否发挥了应有功能存在质疑。

(4) 电子治理中遇到的问题及解决方法的研究。研究成果认为电子

---

① Perri 6, Diana Leat, Kinbery Selter, Gerry Stoker. Towards Holistic Governance: The New Reform Agenda. NewYork: Palgrave, 2002(39).

治理的实施过程遇到了各方面有形和无形的制约和阻力,主要表现在信息技术支持、政府管理观念的转变、经济实力的保障、数字鸿沟的存在、文化冲突等等。Awdhesh K.Singh 等针对电子治理研究中发现的问题,提出了三种可供选择的方法,即移动政府、交互式语音应答系统和公共资讯服务站,以实现电子治理普遍化。[1]

(5)电子治理的范畴和模型的研究。电子治理不仅包含行政层面的电子政务,也包含经济、政治和社会等层面的电子商务、电子民主及电子社会等范畴;不仅涉及政府与政府之间的内部治理,还应扩展到政府和企业之间、政府和公众之间等环节上的公共治理范畴。Pradip Thomas 认为,在电子治理框架下,至少有四种不同的治理模式:自我管理模式、开放系统模式、理性模式和层次分析模式。[2]

对公共舆论的高度关注是西方政治学、行政学的一个传统,并且已经形成了较为完整的理论体系,为网络舆论的研究提供了深厚的基础。现有研究成果呈现出以下态势:从技术层面看,主要集中于网络技术对网络舆情的采集和监管;从传播角度看,集中于网络媒体与传统媒体在舆情信息传播中的比较研究;从网络政治角度看,与政治密切相关的大选选情分析和重大社会、经济事件的民意调查已达到了相当高的水平,而方法则以实证研究居多。而国外学者对中国大陆网络舆情的观察屈指可数,并且所得结论也均囿于意识形态和政治制度。

三、本书研究思路及基本框架

(一)研究思路

治理是全球化的产物,更是网络化的产物,它最基本的特征就是主体的多元化、网络化。从农业社会的统治,到工业社会的管理,再到信息社会的治理,人类政治文明的发展本身就是一个不断进步的过程。政府治

---

[1] Awdhesh K.Singh, Rajendra Sahu. Integrating Internet Telephones, and Call Centers for Delivering Better Quality E-governance to All Citizens. Government Information Quarterly, 2008(25).

[2] Pradip Thomas, Bhoom, Gyan Ganga. E-governance and the Right to Information: ICTs and Development in India. Telematics and Informatics,2009(26).

理可以说是随着时代的发展进步应运而生,它所强调的是政府与民众之间的互动、协商、包容,目标是实现从政府一元化的命令式管理到政府与社会民众的上下互动的共治。

本书立足于马克思主义经典作家国家理论的治理意蕴,以我国党和政府"推进国家治理体系和治理能力现代化"的治国新理念为指针,以网络舆论为分析的切入点,探讨在中国现有的政治设计的现实条件下,网络舆论对政府治理的影响效应、范围、程度。着眼点在于在网络公民社会与政府关系之间寻找新的出路,着力点在于现实社会组织的参与性而非完全独立性,从而以"政府—社会"的互动为经,以"政府治理理念、政府治理模式、政府治理形态"为纬,寻求网络舆论背景下中国政府善治的可能途径和具体对策。

(二)基本框架

本书主体部分包括导论和五个章节,各部分的基本内容如下:

导论交代本书拟回答的问题,研究的意义,既有研究的综述,又提出了研究的具体思路。

第一章对相关概念如舆论、网络舆论、治理、政府治理进行界定、分析,特别是拓展了网络舆论的内涵,揭示了治理理论的时代意蕴和现实张力,并从学理角度厘清了网络舆论与政府治理的逻辑应然关系。

第二章从政治学角度阐述了网络舆论背景下政府治理基础产生的多维变化,包括政府治理社会基础的两极走向、政府公共权力结构的转型、政府权威面临的挑战及机遇、网络舆论对公共政策的影响。

第三章主要研究网络舆论背景下的政府治理理念,重点揭示中国政府治理理念转变的内因外由,指明了政府治理理念的转变方向:从垄断性治理理念转向协同性治理理念、从"官本位"意识转向公民本位理念、从管制理念转向服务理念、从效率理念转向责任理念。

第四章以创新中国政府治理模式为核心,探讨治理模式创新的理论基础、"协商—参与"治理模式的可行性,以及基于网络技术平台的"协商—参与"模式的基础条件及双向互动路径。

第五章重点剖析了网络舆论背景下的中国政府治理形态,在厘清基本概念和范畴的前提下介绍了国外代表性国家电子治理发展概况及其经

验,对当前中国政府实施"电子治理"的必然和实然进行了较为深入的研究,从宏观到微观提出了中国政府治理形态创新的对策:确立"顶层设计"与地方积极性结合的电子治理发展模式,实施网络舆论与电子治理互动的保障性措施,强化电子治理的核心运行机制,拓展电子治理的实现路径,利用"大数据"提升电子治理智能化水平。

第一章 网络舆论和治理理论概述

在党和政府高度关注网络舆论的当下,作为舆论新形式的网络舆论,在本质特征和形成过程方面形成了自身鲜明的特点。因此,要顺利开展网络舆论背景下的中国政府治理研究,首要的是必须科学认识和准确把握网络舆论和治理这两个基础命题。马克思、恩格斯虽然未曾预料到信息时代国家治理中的新课题,但是其创建的具有明显治理意蕴的国家学说仍然对研究网络舆论、政府治理具有一定的理论指导价值。在厘清治理理论的发展脉络,发掘其创新价值,反观中国政府治理实践以后,需要进一步研究在发生联系的公共管理这一共同领域,网络舆论与政府治理在各自的研究视角和功能发挥方面建立了怎样的逻辑应然关系。

第一节 网络舆论的基本问题

随着网络的发展,社会舆论生态发生了很大的变化,作为民主政治核心价值的"民主"和"自由"为舆论多维功能的实现提供了现实土壤。在政治生活领域,舆论突破了单一的传播功能,充分体现出自由表达意见的价值和意义。在舆论学的研究背景下,网络媒体的兴起和迅速发展将网络舆论这种新的舆论形式带入了人们的视野,也开辟了学术研究的新领域。

一、马克思、恩格斯对舆论的科学认识

在马克思和恩格斯的著作中,"舆论"概念出现的频率很高。在谈到舆论这种意见形式时,他们更强调其公众性,认为是"不可数的无名的公

众的意见"①。不等同于上对下的"民意",它既包括一般下层人民的意见,也包括统治阶级中不参与决策的人的意见。例如马克思在1855年谈到英国舆论对克里木战争的危机态度时,就提出了两大类舆论群体:"前一种是人民谈论的,后一种则是俱乐部和沙龙谈论的。"②按照不同地区、不同时间、不同阶层、不同行业、不同政治倾向,马克思和恩格斯对舆论附加了多种定语,如欧洲的、英国的、某年的、统治阶级的、工人的、小市民的、党内的、军内的、立宪主义的、爱好自由的等等。如果没有对舆论做出这类界定,那么一般则是指某一具体区域内的、各阶层大体一致的意见或倾向。

尽管舆论与报刊二者关系密切,报刊有"舆论界"之称,但舆论绝不能等同于报刊,马克思严格把握这一要点。1862年,在《英国的舆论》一文中,他便介绍了英国报刊的意见和舆论如何完全相反,即使二者一致,他也将二者分列。如他指出:"英国报刊和社会舆论要十分认真地讨论入侵问题。"③

马克思、恩格斯非常重视舆论在社会交往中的作用。马克思把舆论视为"一般关系的实际的体现和鲜明的表露",恩格斯讲得更明确:"世界历史——我们不再怀疑——就在于公众舆论。"④(直译为:世界历史进入舆论)

虽然他们没有对舆论进行过集中论述,但从他们对这个概念的运用和分散论述中,已足以勾画出他们对舆论的基本认识。

关于舆论的力量,马克思认为是一种"普遍的、无形的和强制的力量"。恩格斯评介舆论在19世纪40年代英国的作用时批评道:"难道议会不是在不断践踏人民的意志吗?舆论在一般问题上能对政府发生一点影响了吗?舆论的权力不是限于个别场合和仅仅对司法和行政的监督吗?"⑤在这里,他把舆论看作是一种与立法(议会)、司法和行政平行的权力,但这并不是说在自由的英国,舆论已经取得了这种权力,实际上舆论

---

① 马克思恩格斯全集(第7卷)[M].北京:人民出版社,1959:623.
② 马克思恩格斯全集(第11卷)[M].北京:人民出版社,1962:53.
③ 马克思恩格斯全集(第15卷)[M].北京:人民出版社,1963:498.
④ 马克思恩格斯全集(第47卷)[M].北京:人民出版社,2004:198.
⑤ 马克思恩格斯全集(第3卷)[M].北京:人民出版社,2002:408.

监督也不理想。

19世纪以来，人们明显地感觉到了舆论的力量，舆论已经无形中成为人们行动和论证问题时不可忽略的依据。1861年，马克思为恢复自己的普鲁士国籍而致信普鲁士警察总监，论证的依据之一便是舆论。他写道："按照我的解释，按照所有法学家的解释，按照舆论和整个报界的一致结论，无疑是有这个意思。"①1865年，恩格斯作为纺织公司的经营者致信他的弟弟，把舆论看作是影响价格的最重要因素，"棉花现在成了这样的投机对象，以致舆论的任何变化都会影响它的价格"②。1893年，恩格斯建议德国裁军，因为这样"欧洲和美洲的整个社会舆论都会站在德国方面。这会是一种道义上的胜利"③。德国皇帝当然不会接受这种建议，但恩格斯从中表达的关于舆论作用的观念，却是十分清晰的，即尽管舆论不可能替代实际权力，但舆论站在哪一边，无疑标志着哪一种道义上的胜利。

在马克思和恩格斯的时代，谈及舆论、舆论控制，都认为是与工人阶级的利益对立的权力组织统治术的一部分，因而他们大都以批评的态度谈论这类问题。鉴于特殊的社会条件和革命阶段，他们尚没有机会阐发未来社会的舆论，但有两点是肯定的，即马克思在总结巴黎公社经验时所说，工人阶级的革命"必然要摧毁精神压迫的力量"④；未来社会的舆论，将不会有很多的传统因素的制约，"对于今日人们认为他们应该做的一切，他们都将不去理会，他们自己将做出他们自己的实践，并且造成他们的据此来衡量的关于各人实践的社会舆论——如此而已"⑤。

二、舆论概念的历史演变与当代释义

（一）舆论的原初定义

从春秋时期起，某些帝王的思想开始由"敬天"向"重民"转化，更加重视臣民的建议，在一些诸侯国中征询臣民的意见成为管理国家的一种风

---

① 马克思恩格斯全集（第15卷）[M].北京：人民出版社，1963：669.
② 马克思恩格斯全集（第31卷）[M].北京：人民出版社，1972：445.
③ 马克思恩格斯全集（第2卷）[M].北京：人民出版社，2005：428.
④ 马克思恩格斯全集（第11卷）[M].北京：人民出版社，1995：102.
⑤ 马克思恩格斯选集（第4卷）[M].北京：人民出版社，2009：81.

气,而下层的意见一般被统称为"民之所欲"、"庶人之谤"、"庶人之议"等。

"舆"字出现在春秋时期,原意为"车子",后来"舆"字和"人"字连用转化为造车的人,称为"舆人"。《周礼·考工记·舆人》中说"舆人为车",即舆人制造车子。到春秋末期,"舆人"这个词被赋予管理、驾驶车辆的人的意思,并逐渐具有了"下等人"的含义。《左传·昭公七年》中有关于人分为十等的论述,"人有十等,下所以事上,上所以共神也。故王臣公,公臣大夫,大夫臣士,士臣皂,皂臣舆,舆臣隶,隶臣僚,僚臣仆,仆臣台,马有圉,牛有牧,以待百事"。在这十等人中,"舆"排在第六位,由此可知,"舆"、"舆人"最初是指下层的劳动者等普通老百姓,"舆者,众也"。

"舆人"这个词出现不久,在表达下层意见的概念中就产生了"舆人诵之"、"舆人之谤"、"舆人之谋"这些词汇,并逐渐广泛应用起来。《国语·晋语三》中有:"惠公入,而背外内之赂,舆人诵之。"除此之外,关于舆论的记载还有《左传·僖公二十八年》晋文公听"舆人之诵"(此处的"诵"是"述说"的意思)的记载,晋军攻曹,兵败,"晋侯患之,听舆人之谋",结果转败为胜。《晋王·王沉传》中也有"自古贤圣,乐闻诽谤之言,听舆人之论"。

此后,由三国至晋,人们才将"舆"、"论"二字连用。从此"舆论"出现并为人们所沿用至今。《三国志·魏书·王朗传》在"上疏"中记载:"往者闻权有遣子之言而未至。今六策戒严,臣恐舆人未畅圣旨,当谓国家慑于登之逋留,是以为兴师。设师行而登乃至,则为所动者之大,所致者至细,犹未足以为庆。设其傲狠,殊无入志,惧彼舆论之未畅也,并坏伊邑。"①而《梁书·武帝纪云》则更加明确地使用了"舆论"一词:"行能臧否,或素定怀抱,或得之舆论",这里的"舆论"已经是"众人的议论"了,表明舆论是帝王决策的重要参考依据。

虽然"舆论"一词古已有之,舆论的主体在身份、地位、阶层和范围等方面皆有不同,但却不具有和"官"等同的地位,也不可能是真正现代意义上的公众,即具有平等身份和个人权利的公民集体,因此,虽然中国古代很早就提出了重视民意的思想,但对舆论的理解和把握还停留在"治民术"的层次。直到戊戌变法时期,以康有为、梁启超为代表的资产阶级改良派兴起了一股改良的舆论浪潮,才首次将传播工具与"舆论"概念相联

---

① 三国志·魏书·王朗传[M].北京:中华书局,1977.

系。康有为在评价维新党创办的《中外公报》时说:"报开两月,舆论渐明,初则骇之,继亦渐知新法之益。"梁启超则明确提出:"立宪政治者,质言之则舆论政治而已。"①辛亥革命前后,资产阶级革命派高度重视舆论推动革命运动的重要作用,"舆论者,国民心理之所表著者也"②,是对公众舆论的含义与作用在当代民主论高度的准确把握。

从上述历史记载中,我们可以明确如下要点:首先,舆论概念是随着历史的发展而逐渐明晰的;其次,舆论是指多数公众的意见,是民意;另外,统治者都对舆论非常重视。

西方有关舆论定义的起源和认识则可以追溯到古希腊时期,英语和法语中的"舆论"一词来源于拉丁语中的"opinion"。历史上,苏格拉底、柏拉图、亚里士多德,以及十七、十八世纪的马基雅弗利、洛克、霍布斯、孟德斯鸠等在各自的著作里虽然都没有提及"舆论"这一概念,但他们都对民众意见及其重要意义进行了一定的论述。柏拉图历来主张国家应由少数智者统治,否则国将无宁日,人类永无宁日,虽然没有过多谈及舆论,但尊重民意与舆论的民主思想却最早在这里出现,并成为"人民主权论"的发源地。源于对政治是实践哲学的理解,亚里士多德给予舆论更积极的解读。正如汉斯·乔治·伽德玛所记述的那样,希腊人在集会中使用意见做出集体决定,意见包括多数人的观点或者共同观点的含义。③ 可以说,古希腊民主政体及其思想的发展在一定程度上导致了舆论的空前活跃。

美国学者W·鲍尔在其主编的《社会科学百科全书》中对舆论作了如下论述:"富有积极进取精神的城邦市民特别是雅典人,在反对贵族专利和神秘的来世祭祀中,造成了一种个人主义的气氛,并导致了意见和观念的自由辩争。"1651年,霍布斯出版了向教会与君主宣战的著作《利维坦》,比较早地提出并详细论述了"舆论"或"公众意见"。他说:"公众的意见就是辩论所得的决议和一切审议的目的";对于劝说者而言,"他们在说话时更注意人们的公众情绪与舆论,并运用直喻、隐喻、例证和其他演讲

---

① 梁启超.国风报叙例[M]//饮冰室合集·文集第九册.北京:中华书局,1936:19.
② 辛亥革命前十年时间论文选集[M].上海:三联书店出版社,1977:627.
③ 刘建明,等.舆论学概论[M].北京:中国传媒大学出版社,2009:9.

的武器,说服听众"。直到 1762 年,"舆论"这一概念才同卢梭的著作《社会契约论》一起风行整个欧洲,并被广泛使用。1922 年,美国新闻评论家、专栏作家李普曼出版了《公共舆论》一书,在之后的十多年中该书被翻译成几十种文字,反复出版。可以说,《公共舆论》一书在新闻学和舆论学研究领域中有着不可动摇的地位。在书中,李普曼是这样定义舆论的:"我们简单称为公共事务的外部世界特征与他人的表现相关,他人脑海中关于自身、别人、需求、意图和人际关系的图像,即为舆论。他人的表现会因与我们的表现相抵触而引起关注甚至被左右。如果这些图像对人类群体及其群体中的个人产生影响,即为大写的舆论。"[①]《美利坚百科全书》则认为:"舆论是群众就他们共同关心或感兴趣的问题公开表达出来的意见综合。""英国《大不列颠百科全书》则强调舆论至少应该包括如下四个因素:① 必须有一个现实的、有争议的社会问题;② 必须有多数社会公众对这个问题表示关心并发表意见;③ 在这些意见中,至少有某一种一致性;④ 这种意见直接或间接地产生社会影响。"[②]

可见,无论在中国还是外国,人们都把"舆论"看成是一种社会现象,是社会群体意识的反映,是多数社会成员对比较重大的社会问题的意见和态度的表达。

(二) 我国学者对舆论含义的多学科界定

我国学者对舆论概念的梳理、界定始于 20 世纪八九十年代,因学科背景和研究视角的差异,对舆论的定义可以说是见仁见智。

大多数学者是从舆论学、新闻学视角研究舆论定义的,主要形成了以下若干具有代表性的观点:

"舆论这一概念,主要是指见解体系,即意见。意见是构成舆论的主要外在因素,可以把它称作舆论的外壳。"[③]

舆论是绝大多数人的意见,是把少数人除外的意见。[④]

"舆论是社会中相当数量的人对于一个特定话题所表达的个人观点、

---

① 李普曼.公共舆论[M].上海:上海人民出版社,2002:23.
② 廖永亮.舆论调控学:引导舆论与舆论引导的艺术[M].北京:新华出版社,2003:17.
③ 刘建明.社会舆论原理[M].北京:华夏出版社,2002:13.
④ 李广智.舆论学通论[M].哈尔滨:黑龙江教育出版社,1989:22.

态度和信念的集合体。"①

"舆论就是针对特定的现实客体,一定范围内的'多数人'基于一定的需要和利益,以某种形式公开表达的态度、意见、要求、情绪,通过一定的传播途径,进行交流、碰撞、感染,整合而成的、具有强烈实践意向的表层集合意识,是'多数人'整体知觉和共同意志的外化。"②

"舆论是社会生活中的一部分群众或一定集团对某一事态发展所持的大体一致的意见。"③

舆论是人类群体或社会集团的相近看法,他们经济、政治地位基本相近,对事态判断较为一致。④

舆论是社会公众表达的对特定事态的评价及其一致的意见。⑤

在舆论活动中,应当承认,意见是表达态度的主要方式。基于上述观点,可以认为舆论是由若干见解形成的意见,表达了人们对社会问题的看法。《三国志·魏书·任城王传》中写道:"高祖曰:'众人纷纭,意见不等,朕莫知所从'。"我国古代"意见"一词的运用就开始和社会舆论现象联系在一起,人们参与舆论主要是发表意见。

也有学者从社会学视角研究舆论。杨张乔在《声张自我的艺术——舆论社会学》对舆论的定义是"舆论是公众的自我声张,是具有统一和非统一的双重性的和一定时空形态的公意"。舆论是公众情绪、态度、意见和信念的综合反映,其中夹杂着理性与非理性的成分,持续并强烈地对社会公共事态发展产生影响。⑥

还有的学者从社会心理学视角研究舆论,认为舆论是多数人对社会事件的反映,同时会产生一种心理制约力量,也就是一种社会心理的共鸣现象,是社会评价的一种,是社会心理的反映,以公众的利益为基础,以公共事务为指向。"舆论是社会上大多数人对于一种有争论的事情,用富于情绪色彩的语言发表的态度、意见及其相伴随的意象与思想所构成的,显

---

① 不列颠百科全书(国际中文版·第14卷)[M].北京:中国大百科全书出版社,2002:2-6.
② 侯东阳.舆论传播学教程[M].广州:暨南大学出版社,2009:32.
③ 胡钰.新闻与舆论[M].北京:中国广播电视出版社,2001:112.
④ 甘惜分.新闻理论基础[M].北京:中国人民大学出版社,1981:52.
⑤ 秦志希,饶德江.舆论学教程[M].武汉:武汉大学出版社,1994:28.
⑥ 陈力丹.舆论学:舆论导向研究[M].北京:中国广播电视出版社,1999:11.

示出一种在心理上有制约作用的共同意见。"[1]"社会舆论是公众的意见与看法,是社会全体成员或大多数人的共同信念,也可以说是信息沟通后的一种共鸣。"[2]"统一情感偏好和意志要求,形成相对一致的倾向性和意向性。"[3]

（三）本书对舆论的定义

从中西方舆论发展的初始以及我国学者从不同学科角度对舆论的内涵和外延进行的概括中可以得知,舆论本身具有复杂性,因而人们对舆论的认识也是复杂的。同时,经过上述舆论的定义梳理,可以看出关于舆论的定义具有共性的地方：① 舆论通常被认为是不参与决策过程,在权力中心之外的多数人的意见,主体是公众；② 舆论内容表现为公众对事物的评价,是一种公开意见的表达。公众作为独立的集合人格,自立于社会,是人社会属性的全面恢复；③ 舆论的对象是引起普遍关注的社会问题。

笔者认为上述对舆论的定义过于狭窄,仅仅反映了公共舆论这一种舆论现象,把舆论的发出者或者说舆论主体仅仅局限为社会公众,"作为公共舆论的主体,不是别人,也不是少数人,而是对某一特定对象有着一致看法或相似看法的社会公众"[4]。而且,上述定义并没有把国家、政党、集团机构所制定、宣传的意见包括在内。

因而,本书所指的舆论是一种更为宽泛的界定,因为只有全面地将社会中的各种舆论现象包括在内,才能抽象出舆论的本质。舆论的主体不仅包括社会公众,还包括各种社会组织机构,例如国际社会机构,国家的政党和政权机构,以及集团或团体机构,等等。因此,本书所指的舆论是社会公众或社会组织机构对客观社会所表达的意见。

---

① 林秉贤.社会心理学[M].北京：群众出版社,1990：330.
② 时蓉华.现代社会心理学[M].上海：华东师范大学出版社,1989：443.
③ 徐向红.现代舆论学[M].北京：中国国际广播出版社,1991：171.
④ 刘伯高.政府公共舆论管理[M].北京：中国传媒大学出版社,2008：26.

三、网络舆论的含义和特点

(一)网络舆论的含义

溯源中国互联网发展史,中国互联网的应用与普及肇始于1999年。2000年,国内学术期刊和大众媒体出现了"在线舆论"、"因特网舆论"、"网上舆论"或"网络舆论"的提法。互联网的繁荣是渐进过程,直至2003年初,"网络舆论"才真正进入学者们的研究视野,作为正式概念被提出,社会各界关注热度持续上升,国内诸多学科纷纷将其作为研究热点,相关研究成果不断涌现。但是,毕竟网络舆论研究的历史较短,单以数量而论,目前被收录的文献和著作并不是很多。

通过搜索相关期刊和著作,国内学者对网络舆论的定义大都参考了谭伟在2003年提出的认识,"所谓网络舆论就是在互联网上传播的公众对某一焦点所表现出的有一定影响力,带有倾向性的意见或言论"①。此定义接近于网络公共舆论的意思,较为符合多数情况下我们对于网络舆论的认知,但忽视了网络舆论的复杂性,没有对"公众"和"网民"进行明确区分。

首先,网络舆论包含一切社会舆论形式。网络技术催生了不同的传播形式,既有传统媒体的大众传播渠道,如新闻发布的单向形式,也有通过网络虚拟社区、网络论坛、微博、微信、来往、QQ聊天工具等网络互动形式。网络技术的支撑使网络舆论所涵盖的舆论内容更为广泛,突破了公众意见的单一限定,其中不乏经过筛选、精心表达的新闻舆论,各类社会组织和利益集团策划的舆论,政府部门的官方舆论以及来自民间的草根舆论和未经过滤的真实民意。

其次,网络舆论并不一定都是公众舆论,在网络舆论研究中正视"网民"的特点,充分考虑网络舆论的相关复杂性是必要的。网民虽然可以被视为舆论主体,但他们并不与现实中"实体"的人完全一一对应。在网络中只是以符号形式出现的网民,可能是现实社会的普通一员,也可能是受雇于某利益集团的"枪手",甚至还可能是以不同面目出现的同一个人,一

---

① 谭伟.网络舆论的概念及特征[J].湖南社会科学,2003(5).

些网络"愤青"和网络"暴民"在现实中很多都是遵纪守法、与人为善的受过良好教育的青年;另外,有些"网民"根本就不是现实中具体的个人,官方舆论有时也以网民的"民间身份"来表达。因而,网民的舆论并不像看上去那么简单,其中混杂着多种舆论成分。

因此,从理论上规范性区分"网络舆论"和网络中的"公众舆论"是必要的。从更为宽泛的角度看,网络舆论就是网民在互联网上形成的对经济、政治和社会各类问题的意见或言论的总和。

(二) 网络舆论的特点

网络舆论与传统舆论一样,主要包括舆论主体、舆论客体、舆论载体以及舆论环境四个因素(如图 1.1 所示),但是随着网络媒体特别是微博等社会化媒体的快速发展,多数人对多数人的互动化、移动化、及时化传播,消解了传统舆论的传播机制,对传统的媒体舆论场带来了革命性的变革,从而使网络舆论呈现出自身的特点。

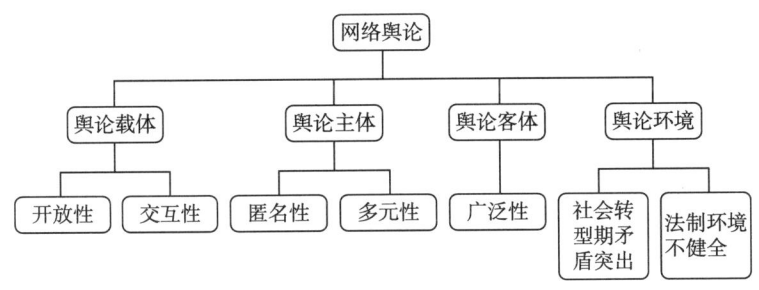

图 1.1 网络舆论包含的要素

1. 开放和交互的网络舆论载体

网络舆论的传播载体包括网站、论坛、贴吧、博客等各类信息源,自由、开放的网络平台使舆论表达跨越了时间和空间的限制。开放的网络平台赋予每一个人自由发表言论的权利,任何人都可以成为"新闻发言人",在最短的时间内了解各地发生的重大事件并随时发表自己的观点。公众密切关注政府行为和政府公共决策,并将其置于强大的外部监督中。网络舆论的开放性可以形成巨大的舆论压力,无论是政府还是社会都无法避免和忽视。

网络舆论载体的互动性,一方面彻底改变了传统媒体条件下的传受互动关系,真正实现了传播者和受众间的互动,传播者的话语主导权和控制权完全被打破;一方面还改变了传统媒体时代政府与公众在信息享有上的不对称局面,公众在一定意义上获得了平等的话语权,可以对公共政策的决策以及社会热点问题发表自己的意见和观点,甚至在一定程度上还能扭转社会公共事件的发展方向。

2. 匿名和多元的网络舆论主体

匿名性是网络舆论主体与传统舆论主体最大的区别。对于"网络的匿名性"问题,美国学者 Haynes 和 Rice 认为,互联网匿名性可分为两大类:一类是技术匿名性,在交流过程中移除所有和身份有关的信息;一类是社会匿名性,由于缺乏相关线索,无法将一个身份与某个特定的个体相对应。

在网络这个虚拟社区,网民必然表现出不同于现实人的特点。具体就是,网民脱离了社会真实身份的约束,一定程度上摆脱了他人的监督,能够更自由、更大胆地发表自己的观点而不用顾忌自己在现实社会中的身份,特别是那些囿于现实生活中因身份关系而无法表达的意见。网络匿名性给公民带来的安全感鼓励社会公众充分表达意见,使网络空间成为有反思能力的网民表达理性诉求的"公共领域",但也可能因为网民情绪的非理性而成为"具有盲目冲动特征的'乌合之众'言语倾泻和狂欢的舞台"①。

庞大及复杂的网民群体决定了网络舆论主体的多元性以及性别、年龄、阶层、地域、职业、受教育程度方面的差异性。CNNIC(中国互联网络信息中心)发布的第 32 次报告(统计日期截止到 2013 年 6 月)指出,学生群体是网民中规模最大的职业群体,占比为 26.8%。其次为个体户/自由职业者,占比为 17.8%。企业公司中管理人员占整体网民的 2.8%,一般职员占 10.6%。党政机关事业单位中,领导干部和一般职员分别占整体网民 0.5% 和 3.9%。值得注意的是,退休和无业/下岗/失业群体在整体

---

① 李漫.网络舆论的二重性[J].青年记者,2009(22).

网民中的占比有所上升,分别为3.3%和11.2%。①

3. 广泛的网络舆论客体

媒体发布、传播的信息是传统舆论的潜在舆论客体,网络舆论关注的焦点、热点事件即为网络舆论的客体,内容非常丰富。网民分布于社会各阶层和各领域,关注的事件和现象不尽相同,主题涉及政治、经济、文化、军事、外交各个方面,内容指向政府活动、群体事件、官员行为或个人隐私。其中,网络舆论对突发事件的关切点较多集中在事件经过、产生后果、应急处置、赔偿修复以及追责情况等,对社会热点的关注又主要集中在公平正义、民生问题、贫富差距等方面。事件本身的性质能够左右着网络舆论的讨论范畴和话题热度,伴随网民对包括热点在内的事件产生的"审美疲劳"和"喜新厌旧",网络舆论焦点兼有稳定性和多变性的特点,与之同时,互联网具有海量的信息存储能力和快速的信息传递能力,短时间内信息的集聚可以引发难以想象的雪崩式效果。

4. 复杂的网络舆论环境

任何舆论表达都是在一定社会土壤中产生的,网络舆论也不例外。网络舆论时代,我国社会环境呈现出新的特点和变化,往往成为强大网络舆论的催化剂。

一方面,我国正处于社会转型期,伴随着新一轮全面改革带来的社会结构调整、利益格局变迁,不同利益群体的矛盾冲突日益凸显,这些问题不仅深刻影响着人们的思想观念、价值取向、道德选择,也必然通过网络舆论表达和体现出来。任何一个涉及公共利益的话题都有可能引起人们的广泛关注,在网络上掀起轩然大波,而这些网络舆论所造成的社会影响也可能被成倍地放大。

另一方面,当前我国的法制环境尚不健全,网络立法相对滞后,这制约了网络舆论的健康发展。互联网是一个复杂的综合体,在信息传播便捷的同时,也存在着内生性缺陷:由于有些人罔顾法律和道德约束,把网络当作可以自由纵横的"丛林世界",随意散布有害信息,肆意人肉搜索,

① 第32次中国互联网络发展状况统计报告[OL].[2013-12-17]. http://www.cnnic.net.cn/hlwfzyj/hlwxzbg/hlwtjbg/201307/t20130717_40664.htm.

导致网络信息的权威性大打折扣,网络侵权问题层出不穷,这不仅损害了网络公信力,也破坏了网络自身的发展。

四、网络舆论的形成过程

与传统媒介环境下的舆论形态相比,网络舆论的形成时间更短、可控性更弱;与此同时,信息的公开性和透明度却在不断提高。在这种情况下,有必要将网络舆论的形成过程具体化,并着重分析各阶段的重要影响因素。

理性主义、社会学、心理学和社会心理学作为舆论学研究历史上借鉴的基本理论框架,为舆论形成过程的研究提供了坚实的理论基础和多元的研究视角。除此以外,还有学者用纵向方法解释舆论形成的过程,也就是把舆论的形成看成是一个时间上连续并分阶段进行的过程。戴维森的"十阶段论"和保尔的"三阶段论"是此项研究的代表性成果。

戴维森(1958)从社会心理学的角度,以十个阶段的形式,形象、生动地概括了舆论形成的动态过程,为分析网络舆论的形成过程提供了很好的理论模式。

(1) 当论题在人与人之间进行转移的时候,议题开始萌芽;

(2) 大家围绕论题普遍讨论,议题出现并逐渐形成;

(3) 热心人士开始处理论题并参与讨论;

(4) 政党领袖介入讨论该议题;

(5) 大众传播媒介和专业人士加入讨论;

(6) 简化论题,加以提炼概述;

(7) 议题引起人们的注意;

(8) 许多素不相识的人对论题持有相同看法;

(9) 人们开始面对面讨论,在亲身经历、团体影响和刻板印象的作用之下,个人将期望表达付诸行动;

(10) 在新的议题产生以及新目标出现以后,或者议题进入立法或政策议程之时,议题逐渐消失。

另一代表性成果是保尔(1960)提出的舆论形成的三阶段论。

(1) 大众行为阶段:这时意见在分散的原团体形成;

(2) 公众争议阶段:这时新形成的意见扩散到大的次级团体;

(3) 组织化决策阶段:集中的意见汇集到权威部分。

保尔的三阶段论采取了与戴维森类似的划分法:舆论在议题之后产生——舆论的扩散——舆论受个体、组织和政府意见共同影响而形成。两者的不同之处在于,保尔对于舆论形成的观察超越了单纯的描述性研究,指出了舆论是个体意见和他人意见交锋的过程,是正反意见博弈的过程,强调舆论是一种互动,以产生主导性的一种意见为结果。政府或权威的最后决定是舆论的终结。①

舆论的形成是一个复杂的意见汇集的过程,其间,个人意见的表达易受社会各方因素的影响,而其中的社会个体成员的个人特征、成长背景、思想状态等也千差万别。并且,随着时代环境的变化,舆论的形成过程也在发生变化,戴维森和保尔的理论显然无法精确描述这个过程,但是他们阶段论式的分析思路,为我们理解舆论形成过程提供了基本的理论模式。

详细分析自 2003 年以来我国国内发生的网络舆论事件,②可以发现,网络舆论的兴起、集中和最终消散都与戴维森和保尔描述的舆论形成阶段理论非常契合:议题出现—引发讨论—个体意见表达受到多方影响—个体意见表达开始聚集—引发社会讨论并产生社会影响力—议题涉及问题结束—新的议题出现,之后再次重复该过程。

本书对网络舆论形成过程的分析采用了社会心理学③的视角,同时综合戴维森和保尔关于舆论形成过程的阶段理论,在中国具体的媒介环

---

① 崔蕴芳.网络舆论形成机制研究[M].北京:中国传媒大学出版社,2012:67-77.

② 之所以没有选择1999年网络舆论概念的形成这一年作为网络舆论研究的起始年,是因为虽然自1999年起,网民开始越来越多地借助论坛中的意见表达参与社会事件,但从总体趋势来说,网络上是一个"舆论中国",传统媒体上则是另一个"舆论中国",网民被称为"草根","草根"再怎么在网上折腾也是草根自己的事情,主流舆论还是由传统媒体的报道来表达,传统媒体对网上讨论采取的是"视而不见"的态度。但是这种情况在2003年开始发生了变化,在"刘涌案"、"宝马案"、"孙志刚事件"等一系列社会事件中,网络舆论与主流舆论之间开始出现相互渗透的趋势,网民的公开意见表达无论在数量上还是在实际影响力上都有了阶段性的变化。

③ 社会心理学研究个人的行为如何受广义的他人存在的影响,以及如何影响他人。(郑瑞泽,1982:11)同时,受心理学和社会学的影响,社会心理学将个体人格的形成过程放在一定的社会环境下,探讨社会因素和个人意见形成的互动过程。舆论研究中的重要成果——参考团体(Reference Group)、精英(Elite)、初级团体(Primary Group)、意见领袖(Opinion Leader)、刻板印象(Stereotype)、知觉(Perception)等都是社会心理学研究中的词汇。正是由于社会心理学视角更接近于个人意见形成的客观实际,因而便成为后来舆论研究借鉴的主要理论框架。

境下,将网络舆论的形成过程分为四个阶段。

(一)网络议题出现期

一个议题在网络上出现,能否引起网民的关注,取决于很多因素,议题本身的性质和议题的来源则是其中的重要原因。

首先,从议题本身的性质来看,一则,事实性议题不具备形成网络舆论的条件。事实性议题对相关事件只涉及客观事实的陈述,事件的发展进程也仅涉及客观事实的更新。这类议题提供的更多是对事实信息的了解,不涉及价值判断等因素。网民对这类议题不存在意见的交流和反馈,仅是对事实情况的信息确认。二则,触动各类社会矛盾的议题更能引起网民的关注和议论。目前我国体制的深刻变革、社会结构的深刻变动,以及由此引起的人们思想观念的深刻变化,在带来改革活力的同时,也可能带来一系列社会矛盾和问题。全国范围内的腐败问题、三农问题、仇富心态、教育改革、房产价格、医疗社保等焦点问题,纷纷进入人们的视野,更成为网络上的敏感话题。三则,涉及公平、公正价值判断的议题能够引发网民更多的、正面或负面的意见表达。随着我国民主体制的不断发展和完善,人们的公民意识在不断提高,对民主权利和自身权益的维护意识也在不断加强。四则,包含道德批判因素的议题也是网民重点关注的内容,这类事件更多涉及传统道德观念、价值观在社会发展过程中面临的新解释或新挑战。

其次,从议题的来源看,能否在第一时间引起网民的关注和热议取决于议题发布的渠道和发布的形式。国内各大知名论坛一向是网络舆论事件的主阵地,如网易社区、新浪主题社区、verycd论坛、Tom社区、搜狐社区、21CN社区、天涯社区、中华网论坛、强国论坛。信息发布形式各异:部分是网友对新闻报道本身的复制和转载;部分是网友对热点事件的原创性述评;部分是网友对论坛置顶发帖的跟帖和回复,某些发帖人是新闻事件的当时人或见证人。

(二)网络议题存活期

网络议题出现以后,并不一定都能引起持续讨论,如没有形成规模效应则无法继续"存活"继而转变为网络舆论。因此,仍以网络论坛为例,网络舆论形成的第二个阶段取决于网络论坛的现实运作。论坛中的发帖按两种原则呈现:首先,以发布的时间先后顺序出现,因此发布时间上较晚的新帖会在更靠前的位置出现,旧帖则被依次排列在后面;在此基础上,浏览量和回帖率也决定了帖子的排列顺序,浏览量和回帖率越高,帖子的顺序越靠前。

因此,一个议题能否吸引网民的注意,并在此基础上形成网络舆论,保证该议题不在论坛中"沉"下去是一个必要且重要的因素。在这过程中,"意见领袖"的作用功不可没,作为媒介和受众之间的重要向导,"意见领袖"对受众的信息认知与接收、态度甚至行为的改变有着直接影响,在两级传播过程中充当了"把关人"的角色。正是基于此,大众传播过程由原来的"大众媒介—受众"转变为"大众媒介—意见领袖—受众"的模式。

(三)网络舆论聚合期

一个议题在网络中存活下来后,便开始接收网民的"审视"和"评论",网民就相关议题发表新帖或者跟帖回复。这一时期网络舆论指向和意见的聚合程度受到网络环境的变化与网民个人态度的影响。随着网民态度的明朗,网民开始集中表达意见,这一环节的特点即表现为网民意见凸显并强化,从某种程度而言即为"舆论聚合",也是议题存活后正式成为网络舆论的关键环节。

(四)网络舆论消散期

网络舆论经过意见聚合期的意见表达与沉默力量的增长,随着时间的推移和事件处理过程的发展,网民参与讨论的次数逐渐减少,意见表达的强度也随之减弱。于是,网络舆论开始消散。

首先,经过前期网民意见的集中表达,网络舆论已对事件进程产生了意见压力,收到了一定的预期效果。随着事件的阶段性、部分的或最终的解决,网络舆论必然声势锐减。

其次,从表现上看,和事件相关的帖子浏览率不再大幅增长,回复跟帖的数量明显减少,转发事件进展的新帖数量也明显减少。最终与事件有关的帖子在论坛中的位置逐渐靠后,网民对其关注度也开始减少。

最后,随着帖子浏览率和回复率的下降,针对特定议题的帖子最终被新发表的帖子代替,"沉"了下去,网民就该议题的集中意见表达相应减少,直至消失。

从以上对网络舆论形成的分阶段的具体分析可以看出,网民的意见表达空前活跃,国际国内重大事件、国内的各类社会事件都可以成为网络议题,并很快形成网络舆论,产生巨大的舆论压力并对事件的发展产生影响。

第二节　治理理论及其在中国的适用性

当前,世界各国都以不同的方式回应着普遍面临的治理挑战。作为不同于传统公共行政的公共管理方式的总结,作为对20世纪七八十年代公共行政学科领域的范式危机的回应,在全球化、市场化和分权化的背景下,20世纪90年代以后,治理迅速成为当今西方学术界最流行的理论和更具综合型的思潮。

治理理论的兴起,反映了发达国家传统公共行政范式的危机和改革的迫切要求,特别是其对公民社会和市场作用的充分肯定,开阔了国家公众和管理者的思路,有利于正确对待发展中出现的新问题,并构建合理的公共权力行使框架。与发达国家一样,中国也需要具备应对社会复杂性、动态性和治理性的能力,尤其是在强调政府职能更多转向社会管理、公共服务的今天,政府的能力建设更需要从治理理论中吸取营养。但是,在作为制度基础的现代社会政治秩序尚不完全具备的情况下,如果过分夸大"治理"的效用,把本来作为长期前景的"治理"状态简化为眼前目标,则很可能破坏正在进行的现代制度建设。① 因为公共行政体系的现代性成长与"后现代性"挑战并存,现代政治—行政制度的构建仍然是中国面临的最重要任务。

---

① 沈佩萍.反思与超越:解读中国语境下的治理理论[J].探索与争鸣,2003(3).

一、马克思主义经典作家的国家理论及治理意蕴

综合古今中外各家各派的理论学说和政治实践,国家问题始终是非常重要的逻辑命题和现实课题。作为人类思想史的里程碑、全人类解放和每个人自由而全面发展的指引,马克思主义内含着非常丰富的关于国家问题的理论、观点和方法。在长期的理论建构和革命实践中,马克思主义经典作家高度重视国家问题,并将之作为唯物史观研究的重要环节。但这么重要而深刻的问题,却历来存在误读、误解、误用和争议、异议、非议。造成上述窘境和困境的主客观原因大致如下:在《〈黑格尔法哲学〉批判》《共产党宣言》《法兰西内战》《家庭、私有制和国家的起源》《不列颠在印度的统治》《国家与革命》《论国家》等经典著作中都存有充分的论述和丰富的内容,但不可否认,马克思、恩格斯等经典作家的相关思想主要分散在少量的政治性国家理论著作和大量的非政治性著述中,不是以专门著作而主要以片段的形式呈现,这在某种程度上就造成了理论成果在表象上缺乏系统性,而且相关论著和观点大多是针对特定历史事件的评论,或者是与他人论战的产物,这就使得成果的全面性和完整性显得不是那么明显;学者研究方法的简单化等缺陷则进一步加大了难度,诸如脱离多重、多元、多样的国家属性的丰富性而力图抽象出并片面强调最为一般的国家本质,主张对丰富多彩、纷繁复杂的国家问题进行一劳永逸的解释,这种一般与个别的背离最终必然影响理论的解释力和说服力。

概括起来看,马克思主义经典作家围绕国家起源、国家本质、国家职能、国家运行、国家发展趋势等方面形成的相关观点构建起了较为完整的理论体系。其虽然是针对特定研究对象、在特定时空背景下形成的特定历史时代的产物,但是却具有超越时空的生命力,对于科学分析全球化时代的国家问题特别是我国的社会主义民主政治建设和政府治理问题有很强的指导性意义。

起源问题是国家研究不可回避的基础命题。马克思主义经典作家找寻到了科学的研究方法,即以辩证唯物论、唯物辩证法和历史唯物主义为指导,借鉴以往已有理论,特别是黑格尔的相关思想,从国家和市民社会二元化辩证关系这一科学角度出发,动态而非静止地、联系而非孤立地分析。在此基础上,做出独到阐释,得出如下结论。

首先,国家是物质资料生产基础上分工的产物。物质资料的生产是人类社会存在和发展的前提,当生产力发展到一定的水平就会出现分工,因之,作为一个特定的历史范畴,国家就在社会发展的特定阶段而出现。

其次,国家不是排斥而是与个人密切相关的组织。"社会结构和国家总是从一定的个人的生活过程中产生的,但是,这里所说的个人……是在一定的物质的、不受他们任意支配的界限、前提和条件下活动着的。"①

再次,市民社会是国家的基础并决定国家。"政治国家没有家庭的天然基础和市民社会的人为基础就不可能存在,他们是国家的必要条件"②,进一步说,"人民是否有权来为自己建立新的国家制度呢?对这个问题的回答应该是绝对肯定的,因为国家制度如果不再真正表现人民的意志,那它就变成有名无实的东西了"③。

最后,作为阶级范畴,国家是社会矛盾产生、激化和调和的产物。恩格斯指出:"国家是承认这个社会陷入了不可解决的自我矛盾,分裂为不可调和的对立面而又无力摆脱这些对立面;而为了使这些对立面,这些经济利益互相冲突的阶级不致在无谓的斗争中把自己和社会消灭,就需要有一种表面上驾于社会之上的力量,这种力量应当缓和冲突,把冲突保持在'秩序'的范围以内;这种从社会中产生但又自居于社会之上并且日益同社会脱离的力量,就是国家。"④

鉴于马克思主义经典作家全部理论和实践追求的根本目的在于推翻旧有的剥削制度,实现全人类解放,因此,在分析人类历史上所有的国家形式的性质时,更多突出的是其产生不平等的根源,即其突出的阶级性,以强调通过革命建立全新的国家形式的必要性、迫切性和合理性。"国家政权一直是一种维护秩序、即维护现存社会秩序从而也就是维护占有者阶级对生产者阶级的压迫和剥削的权力"⑤,更为明了的是,"国家的本质特征,是和人民大众分离的公共权力",而与之迥然不同的是未来新国家

---

① 马克思恩格斯选集(第1卷)[M].北京:人民出版社,1995:71.
② 马克思恩格斯全集(第3卷)[M].北京:人民出版社,2002:12.
③ 马克思恩格斯全集(第1卷)[M].北京:人民出版社,1956:316.
④ 马克思恩格斯选集(第4卷)[M].北京:人民出版社,1995:170.
⑤ 马克思恩格斯选集(第3卷)[M].北京:人民出版社,1995:118.

的性质,即"无产阶级将利用自己的政治统治,一步一步地夺取资产阶级的全部资本,把一切生产工具集中在国家即组织成为统治阶级的无产阶级手里,并且尽可能快地增加生产力的总量"①。

从上述国家的起源和本质的理论观点可知,政治国家与市民社会的二分,阶级矛盾和共同利益的并存,使得国家的职能不能是单一的而是多元的。马克思主义经典作家不仅提出国家职能是实现政治统治和管理社会公共事务的统一,既突出强调阶级社会国家政治统治的主要功能,即"国家是维护一个阶级对另一个阶级的统治的机器,是一个阶级压迫另一个阶级的机关"②,与之同时,也反复强调,"政治统治到处都是以执行某种社会职能为基础,而且政治统治只有在它执行了它的这种社会职能时才能持续下去"③。在明确国家职能的外延及其关系的基础上,马克思主义经典作家还强调要进一步研究现实国家具体职能实施条件、实现程度和现实状况。关于国家的发展趋势,马克思主义经典作家站在历史唯物主义的高度,从人类社会发展的整体趋势,得出了国家最终消亡、并为"自由人联合体"所取代。

马克思主义经典作家虽然没有直接提出过很多社会管理思想和治理观点,但是他们还是高瞻远瞩地为我们提出了切实可行的方向性策略与建议。诸如,强调国家产生和发展的物质基础和社会分工、政治国家和市民社会既对立又统一的辩证关系,为建构一个由政府、市场和公民社会共同构成的多元主体的治理体系提供了直接的理论依据;强调国家是阶级性、社会性和相对对立性的立体统一,对国家在治理中的边界有了比较明确的界定:在政治和公共领域,政府不但不能退出,而且必须符合作用强化职能,但在社会生活和个人领域,政府必须更多地让位于社会主体,在国家和社会的动态平衡上,逐步实现社会自主管理。

二、治理理论的代表人物和主要观点

英国前首相撒切尔夫人曾指出:"当今世界唯一不变的就是变革。"自

---

① 马克思恩格斯选集(第1卷)[M].北京:人民出版社,1972:272.
② 列宁选集(第4卷)[M].北京:人民出版社,1995:49.
③ 马克思恩格斯选集(第3卷)[M].北京:人民出版社,1972:219.

20世纪70年代以来,西方各国政府虽面临着不同的问题和挑战,但在更广泛的意义上,各国所面临的问题有许多具有共同的主题,并且它们所涉及的问题种类也具有相似性。各国无一例外地在理论层面、实践层面为改善政府绩效、提高政府能力而进行着大规模的改革。理论和实践的轨迹也有许多重合之处:20世纪70年代围绕重塑政府和市场关系进行改革;20世纪80年代为了迎接新技术革命和经济全球化的挑战,掀起了"政府再造运动"的公共管理革命,改革的内容主要是按照新公共管理的要求展开;20世纪90年代以后治道变革成为各国发展的基本方向,各国以"良好治理"为目标,重新探索政府机构的运作和公共事务的管理模式。

治理(governance)长期以来与统治(government)交叉使用,并且主要用于与国家的公共事务相关的管理活动和政治活动之中。20世纪90年代以来,西方政治学家和经济学家赋予治理以新的含义,对治理做出了许多新的界定。罗伯特·罗茨(1996)从不同的角度揭示了治理概念,虽不能作为完整的定义使用,但体现了治理的多层次特点。罗茨认为:治理意味着以新的方法统治社会,统治的含义发生了变化,统治的方法和条件不同于以前。①

治理理论的主要创始人之一詹姆斯·N.罗西瑙(James N.Rosenau)在其主要著作中将治理定义为一系列活动领域里的管理机制,是共同目标所支持的活动,这一目标未必得到合法及正式的授权,而且管理主体也不一定是政府,无须依靠国家力量克服挑战来实现。② 换句话说,治理不同于统治,是一种内涵更为丰富的现象,它既包括政府机制,同时也包含非正式、非政府的机制。③

弗朗索瓦-格扎维尔·梅里安(Francois-Xavier Merrien)认为,有效的治理可以看作是最少限度的国家,不那么强有力,采取低姿态与私营利益集团

---

① [英]R.A.W.罗茨.新的治理[J].马克思主义与现实,1999(5).
② [美]詹姆斯·N.罗西瑙.没有政府的治理[M].张胜军,译.南昌:江西人民出版社,2001:5-6.
③ [美]詹姆斯·N.罗西瑙.没有政府的治理[M].张胜军,译.南昌:江西人民出版社,2001:5.

一起在网络中发挥作用。国家并不比其他方面的合作者重要多少。①

斯托克(Gerry Stoker,1997)指出,治理的统治机制不是依靠政府的权威和制裁,可以动用新的工具和技术控制和指引。治理是对统治的发展,公私部门之间界线存在模糊点,作为集体行动的社会公共机构之间存在权力依赖。治理是不限于政府的社会公共机构和行为者的活动,行为网络自主自治。②

库依曼(J.Kooiman)和范·弗利埃特(M.Vanvliet)指出,治理不是外部强加力量实现的,治理作用的发挥,对结构和秩序的创造必须依靠多种行为者互动,行为者相互发生影响。③

1995年,全球治理委员会发表的题为《我们的全球伙伴关系》的研究报告是这样界定治理的:所谓治理是各种公共的或私人和机构管理其共同事务的诸多方式的总和。它是使相互冲突的或不同的利益得以调和并且采取联合行动的持续的过程。这既包括有权迫使人们服从的正式制度和规则,也包括各种人们同意或认为符合其利益的非正式的制度安排。它有四个基本特征:治理不是一整套规则,也不是一种活动,而是一个过程;治理过程的基础不是控制,而是协调;治理既涉及公共部门,也包括私人部门;治理不是一种正式的制度,而是持续的互动。④

综合各家所言,治理理论最突出的特点就是要求人们重新理解政府。① 治理具有多中心和复杂性,政府是治理的当然权威,但治理主体可以包括政府以外的第三部门和私人机构;② 治理是一种互动管理过程,政府和政府以外的其他部门不是监督关系,而是基于权力分散基础上的合作伙伴关系,各自明确治理目标对公共事务实施有效治理;③ 现代政府治理制度平台是基于民主政府、责任政府、法治政府、有限政府的考量。

为此,治理理论指出:公共管理的行为者是由包括政府在内的众多机构和个人组成的,当前各国政府所进行的改革运动,无非是重塑政府、重新界定政府的权限范围及其行使方式,而我们所要做的就是从纷繁复杂的实际情况中去发现公共行政的新规范。

---

① [瑞士]弗朗索瓦-格扎维尔·梅里安.治理问题与现代福利国家[J].国外社会科学杂志(中文版),1999(1).
②③ [英]格里·斯托克.作为理论的治理:五个论点[J].国外社会科学,2000(4).
④ 全球治理委员会.我们的全球伙伴关系[M].天津:天津大学出版社,1995:23.

三、"治理"概念的创新价值和政府治理的含义

虽然治理理论仍处于发展、反思、成熟的阶段,但它对政治学研究做出了积极贡献,打破了社会科学中长期存在的两分法的传统思维方式,即市场与计划、公共部门与私人部门、政治国家与公民社会、民族国家与国际社会。① 它强调管理即合作,在公共事务管理中吸纳了公民社会这一合法性来源,运用起公共事务管理的新技术,成为实现民主的一种新形式。

(一)"治理"概念的创新价值

近年来,国内许多学者在译介治理理论时,普遍地把它放在"国家隐退"的背景下进行讨论,突出强调甚至夸大市场和社会在公共事务领域中所起的作用。但也有学者较为冷静地看待"治理",从其原有的规范定义和描述定义两个层面进行分析,并把规范定义看作狭义定义,把描述定义看作广义定义。②

狭义的治理含义即统治、控制和管理。Governance 最早起源于拉丁语和古希腊语,原意是操纵、引导和控制。根据辛西娅·休伊特·德·阿尔坎塔拉(C.H.de Alcantara)的研究,它已经出现了数百年,指的是在特定范围内行使权威以增进公众的利益。这就是说,governance 的原有基本含义是国家和政府在公共事务领域中行使和运用权威。在传统国家、绝对主义国家和现当代民族国家的民主制度还不够完善的情况下,政府是行使公共权威的唯一或最主要的主体,因此,governance 和 government 是可以通用的。在这一框架下的治理是自上而下的单向度过程,政府凭借政治权威发号施令,制定和实施各项公共政策,并操纵、控制、管理公共事务的运行。其重点在国家和政府身上,关注的是政治权力的使用方式和效果。主要在政治学和行政学研究领域里使用的规范定义,其主要指导理论仍然是国家—社会两分法,虽然也开始强调社会本身的自组织能力,但是社会是作为参照系存在的,侧重点仍是国家和政府,

---

① 俞可平.治理和善治:一种新的政治分析框架[J].南京社会科学,2001(9).
② 唐娟.政府治理论[M].北京:中国社会科学出版社,2006:28-30.

基本目的则是在保持社会政治秩序的基础上更有效地使用政治权力以实现公共目标。

广义的治理是狭义治理的延伸。在公共事务领域中,它要求国家和社会、政府和市场、政府和公民共同参与,结成合作、协商和伙伴关系,形成一个上下互动,至少是双向度,或者多维度的管理过程,其目标是使公共利益最大化。20世纪90年代以来,为了突出governance的新含义,中国政治学与行政学界把它翻译为"治理"(见图1.2)。描述定义的"治理"只是一个现代现象,至多是近代以来的产物,是伴随市场和公民社会的出现而出现的,指导描述定义的国家—社会—市场三分法,采取的是纯粹多元论立场,国家只是整个复杂系统中的一元,私人机构、第三部门都是该系统的成员,均与国家处于对等的地位。通过各"元"之间的互动关系形成有效的网络来实现各种公共服务是广义"治理"定义的基本目标。

	政府统治	治理
概念	由正式制度合法化的正式决策权力	以达成一致决定的正式与非正式权力
参与主体	少数参与者,以公共人员为主	多数参与主体,公共组织、私人组织以及公民社会
焦点	组织结构和制度	过程、政策和结果
结构	封闭系统、权力的范围限制、强制式参与、科层制度	开放系统、权力的功能划分、志愿式参与、网络和伙伴关系
决策过程	政策制定与执行过程缺少咨询、合作、参与	部门政策的制定与执行鼓励更多的咨询、主体间的合作
执行工具	自上而下、正式性	往往是非正式的,并为接受正式决策创造条件和提供激励
互动方式	科层权威、冲突关系、命令和控制、直接提供服务	咨询与合作关系、公开透明的公共管理、授权
决策	僵化、明确	在标准与原则基础上指导自主性的决策
决策的外部应用	强制性效果、禁令、义务	无强制性要求,而是由激励与环境决定参与主体的行为

图1.2 政府统治与治理

资料来源:Denita Cepiku. Public Governance: Research and Operational Implications of a Literature Review in Tenth International Research Symposium on Public Management (IRPM X), 2006.

当下公共事务治理的多元格局是新的形势下政府管理模式的调整和创新,其特色体现在以下几个方面:

1. 治理理论突破了传统的以国家为中心的政治思维

传统政治学理论是以国家为中心的思维模式,可以追溯到柏拉图和亚里士多德时期。而现代国际关系和政治学理论也认为,对于社会而言,国家是政治活动的中心。国家拥有社会资源的支配权、制定政治行为规则的绝对权威、负有谋取社会福利的责任。治理理论突破了这一思维模式,它一方面强调了国家的影响,承认了政府在国家政治生活中不可替代的作用,但另一方面,其关注的视角开始转向社会,降低了政府凌驾社会的权威地位。全球化时代的到来使国家之间的相互依赖性加深,全球治理的出现削弱了国家主权和自主能力,国家全能主义的神话被彻底打破,其有限性暴露无遗。治理理念给人们提供了包括政府在内的市场、社会多维的思考角度。

2. 治理理论重新定位政府职能

政府职能具有政治性和社会性,动态性和相对稳定性的特点,政府职能是国家职能体系中的一个重要组成部分,随着国家的整体社会结构、国家活动的基本方向和重心的调整而变化。自由资本主义时期的政府是"守夜人"角色,凯恩斯国家干预主义指导下的政府职能得到了快速扩张,政府政治职能稳定的同时,在经济职能和社会职能方面也得到了强化。学者们对政府这只有形之手的职能界定尽管有所不同,但仍然普遍将其看作是管理社会公共事务当然的并且唯一的主体。按照政治学理论对国家职能的分类,政府开始全面履行统治职能和社会管理职能并干预政治、经济、文化生活的方方面面。政府职能的合法性和绝对的主体地位并没有因为现代民主理论的引介而得到动摇,治理理论的出现改变了这一现状,肯定了社会组织和个人的自治能力,赋予其相应的责任和义务,有效分散和卸载了政府的社会管理职能。无论是民族国家内部还是国际社会,政府与多元组织和社会力量的合作、参与、协商是实现治理目标的必由之路。

3. 治理理论拓展了权威来源

重视政治秩序和社会秩序是政治理论的传统,社会的稳定和有序发展离不开带有强制性、垄断性特点的公共权威,包括法律权威和依据宪法确立的政府权威。作为一种正式的制度权威,其突出的是上下结构和命令与服从关系。在治理理论中,权威是对话和协商的结果,是基于认同或自愿接受而产生的约束力,治理理论改变了维护社会稳定秩序的权力性质,扩展了权威的来源。因而,权威并不为政府所垄断,公民组织、非政府机构也是权威的分享者,它们各自在相对独立的界域内发挥影响力,从这个意义上讲,治理更强调权力的民主性和社会性。

(二)政府治理的含义

政府是一个国家政治生活的核心,也是以国家或地区为单位的公共生活的最主要的组织管理者,按照现代政治学的解释,政府是旨在维护公共秩序和组织集体行动的一整套国家公共权力机关的总称,是社会政治体系中最主要的行为主体,是社会政治秩序的主要维护者。[①]在广义概念下,政府区别于家庭、学校、商会、工会等一切单一的社会机构,由一系列正式的、制度化的机构和过程所组成,在国家政治、国际政治、区域政治和地方政治等不同层面得到应用,旨在维持社会秩序、制定公共政策、实施具体行动,其基本功能在于制定法律(立法)、实施法律(行政)和解释法律(司法)。

狭义地说,"政府"等同于"行政机关",区别于其他权力部门(立法、司法机关和军事机关等),指掌握国家公共权力,履行国家行政职能,实施公共管理的行政机构。在美国,人们往往把总统制下的"白宫"称为"政府",以区别于国会和法院;在中国,人们也常把"国务院"系统称为"政府",以区别于"党委"、"人大"、"政协"、法院和检察院。从这个意义上说,政府就是国家意志的执行机关。本书采用的是狭义的政府概念。

无论是从治理的原有含义上看,还是从其引申含义看,政府都是治理的最重要的主体。因为政府治理意味着对人们行使属于社会的权力。政府代表社会施政,从社会获取权力或力量,并促使全体社会成员履行义务

---

① Andrew Heywood, Political Theory: An introduction, Palgrave Macmillan, 2004:65-66.

并使其服从法律,因为法律是公民意志的表现。[1] 政府切实履行责任,保障社会利益,实现社会意志,才是道德的、合法的。

政府治理还涉及两个问题:一个是决策问题,即治理什么的问题;另一个是保证决策被执行的问题(政府并非只掌舵不划桨,实际上政府还必须协调划桨问题,甚至有时还得示范,以做引导)。因而,政府治理不但关心这些目标,而且关心实现目标的途径或者工具的选择,因为第二个问题与政府治理工具密切相关。

在这两个问题中,"政府治理什么"规定了政府职能范围的大小和政府行为的目标,而这一点是受时代、国情等客观条件所制约的,但不论在国家发展的什么阶段,政府都会根据当时职责的大小和政策目标选择治理工具。从这一角度看,无论是单中心的威权体制,还是多中心、分散化的公民参与模式,都属于政府所选择的治理工具。

由此可见,政府治理是一种不同于行政型政府的新的政府管理模式,政府不再是高于社会之上的单一治理主体,而是众多权力主体之中的引导和协调者。政府治理的组织结构进一步向网络化扁平式方向发展,具有较强的灵活性,政府治理行为更具民主性,给予公民和社会组织更多的参与机会与渠道。政府治理的目的在于运用公共权威维护社会和谐与稳定,实现政府与公民的良性互动与合作。因此,政府治理是建立政府与公民关系的基础,同时也对这种关系的维系与发展提出了更高的要求。[2]

四、治理理论视野下的当代中国政府治理实践

从 20 世纪 90 年代开始,"治理"思想成为社会科学研究的热点,被认为是"非同寻常的事业"。斯托克认为,它支持第三世界和西方的差异,也强调发展中国家的发展和西方国家的某些相似性,"发展的目标在于让发展中国家的发展和发达国家更为相似"。皮埃尔曾经将治理理论称为"20世纪晚期时代精神中关于政府管理的主流观点"(Pierre,J.,2000),这暗示着出现治理趋势的地域范围已经超越了欧美。治理理论在中国社会科学界中出现的频率与西方难分伯仲,时间上也仅稍晚于西方。

---

[1] 张成福.责任政府论[J].中国人民大学学报,2000(2).
[2] 刘毅.网络舆情与政府治理范式的转变[J].前沿,2006(10).

治理理论发源于西方发达国家的行政体系语境,行政体制的改革和制度框架的修正充分体现了其理论价值。我们在充分借鉴其理论和实践双重示范效应的同时,必须正视中国与西方国家在现实国情和治理目标上的差异性,给予理论创新的动力。被应用于非西方国家的善治概念恰恰包容了上述相似性与差异性。善治的基本要素有以下几个:合法性、透明性、责任性、法治、回应性、有效性。[①]

作为一种新的政治治理模式和衡量治理成效的规范性标准,治理和善治理论为分析当代中国政治发展提供了可以利用的资源,许多学者已经开始以此来解读和分析中国实际。

治理在中国是一个真实的客观存在,如实行土地承包责任制后,村民们通过民主协商、讨价还价和村规民约等手段,有效解决了灌溉水源的分配问题。正在推行的社会自治运动,如村民自治、社区自治和行业自治等,也将对中国社会的发展产生极其深远的影响。

治理结构发生深刻变革的同时,政治治理的方式和过程也发生了重要的变化。何增科的《治理、善治与中国政治发展》一文以善治的十条标准逐一衡量中国政治治理方面的进展,如民主选举的合法性,表现在竞争性选举机制在农村地区的扩散,个别地方开始试行乡镇党政领导人民主选举产生制度;如以政治信息公开化为主要内容的政治透明度,表现在村务(主要是财务)、镇务、厂务、党政部门"两公开一监督"、政务公开等;如责任性方面,表现在重大制度的完善及党政部门对舆论监督的重视;在回应性方面,表现在地方政府24小时值班热线、市民互动栏目、公共服务部门的首问首办负责制等。总之,在治理和善治的分析框架下,按照善治的标准,本书认为中央及各级地方政府进行了持续的行政体制改革和制度创新,展示了治理的重要进展。

但与上述对中国政府治理或善治的乐观态度不同,古德曼在《改革二十年后的中心与边缘》这篇文章中对中国的地方治理提出了质疑,提出应该关注中国自身的幅员、规模、多样性的问题。那么,在现当代中国语境下,中国的地方治理究竟发生了怎样的变化呢?

[①] 俞可平.治理理论与中国行政改革(笔谈):作为一种新政治分析框架的治理和善治理论[J].新视野,2001(5).

随着中国市场化改革发展和非国有经济的迅速增长,中国地方政府的治理机制的确发生了相应变化。地方政府首先经历了从"职能同构"的单一治理机制向压力型体制下有一定自主权的治理机制的转变。当地方政府不再作为中央政府的代理人,并转向地方利益代表以后,垂直控制模式下的地方经济具有了活力,社会组织有了自我发展的独立空间,治理运作的社会基础结构发生了深刻变化,政治体制转型势在必行。一则,社会新兴力量为最大程度的保护和实现自身利益,要求建立新的治理结构,因此治理的民主政治秩序基础具备了可能性。二则,市场导向下的这些力量必然对地方政府政策制定、执行、监督产生全方位的影响,使其调整单向垂直命令模式,转变为互动的治理模式。

然而,经济增长和社会结构变迁并不意味着中国就自然具备了善治的基本条件。作为一种扩展性概念,"善治"表明价值取向的变化或者治理理念的变化,而不仅仅是治理主体、治理方式和治理手段的多元化。它要求各个主体性力量的成长与自主,特别是要求公民社会的出现,因为如果没有一个健全和发达的公民社会,就不可能有真正的善治。而在现当代中国,公民社会的发育成熟与否是存在质疑的。

另外,就中央与地方关系而言,中央高度集权的一体化格局延续多年,改革开放以来,虽然也出现了一定程度的经济性与行政性分权,但由于此间的分权是在体制外围进行的,中央下放给企业的许多权力被地方截留,政治经济一体化的局面并没有发生根本性改变。这种分权的结果不是彼此的分工合作、行政效率的提高,反而是权力的分散,结果是出现不同程度的地方保护主义,地方治理也就容易演化成"诸侯鼎立"了。

因此在现当代中国,就学术研究而言,在引介西方理论及与中国的现实结合过程中,无疑存在一个内在张力。

第三节 网络舆论与政府治理的互动关系

网络舆论是公共领域构成的一个不可缺少的部分,一方面,其必然与政府治理主体、治理对象、治理方式发生内在联系,而正向网络舆论也为中国政府治理实践提供了新的治理资源。可以说,网络舆论为治理理论的研究和运用提供了新视角。另一方面,为了推动网络舆论更多地传递"正能量"、减少负面情绪的散播,政府治理创新又成了网络舆论功用理性发挥的必然前提。

一、网络舆论为治理理论提供了新视角

(一)网络舆论拓宽了治理理论的视野

尽管治理理论产生时间不长,还处在理论创立和发展初期,但它所显示的理论价值,对现实政府改革乃至整个社会公共领域管理改革所具有的指导意义和解释力,却是独领风骚的,这缘于它从根本上弥补了以往处于学科分立状态下政府改革研究存在的各种缺陷,克服了理论指导政府改革实践软弱无力的状况而具备的综合性特征。概括起来,治理理论既吸收了政治学有关政府理论、民主制度、公民社会理论的思想精华,也广泛吸取和科学运用了经济学的经济分析方法,特别是经济学中的公共财政学、公共经济学、政府经济学以及制度经济学的重要内容,还继承了公共行政学理论中的有关如何提高政府管理效率的理论精华。

政府管理、市场机制和公民社会自主管理是治理理论的三大支柱和目标实现的制度基础,因此,必须把政府治理的研究置于经济—政治—社会一体的大框架中。同时,为了适应全球化、市场化、信息化发展的需要,政府治理应该突出"多元化"的本质特征。全面拓展理论外延,体现技术跃迁并产生了巨大社会影响和客观效应的网络舆论则恰能担当重任。具体如下:

在治理主体方面,网络为民众参政议政提供了便捷条件,也为政府倾听民意开辟了广阔渠道。因主体的虚拟化和全球性,网络舆论大大提高了政府与民众沟通、融合意见的能力,为广大民众参与政府治理提供了平台。在治理理念下,社会可以和政府平等地参与社会管理,发挥市场、层级、网络等不同机制和角色在社会管理中的重要作用,明确政府、中介组织、基层社会与个人相互合作对于社会治理的重要意义,相对于"统治"而言,这是一个重大突破。

在治理对象方面,网络舆论场必然成为政府治理现实社会之外的新

对象。网络舆论从无到有,渐成声势,发挥着越来越大的作用。近几年来,国内外重大事件都能在网上迅速形成舆论,引起强烈反响和激烈辩论,形成言论的"自由市场",甚至产生巨大的舆论力量。任何机构、部门以及公众人物都无法忽视这种带有突发性和自发性的舆论,无法忽视其可能产生的巨大社会影响和客观效应。

在治理方式方面,政府治理需要新的技术手段。网络舆论的形成过程及特点表明,21世纪的社会舆论日趋多变与复杂,互联网把人类推进到意见交流的新时代,不尊重网民的智慧与表达权,政府就可能丧失把握舆论的能力,因而通过驾驭网络舆论实现治理,并使网络媒体作为社会公器自觉承担"减压阀"的功能就成为必然之举。治理意味着,办好事情的能力不仅限于政府的权力、政府的发号施令或运用权威,在公共事务管理中,还存在着更好的管理方法和技术。①

(二) 正向网络舆论为中国政府治理实践提供了新的治理资源

作为社会资源的正向网络舆论是对真实情况和客观规律的全面反映,是维护绝大多数人利益的社会意见,能对人类的物质和精神活动产生重要价值,在社会生活中发挥显要功能。

"舆论有时是一种混合的表达物,它包括一个动态的社会过程的连续阶段,通过这一过程,互相竞争的公众试图调整社会的政治、道德和经济结构,以适应他们变化着的需要。"②这就说明舆论的出现和变化反映出社会生活的复杂性,表明不同阶层的政治和经济要求的差异和融合。而主要是上下层舆论的对流与互动,其次是公众舆论的并存与互动的特定结构使得网络舆论不断流向权力阶层。如果权力阶层的意见能贴近公众的要求,政府与社会不断进行平等对话,就能获得源源不断的治理资源,不断提升政府治理水平,具体表现如下。

---

① 俞可平.全球化:全球治理[M].北京:社会科学文献出版社,2003:5.
② Hardwood L.Childs, Public Opinion: Nature Fomation and Role, Nostrand Company Inc.,1965:14-26.

1. 对政府执政能力的促进

网络舆论对行政权力的所作所为做出有时是温和,有时是慷慨激昂的评价,这是信息时代政治舆论作用的特殊表现形式。因而,政府依靠网络舆论这种执政资源确定最好政见,通常采用以下两种方式:

一是正螺旋集中舆论的方式。其基本逻辑是人民要求政府把个人的利益和社会利益联系起来,并按照人民的意愿确定举措;基本路径是通过集中网民分散的意见,提炼出最初的一致意见,然后反映到高层进行再度集中,提炼出正确的见解,最后化为精粹的政策性语言,是"从群众中来"这个执政传统在网络时代的新表述。政府只有及时观察和搜集广大民众的要求,才有形成正确政见的可能,因为如果没有政治舆论的作用,社会权力对社会变动的反应就要迟钝,而且社会领域复杂多变,领袖人物的调查研究稍有疏忽,就不可能把握一切。

二是倒螺旋集中舆论的方式,即先由政府官员提出政见,然后通过社会讨论或民意测验证明其政见的正确性。马克思曾指出,"判断一个人不能以他对自己的看法为根据。判断这样一个变革的时代也不能以它的意识为根据"[1]。同样,政治设施、思想框架及它的方针政策是否正确,不应由政治设施和思想、方针政策本身做出说明,而应由人民的实践和满意度为依据。但是许多政府官员却会认为政见来自政治制度和意识形态,而不是来自生活实际,因而总是采取"倒螺旋"的方式制定政见,常常忽略"从实际出发、尊重民意"的准则。他们把网络舆论当作干扰的声音,企图以媒介宣传或思想政治工作去说服大众,甚至选择典型作为批判对立思想的例证,威胁持有舆论背反立场的公众。

实际上,网络舆论中的公众意见、民意和政府意见有时是一致的,有时可能不同甚至对立。历史一再证明,在每一具体社会阶段,双向互动的舆论表现出不同的效果,因而导致不同的历史进程。在征集网络舆论、形成政见的过程中,政府意见若能尊重网络舆论,力求从中汲取思想,形成理性的、系统的执政方针,就能获取正确认识社会的保证,就能把官员的政见提高到科学水平,并反过来指导人民的全部活动,整个社会才会呈现出蓬勃的生机。反之,如果它脱离公众意见和生活逻辑,自主地、任性地

---

[1] 马克思恩格斯选集(第2卷)[M].北京:人民出版社,1995:33.

说明经济和政治本身,甚至堵塞群众意见的上达,就必然成为其政治意识的自我评价,其执政行为就要处处碰壁,执政活动就会出现失误,使经济与政治生活陷于困境。

2. 网络舆论对社会和谐的舆论融合

信息时代,社会的和谐抑或不和谐借由网络舆论表现,而网络舆论从某种程度上既会促成和谐的发展,又将影响社会和谐的矛盾进行渲染。

从宏观来看,改革开放后,中国各个领域中出现了一系列重大进步,在市场经济体制下,各领域之间充满竞争和合作,但市场竞争既有平等的一面,也有机会不均等和腐败现象。绝大多数公民会从这种变化中获得好处,但获得利益的多少却不尽一致,存在差别与分化,而且改革也在解决社会矛盾中出现了"烂尾"现象,即解决一个旧的矛盾的同时可能出现多个新的矛盾,这些新的矛盾长期无法解决,同时众多利益冲突纠缠不清,社会不公导致民众的强烈异议,由此频繁出现不满情绪和对抗意见,社会和谐遭到冲击。

从微观社会来看,公民内部的任何内耗和掣肘,都对和谐的政府治理环境造成破坏。日常舆论经常迫使不良的个性行为向周围群众的相融性和整体性做出让步,形成个体与整体的协调。这种舆论融合资源,不断消除公众关系的隔阂因素,推动社会的和谐发展,社会只有和谐才能快速进步。因此,社会和谐直接产生于网络舆论的融合力,形成人民群众的向心力。

在社会公正、执政者廉洁自律、公民和生活水平不断提高、消除不合理的两极分化、给社会关系的融通注入活力的大背景下,政府政策更应该反映全社会的统一意志,国家管理者应始终服从人民的意志,使上下层舆论出现同化,同时政府又启发人民的悟性,扩大舆论融合的范围,构成和谐的基本条件。

3. 网络舆论对政府治理的舆论预警

网络舆论的预警功能主要是指政府从网络舆论中及时把握社会动态,认识社会可能出现的危害,以便采取有效的措施来防范。当前,面对网络舆论冲突的风险,网络舆论的监测机构会随时发出风险预报,为社会和谐提供舆论动向。

现实社会不仅发生着腐败和各种犯罪案件,还可能随时发生群体事件、恐怖袭击、经济和政治的不良运行或重大的自然灾害,群众对这些社会不良现象的判断会弥漫在社会各个角落,一再强烈地表现出来。如果政府规划违背民意,网络舆论就会连连发出预警,这也正是政府规划与社会规律抵触、民意的预测被忽视的反应。因此,从网络舆论中准确得到预告,及时采取措施防范对社会的破坏,是维护社会安定的首要步骤。

综上所述,注重网络舆论,依据正向网络舆论调整社会发展规划,是提高政府治理能力,推动社会进步的关键。

二、政府治理创新是网络舆论功用理性发挥的必然前提

如何推动网络舆论更多地传递"正能量"、减少负面情绪的散播是一项系统工程,不仅需要分析网络舆论产生的政治、经济、文化等因素,更需将"善治"作为应对网络舆论的基本理念,充分发挥多元主体的能动作用,通过价值理性和工具理性的结合,构建开放性的网络公共空间,实现网络舆论的健康有序发展。

(一)网络舆论的新特点是双刃剑

网络舆论呈现出与传统舆论迥然不同的新特点,它其实是一把双刃剑。因为在社会转型时期,网络舆论作为社会舆论的重要组成部分,因其所处空间的开放性为人们针砭时弊提供了畅所欲言的表达渠道,对民生建设和反腐工程等社会焦点问题形成了强大的舆论压力,对社会发展起到一定的积极作用。然而,因网络舆论所流露出的非理性情绪,包括各种极端的民族主义和仇富心态,通过极具煽动性的激烈言辞,肆意夸大对现实的不满,对各种公共群体性事件的形成和发展起到了舆论造势和组织动员的作用,成为谣言、色情信息、知识侵权、网络示丑与网络恶搞泛滥的土壤。

平等、开放、自由的网络创造出了具有匿名性、多元性特点的网络舆论新主体。德国学者诺依曼在"沉默的螺旋"假说里指出:在传统社会,出于对孤立的害怕,人们会对优势意见气候采取趋同行为,由此把某种观点确立为主导意见从而形成舆论,这种情况在网络社会得到了根本改观。在无限的网络空间,崇尚自由、追求个性的网民,积极主动在网络社区寻

找同盟军。而网络传播的个性化特征使网络舆论主体变得更为泛化和分散。

与传统社会舆论相比,网络舆论客体比社会传统舆论要丰富、复杂得多。一是网络海量信息的作用。网络具有海量信息存储能力和再现功能,而且超链接使网络能很便捷地汇总、整合信息,既能横向地集纳最广泛的多元信息源,又能纵向保存历史信息;就信息发布者而言,任何单位、企业、个人都可以是信息源,这又大大增加了信息的总量。二是"把关人"力量在网络传播中的削弱。宏观上,虽然主要"把关人"仍然是政府,但在网络信息传播层面上,政府的"把关"力度明显减弱;微观上,网络新闻传播不是没有"把关人"对信息加以控制,而是各级"把关人"对信息的控制力度相对较小,信息准入的标准更加宽泛,无法进行传统意义上的"过滤性把关"。

(二) 网络舆论治理中政府行为的"路径依赖"①

在社会转型期的中国各类群体性事件中,网络舆论发挥了动员、组织、传播作用,其影响不容小觑,但网络舆论的非理性发展又是网络自身不成熟的产物,同时也是政府网络舆论管理乏力的结果。政府若能及时掌握网络舆论走向,适时引导,则有利于妥善处理和解决社会矛盾。革命时期遗留下的"对抗"逻辑、现存的"压力型体制"造就的"维稳"逻辑、科层制的应对外部变化的封闭和保守,共同造就了网络舆论治理中政府行为的路径依赖。

1. "后革命社会"中的"对抗"逻辑

进入 21 世纪,尽管苏联解体、冷战结束,全球化进程日益加快,然而区分敌我的革命主题并没有完全烟消云散,革命时期遗留下的非此即彼的二元对立思维仍然时不时左右着日常生活,构成了当下的"后革命社会"。

---

① 路径依赖(path dependence)描绘的是"一旦一条发展路线沿着一条具体进程行进时,系统的外部性、组织的学习过程以及历史上关于这些问题所派生出的主观主义模型就会增强这一进程"的制度变迁现象。[美]道格拉斯·C.诺斯.制度、制度变迁与经济绩效[M].上海:三联书店,1994:132.

网络舆论治理中政府的"对抗"逻辑主要表现为:一方面,对其他国家或地区发生的事件往往采取"报忧不报喜"的态度;另一方面,如果本国出现相当规模的抗议事件,则很有可能被认为是受到"境外敌对势力"的煽动,如将各种公共事件都定性为敌我矛盾。但是,毕竟国际政治是国内政治的延续,只有真正提高国家综合实力,才能对来自国际社会的挑战无所畏惧。

在互联网时代,国家界限日益模糊,但国家间的利益争夺和阶层矛盾冲突并未消弭,从全球化角度来看,国家间的信息对抗对政府提高信息判断力提出了更高的要求。对于后发国家来说,出于对本土文化的保护及防止外来势力干扰和破坏的目的,因此往往采取过犹不及的极端手段。特别是缺乏对情报信息精确而严谨的分析处理,使许多转型期的人民内部矛盾上升为敌我矛盾,不仅反映出刚性集权政体的脆弱性,而且掩盖了深层次的内部矛盾,延误了处理的最佳时机。①

2."压力型体制"下的"维稳"逻辑

一个系统内部是否稳定团结,各组成部分是否相互协调,决定了这个系统能否有效地执行计划、达成目标、完成任务。新中国成立以后,实施"赶超战略",采取"摸着石头过河"的渐进式改革策略,在压力型体制的塑造下逐步强化了政府应对社会管理的"维稳"逻辑,同时也是长期扮演着全能主义角色的各级政府的本能选择。

在网络舆论治理中,网络群体性事件是政府重要的治理对象。虽然网络群体性事件"本质是网民群体围绕某一主题、基于不同目的,以网络聚集的方式制造社会舆论、促发社会行动的传播过程","可以是自发的、也可以是有组织的,可能是有序、健康的,也可能是无序、不健康甚至是非法的",②但政府基于网络群体性事件可能导致公共秩序紊乱,极端化的集聚容易引发网络暴政最终瓦解现实政治等一系列担忧,采取"维稳"模式予以应对。其主要表现是:政府对网络舆论焦点的短暂性失语,选择性隐瞒一些"负面"信息,或是采取应急式的行政决策给予特殊关注和特殊解决。在这种"维稳"模式主导下,政府若采取消极回避态度,忽略网民利

---

① 韩舒立,张晨.网络舆情治理中的政府逻辑:困境与重塑[J].电子政务,2013(5).
② 杜骏飞.网络群体事件的类型辨析[J].国际新闻界,2009(7).

益诉求,通过强制权力实施网络舆论控制,极易为网络谣言的传播创造机会,更易增强网络舆情的复杂和多变;若把网络群体性事件当成一种社会危机来处置,一时间仿佛满足了网络群体性事件的诉求,却因缺乏一种正常、规范和公正的制度化处理,不利于整个网络生态的正常进行,更容易陷入困境。如此只会导致"信法不如信上访,信上访不如信网(互联网)"非常态解决问题的逻辑常态化,不仅极大地提高了政府的治理成本,降低了治理的收益,而且也使政府的公共资源不合适地被挪用和浪费,司法机关的社会公信力被质疑,更多的社会问题被诱发,使网络群体性事件的解决陷入路径依赖危机。

3. 科层制的封闭和保守

在组织结构上,科层制金字塔式的结构与扁平化的互联网结构已不能完全兼容和适应。脱胎于大工业时代的科层制适合于程序单一化的社会结构,其运作过程中也逐渐产生出了许多始料未及的逆向机能,正如罗伯特·K.默顿指出的那样,官僚制(科层制)的意图在于增强组织的可靠性和可预测性,它在强调通过规定和权力进行控制时,也可能会鼓励行为僵化,不愿意做出"有风险的"决策,从而使整个组织中个人和各级群体普遍存在防御性态度。

信息时代的互联网具有高度复杂性和高度不稳定性的双重特点,科层制的层层分级使它缺失高度敏感性和良好的反馈机制,其封闭性和时滞性的双重制约必将难以应对瞬息万变的网络舆论。

在组织性质上,科层制本身就排斥技术创新。创新意味着改变,意味着官员们不得不改变原有的规程,发展新的工作关系,甚至牺牲部分自主权。因此,科层制会阻碍新技术的应用,使得以网络的方式解决网络的问题这一最佳对策常常难以及时落实,因为"除非政府官员认为这个发明应该被实施,否则即使是那些效率与效果得到确证的新技术也得不到采纳"①。

---

① [美]约翰·克莱顿·托马斯.公共决策中的公民参与:公共管理者的新技能与新策略[M].孙柏瑛,译.北京:中国人民大学出版社,2005:3.

(三)政府治理创新是解决当前政府治理困境的根本出路

网络信息传播的多维性、开放性、便捷性和交互性,使得以往传媒管制的线性逻辑运用在网络舆论治理上成效甚微。政府组织的科层制结构面对互联网时代社会环境不确定性的增加,意味着过度依赖工具理性的网络舆论治理逻辑的结果只能是治标不治本。问题的实质就是政府如何创新自身的治理逻辑以适应现代社会与技术的结构性转变,因为虚拟时空的社会性和现实性意味着网络舆论的"喧嚣"所呈现的恰恰是"社会—经济—技术"结构的大转型,网络舆论关注和反映出的社会热点问题也无一不触及当下经济和社会转型中的一系列深层次矛盾和冲突。

网络舆论治理,必须要经历观念和认识上的转变,以开放的姿态迎接开放时代的到来,要克服网络舆论认识的表面化和片面化,宽容对待网络舆论的多样性表达。网络作为一个言论适度自由展现的空间,作为一个巨大的意见集市,难以避免地存在非理性、情绪化的因素,因为"网络舆论体现的'网络民意'主要是一种未加整理的、初始状态下的'原生态'的民意。网络民意作为一种'原生态'民意,必定有其局限性,出现言语偏激、反应过度等现象"[1]。但正如有学者所指出的,"网民的反应是有正义感的人所应该表达出来的态度,证明了'社会道德与良知的底线仍在'",非理性、情绪化只是局部的问题,而且从网络舆论作为一种公众表达和交流的方式看,它更多的是作为国家、社会与公众之间一种相互沟通和理解的桥梁,即"各种声音(包括那些非理性的声音)的爆发、各种舆论场的出现,在互联网这个'多中心'的传播时代是正常的现象,都为事件最终真相大白做出了贡献"[2]。因此,绝不能因为网络舆论存在非理性和情绪化的言论而简单地对其加以否定,因为当社会简单而粗暴地否定网络舆论的时候,往往也就否定了国家、社会与公众之间相互沟通的可能。

"善治"是世界上绝大多数国家追求的目标,因为各国政府都希望有

---

[1] 周道华.论网络舆论与政府的互动[J].社科纵横(新理论版),2007(2).
[2] 邓晓霞,王舒怀.对"网络暴力"说"不"[N].人民日报,2007-08-10.

更好的治理。"善治"的实现是渐进过程,也是政府转型、还政于民的过程。首先,政府要转变执政理念,加强自身改革和创新,对社会生活进行科学化、民主化、法治化管理。其次,以公共利益为价值取向,提供优质公共产品和服务并努力实现公共服务的均等化。再次,实现国家权力向社会的回归,与公民社会协作与互动。

第二章　网络舆论背景下的中国政府治理基础

从政治学角度看,政府治理基础主要涉及社会基础、政治权威的规范基础、处理政治事务的方式和对公共资源的管理,其中特别关注在一个限定的领域内维持社会秩序所需要的政治权威的作用和对行政权力的运用。[①]网络舆论的出现和发展有力地推动了公共领域的变迁,对与政府治理紧密相关的,作为政治生活基本维度的公共权力、政府权威、公共政策等产生了极大影响,必须辩证分析其多重影响,才能为具有鲜明特色的中国政府治理创新提供新思路和新方法。

第一节　马克思主义经典作家的舆论治理功用思想及其发展

重视舆论、遵从民意是中国传统政治文化的精华和为政之道的基本准则,以孔子的"天下有道则庶人不议"和孟子的"得人心者得天下,失人心者失天下"为标志,其深远地影响着中国的政治理论和实践。鉴于权力自我扩张易腐败的惯性和社会主义民主政治的价值追求,马克思主义经典作家在创建无产阶级政党、建立社会主义国家的过程中持续关注舆论的治理功用问题,相应的科学思想、观点和方法成为新时期研究舆论对政府治理产生的政治、社会影响的主流渊源和理论基础。

---

① 俞可平.治理和善治引论[J].马克思主义与现实,1999(5).

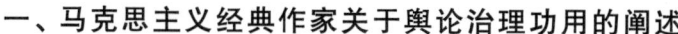

一、马克思主义经典作家关于舆论治理功用的阐述

以唯物史观为指针,以革命为分水岭,马克思主义经典作家形成了立场鲜明、方法科学、思想深邃、体系完整、内容丰富、观点翔实、实效明显的马克思主义新闻舆论思想。

1. 舆论宣传在不同阶段的政治实践中具有多维功用

1849年马克思通过严正驳斥《新莱茵报》的控告,科学定位报刊使命,即"是社会的捍卫者,是针对当权者的孜孜不倦的揭露者,是无处不在的耳目,是热情维护自己自由的人民精神的千呼万应的喉舌"①。其作用在革命和建设两大阶段各有侧重:

在无产阶级革命中,"从事办日报的工作是一种乐趣。你会亲眼看到每一个字的作用,看到文章怎样真正像榴弹一样地打击敌人,看到打出去的炮弹怎样爆炸"②。1901年5月,俄国马克思主义政党建党期间,列宁在《从何着手?》一文中写道,"没有革命报纸,我们决不可能广泛地组织整个工人运动"③;"没有政治机关报,在现代欧洲就不能有配称为政治运动的运动。没有政治机关报,就绝对实现不了我们的任务——把一切政治不满和反抗的因素聚集起来,用以壮大无产阶级的革命运动"④。

与革命时期报刊主要揭示资本主义制度弊端、揭露激化社会矛盾不同,革命胜利后,其重心则转向协调内部矛盾、反映民意、约束权力、改进工作。在社会层面,"人民报刊生活在人民当中。它真诚地同情人民的一切希望与忧患、热爱与憎恨、欢乐与痛苦。它把它在希望与忧患之中倾听来的东西公开地报道出来"⑤。在执政党层面,"党内对这些决议的每一点、每一条并不是都意见一致,因此,党的刊物应当敞开大门,以便根据日益复杂的经济斗争和政治斗争的经验教训,对这些决议进行批评,进行修改。毫无疑问,今后党内的一切派别,正确些说,党内的一切流派,都应当把进行这种批评、应用和改善的工作,看作是表明自己的态度和阐明自己

---

① 马克思恩格斯论新闻[M].北京:新华出版社,1985:234.
② 马克思恩格斯全集(第22卷)[M].北京:人民出版社,1965:89.
③ 列宁全集(第4卷)[M].北京:人民出版社,1984:169.
④ 列宁选集(第1卷)[M].北京:人民出版社,1995:372.
⑤ 马克思恩格斯全集(第1卷)[M].北京:人民出版社,1995:352.

的路线的事情"①。

2. 立足社会生产关系实际,提出报刊是舆论引领的主要载体

依据唯物史观,马克思主义经典作家从生产力层面探析,分析舆论本源。

一是从社会有机体中定位舆论,即"舆论的方向是由社会关系决定的,而社会关系是由深刻改变经济面貌的生产力发展而成的"②。

二是动态地看待报刊和舆论。报刊是静态的舆论,舆论是动态的报刊。报刊不仅"是社会舆论的产物,同样地,它也制造这种社会舆论"③,即"报纸是作为社会舆论的纸币流通的"④。

三是辩证分析作为舆论的主要载体的报纸的特征。"报纸最大的好处,就是它每日都能干预运动,能够成为运动的喉舌,能够反映出当前的整个局势,能够使人民和人民的日刊发生不断的、生动活泼的联系。至于杂志,当然就没有这些好处。不过杂志也有杂志的优点,它能够更广泛地研究各种事件,只谈最主要的问题。杂志可以详细地科学地研究作为整个政治运动的基础的经济关系。"⑤

3. 以唯物史观为指引,形成立场鲜明、内容科学的办报思想

立足群众史观,明确党性原则是办报的首要原则,强调要贴近群众、依靠群众办报。1842年初马克思在《评普鲁士最近的书报检查令》中提到:"党派的名称对政治性报刊来说则是一种必要的范畴",1849年1月,恩格斯在《瑞士报刊》中再次指出:"在大国里,报纸永远反映的是自己党派的观点,它不会违背自己党派的意愿和利益。"

党性原则是党报摆脱现有困境的有效路径。"现在,老一套的政治鼓动,即政治空谈,占的篇幅太多了,而新生活的建设,建设中的种种事实,占的篇幅太少了。"⑥在实践中作用如下:一则必须取得群众信任,"人民

---

① 列宁全集(第19卷)[M].北京:人民出版社,1989:194-195.
② 普列汉诺夫哲学著作选集(第2卷)[M].上海:三联书店,1984:323.
③ 马克思恩格斯全集(第1卷)[M].北京:人民出版社,1956:231.
④ 马克思恩格斯全集(第7卷)[M].北京:人民出版社,1959:523.
⑤ 马克思恩格斯全集(第7卷)[M].北京:人民出版社,1959:3.
⑥ 列宁选集(第3卷)[M].北京:人民出版社,1995:571.

的信任是报刊赖以生存的条件,没有这种条件,报刊就会完全萎靡不振"①。一则必须让群众参与办报,"我们的报纸也要靠大家来办,靠全体人民群众来办,靠全党来办,而不能只靠少数人关起门来办"②,因为唯有如此,人民报刊才能获得"坦率而公开地发表意见的报刊的创造力"。

综上所述,马克思主义经典作家高度重视舆论工作,在理论构建和实践推进层面皆有建树,成为中国党和政府舆论思想和新闻工作的重要渊源。

二、马克思主义经典作家舆论治理功用思想的继承与发展

马克思主义经典作家以报刊引领舆论的新闻舆论思想,指出了报刊须以人民利益为出发点,以人民喜爱为标准,体现了新闻出版自由和以法办刊的理论意蕴,对我们正确认识舆论的多维功用具有重要的指导和启示意义。

改革开放以来,中国政府紧随经济社会和新闻实践前进的脚步,与时俱进地调整了自己的新闻舆论思想。"新闻舆论,作为上层建筑、意识形态的一个重要组成部分,由于其自身的特点和优势,同社会政治、经济、文化生活的各个领域都有密切的联系,都会产生广泛而深刻的影响。在新闻传播手段还不够发达的时代如此,在新闻传播手段越来越现代化的今天更是如此。"③"舆论引导正确,利党利国利民;舆论引导错误,误党误国误民。"④习近平总书记在全国宣传思想工作会议重要讲话中指出,"必须坚持巩固壮大主流思想舆论,弘扬主旋律,传播正能量","必须高度重视网络舆论兴起带来的重大影响"。⑤

新的历史起点上的舆论思想,有着相当丰富的内涵:既有对马克思主义及其新闻舆论思想的继承(例如,坚持发挥新闻传媒的喉舌作用,坚持新闻事业的党性原则,坚持党报的"全党办报,群众办报"方针,坚持发挥

---

① 马克思恩格斯全集(第1卷)[M].北京:人民出版社,1995:234.
② 毛泽东选集(第4卷)[M].北京:人民出版社,1991:1319.
③ 讲学习 讲政治 讲正气[M].北京:学习出版社,1996:371.
④ 胡锦涛.在人民日报社考察时的讲话[N].人民日报,2008-06-21.
⑤ 习近平:意识形态工作极端重要[OL].[2014-02-16]. http://news.ifeng.com/mainland/special/yishixingtai/content-3/detail_2013_08/20/28828185_0.shtml.

正面舆论的作用等），又在舆论监督方面有了重大发展。

1998年5月，在联合国新闻委员会年会上，网络被正式命名为继报刊、广播、电视之后的第四大传播媒体，因其覆盖范围广、信息容量大、传输速度快、交互性强、多媒体性能好等特点和优点，互联网深刻地改造了现实社会，对人们的思维方式、生活方式和交往方式产生了深入影响。顺应信息社会的新要求，以社会主义政治文明建设为指引，网络舆论监督逐渐引起民众关注并成为主流，成为社会主义监督体系的生力军、新形式和增长点。

十六大以后，舆论监督从制度设计和整体推进转向重点突破，2004年《国务院办公厅关于控制城镇房屋拆迁规模严格拆迁管理的通知》明确指出，"对严重损害群众利益的典型案件，要继续曝光"。《中共中央关于完善社会主义市场经济体制若干问题的决定》提出："完善行政执法、行业自律、舆论监督、群众参与相结合的市场监管体系，健全产品质量监管机制，严厉打击制假售假、商业欺诈等违法行为，维护和健全市场秩序。"以上文件均是关注具体行业的舆论监督和曝光的实例和典型。

以保障公民"四权"为着眼点推进民主政治制度建设，已成为新的时代要求，是一个原则性问题，也是党的十七大在监督课题上的新精神。"完善制约和监督机制，保证人民赋予的权力始终用来为人民谋利益。确保权力正确行使，必须让权力在阳光下运行"；"完善各类公开办事制度，提高政府工作透明度和公信力"；"重点加强对领导干部特别是主要领导干部、人财物管理使用、关键岗位的监督，健全质询、问责、经济责任审计、引咎辞职、罢免等制度。落实党内监督条例，加强民主监督，发挥好舆论监督作用，增强监督合力和实效"。

在此精神指导下，利用网络问政，进行网络舆论监督，发展网络民主成为现实政治活动。以"加强主流媒体建设和新兴媒体建设"为理念，胡锦涛同志于2008年6月20日来到人民网"强国论坛"同网友们进行在线交流，这一事件被普遍解读为官方肯定网络作为主流媒介、主渠道的重要象征和标志性事件。此后，从上到下，从高层到基层对网络舆论的高度重视、对网络民主发展高度认可就成为常态和普遍。一批厅级官员开设博客以更亲和的形象听取网民意见，浙江青田县委书记与县长通过"浙江在线"与网民面对面交流当地经济社会发展的问题等都是其中一隅。

在各地实践探索的基础上,十八大报告做出准确判断:世界多极化、经济全球化深入发展,文化多样化、社会信息化持续推进,在加强党内监督、民主监督、法律监督、舆论监督,让人民监督权力,让权力在阳光下运行的基本精神指导下,加强和改进网络内容建设,唱响网络主旋律,强化网络舆论监督。

第二节　中国政府治理社会基础的两极走向

有效治理既离不开国家,更离不开公共领域,因为只有实现公民社会与政治社会、国家和公民之间的合作,只有扩大公民社会得以活动的有限的"政治空间",治理才能因具备坚实的社会基础而成为可能并发展壮大。斯托克对政府和治理作了划分,他断言,政府指的是做出权威性决策的正式制度结构和场所,而治理的本质则是"政府和非政府力量之间及其内部的相互关系"。在一项基于16个国家经验数据的采集和比较的重要研究中,海登(Hayden)等人主张,治理指的是"调节公共领域——国家及其经济与社会行动者相互影响形成决策的场所——正式和非正式规则的构成和职责"。斯威利(Swilling)进一步简化了治理的定义:它意味着权力结构与公民社会之间如何联系起来,从而产生出一个公民公共领域(civic public realm)。①英国前首相布莱尔也认为:"只有在一个繁荣的市民社会里,有强有力的国家和得到明智政府支持的公开结构,我们才能够实现个人价值。大多数的个人要成功,社会就必须是强有力的社会,如果软弱无力,权力和收益就会流向少数人而不是大多数人。"

毋庸讳言,我国的国家与社会的分立并未完成,国家对社会生活的主导作用依然明显,社会并没有成为相对独立、完全自治的结构性领域,但即便如此,作为一种规范性理论,治理理论仍为在当下制度环境的夹缝中艰难成长的公共领域提供了理论支撑。

---

① 何增科,包雅均.公民社会与治理[M].北京:社会科学文献出版社,2011:359.

自问世以来,网络舆论的有效性和灵活性满足了个人表达和公共参与的需要,成为公民政治参与的新方式,成为具有促进民主发展的内在化潜力。虽然这种方式尚不能保证政治民主自然而然地实现,虽然网络舆论的非理性和情绪化等负面特征对中国的政府治理形成了新挑战,但它的出现扩大了既有的"非官方公域",推动了中国公共领域的健康生长和持续发展。

一、网络舆论有效提升网络公共领域的发展水平

20世纪50年代美籍德裔女思想家汉娜·阿伦特率先提出了"公共领域"这个概念,并用比喻手法形象恰当地表达了"公共"的含义,即共同生活在这个世界上,这在本质上意味着一个物质世界处于共同拥有它的人群之中,就像一张桌子放在那些坐在它周围的人群之中一样。这一世界就像一件中间物品一样,在把人类联系起来的同时,又将其分割开来。①

1962年,哈贝马斯在《公共领域的结构转型》一书中,对公共领域的起源、结构、功能作了透彻分析。综合整理哈贝马斯的公共领域理论,主要有以下若干要点:

关于公共领域的来源,哈贝马斯认为,首先是我们社会生活中的一个领域,它原则上向所有人开放。在这个领域中作为私人的人们来到一起,他们在理性辩论的基础上就普遍利益问题达成共识,从而对国家活动进行民主的控制。②

关于公共领域的结构,哈贝马斯认为其主要由私人领域(即市民社会)、公共舆论领域(即资产阶级公共领域)和公共权力领域(即国家)等组成,国家与社会相互分离且各自独立,国家权力通过公共舆论领域而获得合法性,而民众通过公共舆论领域提出利益诉求。

关于公共领域的功能,他认为最终目标是形塑国家权力和市民社会之间的协调空间,而不是以公共舆论领域排斥政治权力,虽然也突出强调公共领域对于政治权利的批判功能(见图2.1)。

---

① [德]哈贝马斯.公共领域的结构转型[M].曹卫东,等,译.上海:学林出版社,1999:172.
② [德]哈贝马斯.关于公共领域问题的答问[J].社会学研究,1999(3).

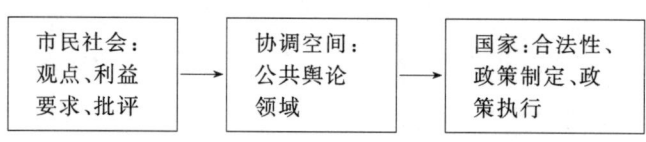

图2.1 哈贝马斯关于公共领域的功能的分析①

哈贝马斯还深入分析了真正的公共领域的形成需要具备的三个主要条件②：

第一，由超脱于个人或利益集团私利之上、不受公共权力约束的、私人自愿组成的一定规模的公众。基于共同关注的某种普遍利益，他们通过自由结合和自愿组合，在一定的公共空间中，自由地表达意见，平等地对话，广泛深入地讨论，从而利用私人领域和国家之间的中间地带调节社会生活并监督国家政治。

第二，形成程度强烈的批判性公共意见。在哈贝马斯看来，公共舆论起到批评、监督国家权力的作用，最终控制国家权力。公共意见以批判意识为主要内容，批判的基础必须是最大限度的公众理性，公共领域由此产生。

第三，公共媒介和公共场所是公共领域的物化形式。在历史上，公众舆论主要发生在宴会、沙龙、剧院、咖啡馆乃至街头、广场等场所，现代以来，主要表现为报纸、广播、电视等。哈贝马斯认为资产阶级公共领域的外在物化形式——大众报刊在19世纪中后期出现了衰败的情况，源于资本权力、政府组织双方面的影响。媒介与场所决定着信息的数量和流向，只有充分保障具备可供参与者交流的媒介与场所，现代公共领域才能对公共权力真正产生制约效果。

这些思想引起了众多学者的关注，成为后来相关研究的理论基础和思想渊源。尽管原始取向仍有许多可改进之处，但其核心想法却具有里程碑意义："首先，公共领域概念始终关注大众媒介同民主政治在制度和实践层面的经久不变的关联；其次，强调任何公共领域都存在必要的物质

---

① 严一云,刘晓光.当代中国网络公共领域的政治功能[J].安徽农业大学学报(社会科学版),2010(3).

② 刘波亚,郭燕来.提升与强化：网络公共领域与中国当代市民社会[J].理论月刊,2012(8).

基础;再次,它将公共领域的功能定位在斡旋市民社会和国家之间的矛盾,而避免了将'自由市场—国家控制'进行简单两分而产生的不足。"①

那网络空间能否孕育出真正的"公共领域"呢?首先是作为新的发言渠道,对于所有社会成员,网络是否具有更全面的公共性意义;其次是作为新的传播渠道,对参与其中的成员而言,网络是否提供了更理想的言语情境。

关于第一层次的可能,网络的普及程度决定其能否成为普遍性的广义公共领域。如果网络的实际使用族群与社会的普及程度只停留在特定的阶层,那么对社会而言,网络的使用只不过是为特定的使用族群(即网民)提供了另一种传播渠道,对一般人而言,就不具有公共性的意义。②

关于第二层次的要求,也就是狭义的公共领域,涉及能够使用网络的"先行者"在网络上面对一个真实的论述"空间"。

在希腊雅典时期,agora③作为公民自主对话和去中心化的参与形式,体现了直接民主的可能性。在大众传媒时代,一方面代议体制渗透并制度化到社会的各个领域;另一方面由于大众媒体承载了第四权力的社会功能,消减了公共领域自身的公共性原则,使得公民缺少直接民主的参与渠道。在网络环境中,参与者通过投入与经营某一特定议题,建立具有明确目的性与对话性的讨论群体,经由网上直接的、商议的实践对话,通过虚拟而又真实多元的讨论社群冲击着旧有的社群连带观点;与现实世界人类社会的交往形式相异,网络舆论以开放的讨论平台,自由、平等、兼容、共享的技术模式开始重新塑造经典公共领域的内在机制,更全面体现了理想公共领域的特征及公共性意义;它还促进了小众话语和个体话语的传播,形成了一种分化、互动的网络公共领域形态,④提升了网络公共

---

① Garnham,Nicholas,"The Media and the Public Sphere",in Habermas and the Public Sphere,Cambridge,MA: MIT Press,1992:360 - 361.
② 刘文富.网络政治:网络社会与国家治理[M].北京:商务印书馆,2002:294 - 295.
③ agora,指古希腊贸易及集会用广场. 大英汉词典[M].北京:外语教学与研究出版社,1992:32.
④ 刘波亚,郭燕来.提升与强化:网络公共领域与中国当代市民社会[J].理论月刊,2012(8).

领域的发展水平。

基于以上学理分析,网络舆论对培育和提升"公共领域"的具体作用如下:

首先,网络舆论促进了信息传播的民主化,凸显了公民的权利与自由。在现实语境中,传统媒介仍然被高度垄断,新闻舆论以传递官方舆论为主,民间舆论的地位不高,绝大多数普通民众参与政治活动、表达意见的渠道还比较狭窄和单一。这一局面自互联网进入中国后开始改变,因为它是唯一无法由政府完全垄断的媒介。在互联网时代,作为信息的接受者和传播者,普通中国网民对社会事务的知情程度大大提高,获取信息的成本大大降低,所获得信息的丰裕度和即时度也有了很大提高;作为信息的生产者,网络舆论的贡献也逐渐超过官方和商业机构;在分权、匿名、灵活的网络公共领域,中国网民获得了真正的公共话语权,拥有了对公共事务评论、交换意见、形成舆论的场所。特别需要指出的是,与西方主要把网络舆论作为市民社会组织开展活动的手段与工具不同,当前中国的网络舆论不仅是提升公民政治参与度的利器,也是公共政治活动的重要领域。

其次,网络舆论以问题表达为主要形式培养了民众的批判精神和民主意识,成为社会公共生活中不可忽视的监督力量。在网络公共空间,在一次次网络公共事件中,批判越来越成为展现自主意识和自由精神的思维模式,展现出挑战国家、消解权威的抗争性。开放的虚拟网络媒介的议题主要集中于人们对垄断部门等特殊利益集团的不满、对权威的不信任、对腐败的痛恨、对过高的基尼系数的担忧、对部分弱势群体生存境遇的同情等,因而,网络舆论必然是批判色彩较浓甚至以激进的形式去表达政治理想和思想倾向而为公共抗议和群众监督提供新动力,从而使公民社会有足够强大的力量防止政府过分自主而不对社会需求做出实质性反应。

最后,网络舆论拓展了社会组织的存在形式和发展方式,为公共领域的发展提供了新场域。对于各种现有的社会组织而言,经常性的实地集会存在着地理位置的限制、成员社会地位的差别和集会所需要的经济政治条件的困难,而以网络论坛为依托的各种虚拟社群则最容易成为替代场所。因为,在网络公共领域中,网民可以超越时间和空间限制,方便快捷地建立起基于网络人际关系而构筑的新型社会集合体和由具有共同兴趣及需要的成员构成的各种虚拟社群,这就极大地加强了民众之间的联系;同时,虚拟的社群活动并不局限于虚拟空间,以"网聚"或"版聚"为常见集会形式跨越虚拟社会和现实社会,组成以网络为依托的民间组织,从而突破网络无中心、分散的结构限制,使网络公共领域向纵深发展。

二、网络舆论可能导致网络公共领域的生态失衡

"网络公共领域主体及其与外部环境之间不断进行着认知、态度、观点、意见及情绪等信息的交换与传递,已经发展成为相互影响和相互作用的有机整体。"[①]依据强调事物与外部环境之间相互影响和相互作用的"生态"分析法,网络公共领域生态的构成要素,一方面包括以网络舆论为核心,通过网络信息汇集而产生关联并发挥作用的网络政治主体(网民、手机用户)、网络社群、电子政府、网络政治规范与行动以及传统媒体;另一方面涵盖网络公共领域的生态环境,"既包括技术、信息以及参与规则等微观网络环境,也包括政治、经济、法律等宏观社会环境"[②]。2003年的"孙志刚"网络事件、"深圳高官事件"、上海"钓鱼执法事件"、"局长日记门"事件、"2008年奥运火炬"传递事件、"汶川地震中的网络事件",通过网络互动而自发产生的大规模抵制"家乐福"的事件,[③]均反映出网络舆论空间场域的建构及网络公共领域的发展对维护公民权益、监督公共权力、推动社会公共事件的解决、促进社会公共政策的制定等所起的积极作用,但因网络舆论主体的非理性而导致网络公共领域出现的生态失衡现象也可能消解其在治理中的社会基础作用。

首先,网民个体的行为失范。转型时期,社会逐渐分层,利益不断分化,贫富差距持续扩大,"被剥夺感"和"被边缘感"的自然滋生,社会表达渠道的不畅及政府官员责任缺失和行为失当,公众纷纷转投网络空间表达自身的利益诉求,并表现出与主流对立的、仇富、仇官、仇警的草根情结。在公共事件中,网民纷纷集体性罔顾真相而下意识地站在贫或民的一方,讨伐富或官的一方,存在宣泄有余而理性不足、批判有余而对话不

[①②] 胡宁生,魏志荣.网络公共领域的兴起及其生态治理[J].南京社会科学,2012(8).
[③] 汪旻艳.网络公共领域与政治生态的互动与对接[J].领导科学,2012(31).

足等问题,①如在"药家鑫杀人案"的审理过程中,网民就极为担心权力和金钱对司法公正的影响。近年来,网络谣言不时出现,有些谣言侵犯他人权益,严重影响他人声誉;有些谣言扰乱社会生活,严重干扰社会经济秩序;有些谣言性质更恶劣,严重危害国家安全和人民利益;有的甚至打破道德底线,引发网络暴力,带来网络广场政治和网络无政府主义。以上种种现象均是基于虚拟性和匿名性及网络公共领域的自由和平等而独存的"网民的狂欢"。

其次,网络群体的极化倾向。法国著名社会心理学家古斯塔夫·勒庞在《乌合之众:大众心理研究》一书中,曾对"群体"一词的心理学释义有过详细描述:"在某些特定的条件下,并且只有在这些条件下,一群人会表现出一些新的特点,它非常不同于组成这一群体的个人所具有的特点。聚集成群的人,他们的感情和思想全部转到同一个方向,他们自觉的个性消失了,形成了一种集体心理。"②当前,网络公共领域中网民关注和讨论的话题主要集中在涉及官员、警察、城管、司法、央企、富人、农民工、小商贩、房价、物价等富含敏感因素的事件,网民的志同道合使网络群体表现出群内同质、群际异质的特征。在讨论过程中,随着"网络群"的交锋,负面情绪交叉感染,从而群体中本已存在的倾向性会更加稳固,观点会朝着更加极端的方向发展,保守的会更保守,激进的会更冒险,即"志趣相投者彼此强化他们的观点以至达到极端"③。这种"群体极化"的现象使网络公共领域的发展面临全新问题,即在保护网民参与热情的同时,如何防止因情绪过激或行为失控而危害公共安全和公共秩序。

再次,网络舆论的民意稀释,这主要是因为网络舆论的评价指标问题,即以原创帖的认可度、能否被推到论坛首页和网站首页,并掀起热门话题为主要评价指标。研究表明,美国微博客 Twitter 上,曾经不到用户总数 0.05% 的两万名意见领袖,却吸引了几乎 50% 的注意力。在中国的社区论坛、微博客中活跃着越来越多的意见领袖,他们在公共讨论中代表

---

① 朱丽峰.论网络民意与政府回应[J].吉林大学博士学位论文,2010.
② [法]古斯塔夫·勒庞.乌合之众:大众心理研究[M].冯克利,译.北京:中央编译出版社,2000:15-16.
③ 桑斯坦.网络共和国:网络社会中的民主问题[M].黄维明,译.上海:上海人民出版社,2003:151.

着不同的利益群体,引领着公众的价值判断。事实上,网络意见领袖良莠不齐:一方面,网络群落中活跃着真正的意见领袖;另一方面也存在着大量的"网络推手"和"网络水军",当版主把主帖发出后,将获得最广大"网民"的注意,进而"成为"话题事件。借助网络策划,"网络推手"推出包括个人或企业、产品或事件在内的特定对象,使之产生影响力或知名度,而"网络水军"则专门为发帖、回帖造势;还出现了专门的删帖公司和辟谣机构。这些"推手"与"水军"均严重破坏了网络秩序,混淆了公众视听,稀释了网络民意。

网络公共领域的崛起是公民社会成长的缩影和标志,但网络舆论的诸多弊端必然影响网络公共领域和谐生态的构建。对网络舆论既要高度重视,又不能片面迎合,必须区别对待、加强引导、依法管理。[①]

第三节 中国政府公共权力结构的转型

在政治学中,权力被公认为是影响和支配他人意志和行为的能力,公共权力则是具有公共性的权力。"举凡对所有公众开放的场合都是公共的"[②]则是对公共性最广义的界定,而狭义和可操作性定义则不计其数,"制度定义、规范定义、组织定义和要素定义是常见的界定方法"[③]。以公共权力与政治权力和国家权力相关联的特性,与社会权力的相对性和区别性,本书认为公共权力是以国家权力为基本存在形式和作用方式的权力,是为了履行国家职能而形成的独特的且凌驾于社会之上的力量,而社会权力仅是作为个体人和群体人的公众的权力。[④]

从词源上看,源于拉丁文"structura"的结构(structure)是指"由多部

---

① 汪旻艳.网络公共领域与政治生态的互动与对接[J].领导科学,2012(31).
② [美]汉娜·阿伦特.人的条件[M].竺乾威,等,译.上海:上海人民出版社,1999:38—45.
③ [美]尼古拉斯·亨利.公共行政与公共事务[M].项龙,译.北京:华夏出版社,2002:35—37.
④ 张国庆,曹堂哲.权力结构与权力制衡:新时期中国政府优化公共权力结构的政策理路[J].湖南社会科学,2007(6).

分组成并按特殊方式集合在一起的事物"①,在现代语境中,结构是由系统要素组成的,具有整体性、转换性、过程性、动态性、发展性、自我调适性、一定规律性的体系和关系模式。与之对应,公共权力结构就是由国家权力构成要素所形成的具有整体性、转换性、自我调整性、特定规律性的体系。在国家与社会的分析框架中,公共权力结构主要包括以下两个层次:其一,国家管理社会并与社会互动所形成的相互制约、相互作用的关系模式,通过勾勒公共权力的边界而反映国家与社会之间的权力、职能、利益关系的嵌入性结构;其二,由公共权力承载主体的构成要素、构成比例、构成的改变、构成的合理性、构成的有效性、构成的合法性所形成的关系模式,即公共权力的实体性结构。

改革开放以来,虽然我国已经持续进行了自上而下的、内源性的公共权力结构调整,形成了新的利益空间、利益主体、利益关系、利益结构,带来了利益实现方式的重大变化。但是也应该看到,作为全新的外源性动力,互联网技术的进步和网络公共领域的成长必然会对公共权力结构产生重大影响,提出全新要求。

一、网络舆论推动公共权力结构从控制型向参与型转变

长期的政府"主导"模式放大、强化甚至纵容了政府权力的扩张,同时抑制、削弱甚至屏蔽了公众参与的机会、权利和能力,加上缺乏社会力量制约国家力量的制度基础、科学协调的运行机制、高效简洁的规则方法,中国政府治理结构中社会力量独立性不足的基本实情得以凸显,公共权力的嵌入性结构呈现出较为明显的单极性特征,而只有保障公众关于公共政策和社会事务的知情权、话语权、议政权、参政权、决策权,实现公众权利的扩展和固化,才能推动政府权力与公众权利的制度均衡,进而形成良性的政治互信和社会互动机制。②

作为信息时代的重要平台,互联网为人们提供了认识事物的全新环境。自由平等的特点使网络成了自由的信息市场,公开开放的特性降低

---

① Margery S Berube. The American Heritage Dictionary, New York:Dell Publishing Co., 1983.

② 张国庆,曹堂哲.权力结构与权力制衡:新时期中国政府优化公共权力结构的政策理路[J].湖南社会科学,2007(6).

了获取信息的门槛和成本,交互性特点使其成为畅所欲言的场域,这些都必然对传统的控制型权力结构带来极大挑战,因为"知识和信息的分配必然影响权力的分配"[①]。

首先,网络舆论会削弱政治权力主体利用传统媒介控制信息发布和传播的能力。在网络技术发展之前,政治权力的运作是建立在政府与民众信息不对称的基础之上的,即政治权力主体凭借对传统媒介的有效控制、政府部门凭借对传统媒介的高效整合封锁和掌控信息,通过程序烦琐的代议制在公共领域中占据着绝对的话语权优势并操纵着国家政治。而在四通八达、没有边界、没有中心的网络,任何人都能在其中发布信息,改变了过去单一的信息传输渠道,这种全方位、多层次的信息传输方式使政府官员和普通民众在信息获取能力上的区别不断缩小,打破了信息垄断和控制的可能,开创了信息传播的新时代。正如有学者所说:"网络这种能够使信息传递不受时空阻碍乃至政治控制的互动方式,使人们在感知与介入世界方面获得了前所未有的、痛快淋漓的感觉。"[②] 特别是作为网络舆论载体的"自媒体"——微博的普及,更是改变了权力运作方式,推动了权力结构从控制型向参与型转变,因为微博削弱了信息集权控制的能力,销蚀着金字塔式的等级集权制的权力结构。[③]

其次,网络舆论打破了传统的政治权力格局,极大地激发了广大民众政治参与的热情,开辟了民主参与的广阔空间,拓宽了民主参与的广度与深度。一方面,网络舆论揭开了神秘面纱后的权力真相,公共权力的运行愈加透明,公共部门各项工作完全暴露于公众视野,[④]提升了公众对政治信息的掌握能力,拓宽了知情渠道,从而强化了对权力运行过程的外部监督和多维制约。一方面,随着网络技术的迅速普及,互联网为直接的民主参与提供了技术上的可能。普通民众被赋予更多话语权,普通个体的利益诉求、政治需要、政治态度能够在网络公共领域中更加准确而及时地表达出来,并产生相当的影响力,而且借助于网络舆论,人们可以直接参政议政,使民主变得更

---

① 龚群.道德乌托邦的重构:哈贝马斯交往伦理思想研究[M].北京:商务印书馆,2003:162.
② 李永刚.互联网络与民主的前景[J].江海学刊,1999(4).
③ [美]蒂里希.政治期望[M].徐钧尧,译.成都:四川人民出版社,1989:73.
④ 罗佳.论微博时代的政府公信力建设[J].理论导刊,2012(3).

为直接和真实。"这是一种全新的权力结构,新的拥有权力的人是那些受到信任和拥有广泛的网上交往的人。你根本不知道他们是谁、住在哪里、是什么肤色。这一情况使寡头统治集团的权力受到很大削弱。"①

二、网络舆论促使公共权力结构从金字塔型向扁平型发展

"几乎从人类社会诞生以来,在人类所有组织结构形式中,占绝对统治地位的是金字塔型的、自上而下的科层制组织结构形式,甚至是政府行政管理的唯一组织形式,与其相对应的权力结构也是金字塔型的"②,下层众多的管理机构和人员隶属于少量的上层管理机构和人员,管理信息由下层层层上报,管理权力由上到下层层贯彻执行。"虽然这种权力结构适应工业社会效率优先的要求,但也不可避免地出现组织僵化、保守,对环境适应性差,抑制组织成员的自由和全面发展等弊端。信息时代的环境瞬息万变,社会对政府的管理和服务提出了更高的要求。"③因此,尼葛洛庞蒂在其著作《数字化生存》中旗帜鲜明地指出数字化生存最重要的特征是权力分散,认为传统的中央集权的观念将随着网络的发展而成为"明日黄花"。④

网络使得数亿万台电脑互通互联,蜘蛛网式的信息传递有利于打破信息垄断,并对因此衍生的权力过度集中具有潜在的冲击作用。电脑从中央控制式的大型主机转变为普通公众可以便捷操作的个人小型电脑,分权、平等观念在这一专有向平民转变的过程中得到强化。⑤ 在网络时代,虽然权威阶层更方便实施数据监控和规训,但"话语平等"将成为现实,"边缘话语"终有一席之地,"主流话语"不再能够一手遮天,其作为理性主体的中心权力更可能被"边缘话语"所替代。因此,网络舆论的广泛传播则更为强烈地侵蚀和动摇了这种权力结构,作为整体机制的科层制也有可能在根基上被动摇,权力结构越来越出现扁平和分散化。⑥

---

① 秦章.关于"互联网政治"的一些资料[J].当代思潮,2000(6).
②③ 刘文富.网络政治:网络社会与国家治理[M].北京:商务印书馆,2002:243-244.
④ [美]尼古拉·尼葛洛庞蒂.数字化生存[M].胡泳,等,译.海口:海南出版社,1996:269-270.
⑤ 刘毅.网络舆情研究概论[M].天津:天津人民出版社,2007:342.
⑥ 喻国民.中国社会舆情年度报告(2012)[M].北京:人民日报出版社,2012:2.

三、网络舆论创制了公共权力监督制约的新形式

权力制约和监督是人类政治生活的永恒主题,一切有权力的人都容易滥用权力,这是万古不易的一条经验。有权力的人使用权力一直到遇到有界限的地方才休止。① 从社会学角度而论,人类社会文明蕴含着一个十分重要而深刻的逻辑悖论:一是社会秩序因其内在的缺陷无法自我调节,需要国家运用强制性的公共权力进行规范和控制;二是国家具有功能上的两重性,一方面表现在实现公共利益、构建社会秩序、维护公民权利的权力保障功能,一方面表现在它的侵略和扩张性方面,权力天然地对社会秩序的破坏、社会肌体的腐蚀、公民权利的侵害具有危险性。②公共权力的自主性使得权力成为政府及成员追逐自身利益的有效工具,所以政府会不断地尝试扩大自身权力,加之权力监督机制的不够健全,腐败、设租、寻租等权力腐败和异化现象便容易大量出现。

当代中国的政府治理和民主建设客观上要求遵循以权利制约权力的基本向度,这既符合马克思主义经典作家关于社会主义国家政权和无产阶级执政党建设的理论设想,也是人民民主专政的国家性质和中国共产党立党为公、执政为民的政治宗旨的内在要求,又是网络舆论通过网络曝光、广泛参与、汇聚信息、揭示真相、形成压力,在一定程度上扼制官员腐败和权力异化的经验总结。

公共权力的健康运行,必须有健全、完善的监督机制做保证。党的十七届四中全会明确指出,要健全反腐倡廉网络举报和受理机制、网络信息收集和处理机制。"我们在大力加强法制建设、强化法制监督的同时,往往忽略了社会监督的潜在效力。"③从理论上讲,社会监督是除政府以外的社会组织及个人对政府实施的监督,也可看作是公民参政行为的一种,这种监督缺乏强制力和权威性,与立法、司法监督和行政机关内部的监督相比效力较低。因此,长期以来,人们只是把社会监督当成一种民主的象征,而忽视了社会监督的实际作用。由于缺乏独立的外部监督,政府容易

---

① [法]孟德斯鸠.论法的精神(上册)[M].北京:商务印书馆,1993:154.
② 陈顺清.论以公民权利制约国家权力[J].湖南文理学院学报(社会科学版),2005(3).
③ 刘毅.网络舆情研究概论[M].天津:天津人民出版社,2007:339.

进行暗箱操作,腐败现象屡禁不止。

网络舆论监督改变了这一现状,也从技术上强化了社会监督的效力。网络的兴起和普及使公众舆论监督的主体身份得以回归。网络舆论通过互联网进行意见的集合,公众通过网络平台实现了权利对权力的监督和制约。传统媒体长期垄断话语权的局面被打破,网络舆论监督强化了公众监督公共权力运行的广度、深度和强度。[①]

(一)网络舆论掀起的监督热潮

大众媒介具有监视社会的功能,对于权力进行舆论监督也是网络媒介的重要社会功能之一。网络舆论充分发挥了这一社会功能,对政府部门、国家公职人员进行舆论监督的事件在互联网掀起了热潮(见图2.2)。

排名	案例	论坛主帖量	网友浏览量	媒体报道数
1	山西问题疫苗	63 894	283 771	12 400
2	广西来宾烟草局长"日记门"	34 395	577 834	8 910
3	四川巴中白庙乡全裸晒账本	4 555	426 089	5 550
4	河北王亚丽造假骗官案	12 698	559 800	2 580
5	广东中山女市长落马风波	6 347	694 010	3 200
6	山东新泰集中选拔"80后副局长"	15 900	399 610	2 470
7	山西煤焦反腐郝鹏俊案	5 688	638 194	2 130
8	辽宁庄河千人下跪事件	9 767	475 631	1 960
9	海南三亚社保局"招考门"	4 400	257 247	2 630
10	河南固始行长"猥亵门"	6 482	398 796	1 590
11	湖南"天价芦笋片"事件	3 015	143 443	2 010
12	湖北郧西网友发帖被拘案	5 729	301 555	1 570
13	湖南郴州工业氧医用事件	2 981	221 281	1 920
14	安徽马鞍山"6·11"群体事件	3 435	767 712	573
15	江西国土厅官员"窃听门"	1 450	128 485	1 130

图 2.2 反腐舆情热度排行榜[②]

---

① 郭莉.权力制约视野下的网络舆论监督法理分析[J].江西社会科学,2011(10).
② 谭双林,张韦.网络舆论形成过程中权力与权利的博弈[J].电子政务,2011(12).

近年来,在多起网络反腐事件中,官员的不当言行往往成为促使草根网民滋生不满情绪的直接动因。2008年12月10日,原南京市江宁区房产局局长周久耕在接受10余家媒体联合采访时,表示"开发商低于成本价卖房将被查",该消息次日经媒体报道后,引起轩然大波,引发了一场轰动全国的网络"人肉搜索"事件,网友曝出其抽1 500元一条的天价香烟、戴名表、开名车等问题,引起网络舆论极大关注。网络舆论似乎是一把反腐利器,所向披靡。在网民"倒周"言论一浪高过一浪的同时,政府相关部门长时间集体失语,在12月24日一位房管局副局长才出面面对媒体,澄清网络舆论对周久耕的一些误判,但迟到的言论在强势的网络舆论面前实在过于微弱。

被网友戏称为"表叔"的原陕西省安监局局长杨达才,其落马和周久耕有着惊人的相似。2012年8月26日,网友"@JadeCong"看到了延安特大交通事故的新闻图片,与36人死亡惨剧形成鲜明对比的是现场一位官员满面的笑容,于是被激怒,继而发表微博附上截图。网民随即开启了"人肉搜索",曝光了涉事官员的名字,有网友通过微博发布了杨达才现场佩戴名表的一张照片,经鉴定该表价值达3.8万多欧元。除此以外,网友还搜索出了杨达才在不同场合佩戴过的5块名表,价值均达数万元。网络舆论立即转向热议有关杨达才的鉴表图片,很多网民认为,安监局局长的正常工资收入不足以承受奢侈品的消费,一个官员有那么多名牌手表,不免让人怀疑他的清白。在网络舆论的轩然大波之下,相关部门迅速介入调查,9月份杨达才被双规,被查出名表至少有83块(需进一步认定);双规期间,纪委在杨达才个人账户发现存款超过900万元,在杨家中和私人场所发现现金至少700万元。①

在"表叔"事件中,网民的行为动机是公民意识而非切身利益。这些来自民间的正能量参与监督,制造舆论契机,倒逼反腐调查,释放社会活力,助推制度构建,形成了社会进步的促进力和社会问题的自我修复力,在更宽广的层面上,这更是国家梦想的凝聚力。②

---

① 媒体还原"表叔"杨达才落马事件[OL].[2014-01-06].http://www.jstv.com/s/text_zt/zgzz/text/text3/201212/t20121220_1265334.shtml.
② 媒体赞"表叔"事件中反腐网民:社会正能量[OL].[2014-01-06].http://www.dzwww.com/xinwen/xinwenzhuanti/2008/ggkf30zn/201212/t20121231_8046644.htm.

（二）网络舆论监督的优势

第一，网络舆论监督能够提升监督效果。网络使任何公民都可以将意愿直接传递给被监督的对象，不受烦琐的中间环节的限制。网络监督是监督者和被监督者之间的一种"面对面的交流"，并能迅速得到信息反馈。监督对象不能或无法及时对网络舆论做出合理解释，就可能引起网络舆论的强大谴责，导致立法机关、上级政府机关的介入。[1] 具体过程如下：网络舆论通过公开披露、批评等方式引起公众的广泛注意，进而形成舆论压力，迫使相关机关启动公共权力内部监督机制进行调查和处理，这就克服了传统监督在机理上必须依赖一定的中介组织和渠道的间接性，同时为公共权力内部监督机关提供直接、可信、可查的信息和线索。因此，网络发展带来的"面对面"的网上舆论监督不仅创造了社会监督的新形式，而且通过解决传统监督诸如监督过程的形式性、监督主体的被动性、信息和线索的缺乏等缺陷与不足而切实提高社会监督的效果。

第二，网络舆论监督能够扩大监督范围。"作为制约政府权力的一道防线，网络舆论能够真正将政府权力置于网民的全方位监督之下，在一定程度上可以降低政府腐败的程度，提高政府绩效，促进经济发展，增强民众对政府的认同意识。"[2]一方面，网络舆论既可以通过意见表达、舆论集中的方式监督政府权力，也可以直接影响政府决策来监督政府权力，其触角触及政府行为的每一个细节，可以对一切政府行为进行全程及远程监督；一方面，"网络技术以'秘密投票'的方式确保监督者尤其是民众敢于监督"[3]，满足了公共权力制约的强度和广度需求，因而"那些原来人们敢怒不敢言的腐败罪行可以首先在网络上被揭批，未被发现的谎言可能在网络上被捅破"[4]，这就使权力处于被"包围"的状态下，使监督的"人民海洋"成为现实，这是以往任何时代的任何监督形式都无法比拟的。

第三，网络舆论监督能够激发政府机构和官员的自律意识。官员自律意识的形成与增强不仅依赖于对官员进行有效的法律和道德教育，也

---

[1] 刘毅.网络舆情研究概论[M].天津：天津人民出版社,2007：340.
[2] 李涛.中国公民社会的兴起与政府合法性的构建[J].陇东学院学报,2011(5).
[3] 顾丽梅.信息社会的政府治理[M].天津：天津人民出版社,2003：224-225.
[4] 曹淑芹,曾珍.网络舆论监督：公共权力制约的新途径[J].前沿,2011(3).

依赖于外部的舆论,因为外部舆论压力一方面可以唤醒官员自身已具备但沉睡而未显现的道德和法律意识,从而能够有效约束自身的行为;另一方面也可以进一步促使他们形成道德和法律意识,从而产生自律意识。①

(三)网络舆论监督的局限性

同时,也应该看到,网络舆论监督尚处于"初级阶段":

第一,立足于追求真相和反腐败而对权力运行、规则制定的监督还远远不够,这是当前的网络舆论监督在范围维度的主要局限。

第二,在网络监督的过程中,由于尺度把握不当,捕风捉影、风闻言事、不良动机的宣泄和诽谤、侵犯当事人的隐私权与名誉权等现象时常发生,从而导致"道德审判"的泛滥。

第三,政府和官员对网络舆论监督的重视和宽容心理还没有完全形成,有的地方官员对网络舆论置若罔闻,甚至对网络舆论监督主体进行压制和打击。更为关键的是,广大普通民众与技术官僚之间严重的信息不对称使得这些针对技术官僚的外在监督表现得更为软弱无力。

综上所述,网络舆论对公共权力的结构及运行带来了深刻的积极影响,但毋庸置疑,互联网的发展也有可能使有缺陷的技术官僚统治得到强化:互联网可能异化为信息时代公共权力主体为获取权力资源、实现自身利益而关注和使用的工具,从而减弱改变公共权力传统格局的功能。网络技术的复杂性和专业性使得少部分人在信息资源的获得和使用上处于优势,任其发展就会造成信息获取能力的两极分化,导致政治权力越来越容易集中到少数人手里而无力阻止新的不平等的产生,因为掌控着大量信息也就意味着掌握了控制和影响他人的能力。

---

① 郭莉.权力制约视野下的网络舆论监督法理分析[J].江西社会科学,2011(10).

第四节　中国政府巩固权威的挑战及机遇

作为政府合法性的外延,政府权威是政治共识和政治稳定的基础,是政府推行政策并取得效果的前提。其能否获得及大小取决于政府能否合理配置社会有效资源、体现公共意志、实现公共利益、维护社会公正,也就是说,只有当社会公众对政府的期望与政府的实际作为相一致,当政府真正回应了公民的要求并有效满足社会合理的要求,政府才能拥有一定的权威,即政府权威。在治理的语境下,政府权威获得的过程,更为明显地表现为政府与社会、政府与公民之间双向互动的过程,一方面政府展现其职能和目标;另一方面展现为社会及公众对政府的选择、认同和服从。

关于网络的普及对政府公信力和政府权威的影响,正如美国学者埃瑟·戴森所指出的:"数字化世界是一片崭新的疆土,可以释放出难以形容的生产能量,但它也可能成为恐怖主义者和江湖巨骗的工具,或是弥天大谎和恶意中伤的大本营。"①一方面,传统的政府权威在网络舆论的风暴里,正在发生急剧的弱化,政府传统的执政理念和行政方式受到前所未有的挑战,政府的公信力受到严峻考验;另一方面,网络舆论也可以用自身优势化解合法性危机,成为加强政府权威的良好契机。

一、政府网络舆论危机导致政府公信力下降

所谓公共危机是指与私人危机相互对立的、发生在全社会范围内或特定社会群体范围内的、具有公共性质的社会危机。作为公共危机的特定表现形式,政府网络舆论危机则特指因某些公共事件背离了政府主导的价值取向和话语主流,随之出现的关于官民信任破裂、互动僵化、政府公信力骤降的紧急态势。政府网络舆论危机有狭义和广义之分,狭义上是指网络舆论引发的政府危机,即网络舆论中公民的权利意识和民主诉

---

① [美]埃瑟·戴森.2.0版:数字化时代的生活设计[M].胡泳,等,译.海口:海南出版社,1998:17.

求不断汇聚,因某些政府决策或官员行为失当,在一定时间内突然爆发并超出政府的承受能力而出现的对政府的信任危机和权力危机。广义则包含了除此以外的网络舆论引发的国家危机,即国家敌对分子利用网络煽动网民情绪、诬蔑执政党和政府、企图颠覆现存政权而制造的紧急状态,该类危机是网络极端民族主义或网络恐怖主义的产物而非由公民的网络参与所致。本书采用的是狭义概念。

作为现实信任危机在网络虚拟环境下的反映和显示,政府网络舆论危机的爆发有偶然性和必然性的双重原因。前者根源于中国转型期社会矛盾、社会问题的集中暴露和偶发。后者归因于公众对政府权威的诘问,官民关系的不和谐及其变异以及政府公信力的流失、下降。① 因此必须高度重视网络舆论对现实政治运作所产生的不可估量的影响,警惕党群、干群关系存在的逐渐疏远的危险。

1. 网络舆论扩大了与政府相关的负面信息的影响力

美国政治学家亨廷顿的政治参与理论在其政治发展理论中占有重要地位,他认为政治稳定的首要问题不是自由,而是合法的公共秩序。亨廷顿给出了一个公式:"政治参与/政治制度化=政治动乱",这个公式说明,政治稳定依赖于政治参与的扩大,但如果政治制度化水平不够,政治参与不受控制,反过来会威胁政治稳定,甚至引发"参与爆炸"。因而,为了维持社会稳定和政局平稳,政府总是习惯以封锁负面消息、控制消息传播的范围等方式来保持良好形象,而且屡屡奏效。但网络的超时效性和廉价性使信息的封锁变为不可能,"人们有理由担心,在政府难以发挥作用的电子荒野上,亿万个网民亿万种声音,多数同意的民主原则被伤害后难以找到有效协调社会整体利益的手段,可能导致日益严重的无政府状态,甚至是国家的崩溃"②。

2. 网络舆论使政府公信力面临"塔西佗陷阱"进一步的挑战

所谓"塔西佗陷阱"是指当政府不受欢迎时,好的政策和坏的政策都会被人民责难。借助于网络舆论,"塔西佗"效应表现得更为明显和

---

① 李斌.政府网络舆论危机探究:基于政府公信力视角[J].石河子大学学报(哲学社会科学版),2011(1).

② 李永刚.互联网络与民主的前景[J].江海学刊,1999(4).

突出,更容易使个案引发全局的扩散力而打击政府公信力。如前所述,"天价烟局长事件"经由网络舆论越炒越热,事后公众把这一事件与南京的干部作风和南京市政府的工作作风联系在一起,而这种印象一旦形成,要想消除,恐怕要付出相当长的时间与努力。2012年6月,在洛阳调研的河南省委书记卢展工沿途看见农民田间收割,停车走进麦田,挥镰割麦,称找回当知青感觉。网站报道这一新闻以后,网络跟帖负面评价较多,网友均认为卢书记割麦姿势不正确,纯属作秀。又如周克华事件后,重庆天涯论坛发出以"周克华被警察打死,你们相信吗?我不相信"为主题的帖子,点击率18 152次。① 网上谣言不断,网友质疑被打死的那个人并不是周克华,且谣传死者为湖南一便衣警察,虽然重庆警方很快做出回应予以否定,但这种质疑的声音仍然占据上风。

在网络公共事件中,一些地方政府和领导干部往往会陷入"塔西佗"效应。他们对网络事件总是抱着事不关己、高高挂起的想法,认为网络公共事件中负面舆论的影响只是涉及某一部门某一领导,因此不愿意主动出面积极回应。但实际上,在一个地区出现的负面事件或舆论,即使与政府无关,最终都会对当地的政府和领导干部形象产生负面影响。② 因此,破解"塔西佗效应"的治理之道应以化解网民与政府部门的对立情绪为宗旨,以引导网民了解政府治理为难点,以理性平和地做出评价为途径,以诚恳沟通为基本形式,唯有如此才能消除网民对政府及政府官员的不信任感。

3. 网络舆论使达成政府公信力共识的难度进一步加大

在互联网出现以前,传统大众传播媒介凭借较高的专业化程度和较多的社会影响力资源,从而在事实上垄断着公共话语权,这种相对单一的传播模式使作为社会管理者的政府可以较为方便地对大众媒体施加影响力。主要方法就是通过运用包括经济、行政等在内的多种手段控制和影响大众传播媒介及相关人员,通过影响传播理念和传播议程营造出倒向一边的舆论氛围,有利于引导公众做出对政府施政行为较为一致的评价,最终实现各方利益的整合。

---

① 重庆天涯论坛[OL].[2014-01-12].http://bbs.tianya.cn/post-45-1481472-1.shtml.
② 郝继明.政府公信力危机:网络舆论的影响机理[J].唯实,2012(10).

互联网的开放和多元为公众提供了表达意见的理想场所,我们可以称其为"意见超市"。网民的舆论自由得以实现,既可以发布信息也可以表达意见。每个人的观点都可能成为网站内的新闻,不管身份如何、事件大小都可能具有一定的影响力,成为舆论聚焦的开端。多元舆论主体的传播模式之下,受政府控制和主导的传统媒体垄断舆论的格局被打破,公众的信息来源渠道更为丰富,舆论表达更加自由,网络参与的热情日益高涨,再加上中国社会转型期利益分化进一步加快,公众的价值诉求愈发多样化,因此对政府公信力的众多评价更加难以达成一致意见。比如2010年3月《国家中长期教育改革和发展规划纲要(2010—2020年)》的整个制定过程本着问需于民、问计于民的原则,从一开始就通过各种各样的途径和方法征求社会各界方方面面的意见,网民参与非常踊跃,对教育怎样发展、怎样改革,都有很好的意见和建议。但是人们对教育发展的观念、对教育发展的思路、对如何反映自己的教育诉求,由于人们的地位、经历和所需要的利益的差别,所以几乎所有对教育的重大问题都是纷纭复杂,有着不同的意见。①

4. 网络舆论弱化了政府公信力塑造的预期效果

在塑造政府公信力的过程中,公众的权利意识进一步增强,意见表达更加积极活跃,因为公众不再完全被动地接受自上而下的信息灌输,而可以通过网络获取丰富的信息资源;公众不再是一个个相对孤立的个体,而可以通过网络进行意见交流,形成拥有一致共识的群体,即互联网为公众"创造了全新的、平等的、没有强权或中心的信息空间,引起了信息从单向到交互的质变"②。互联网时代对政府的行政能力提出了更高要求,政府公信力塑造机制不仅要求政府履行自我约束、内部监管的职责,更需要发挥媒体监督机制、社会监管机制、公众参与机制的合力。任何一项机制都有自身的运行逻辑,其价值取向也并非完全一致,对于政府而言,当前在引导社会理性监督,规范公众网络参与方面仍然存在着难度,因此合力的预期效果将会受到一定影响。

尽管政府塑造公信力的各项机制愈发复杂,2009年云南省"躲猫猫"

---

① 孟财,杨宁.网络化背景下我国政府公信力的重构与提升[J].湖南广播电视大学学报,2011(1).

② 李永刚.我们的防火墙:网络时代的表达与监管[M].桂林:广西师范大学出版社,2009:24.

事件的后期处理却体现了政府对网络舆论的重视与尊重,开邀请网民参与重大敏感问题官方调查之先河,在塑造政府公信力方面堪称典范。云南省昆明市晋宁县看守所刑拘人员李荞明非正常死亡,警方称是其与狱友玩"躲猫猫"游戏时发生的意外,这一死因不仅死者家属无法接受,而且引发众多网民的集体质疑。以"躲猫猫"为代称的这一突发事件迅速在网络发酵升级,各大论坛、社区相继转载,舆论鼎沸。事件成为网络热点后,云南省委宣传部迅速组织事件真相调查委员会,并公开面向社会邀请网友和社会人士参与调查。

5. 网络舆论使得政府公信力的引导维护形势更为严峻

李普曼曾经说过:"在公众舆论的形成过程中,至关重要的是什么样的自我会卷入其中。"①互联网时代以前的个人舆论表达,一定程度上与自身的身份角色较为吻合,而且受到现实社会法律、法规、政策的规制,言论相对理性。网络匿名性的特点使公众可以以较低的成本进行意见表达,创造了一个没有绝对权威和没有具体身份的虚拟空间,它可以逃避个人言论责任,规避舆论的政治风险,因此网络中每个人都能按自己的意愿行事,任意对政府治理行为进行批判、质疑,以致出现大量不负责任的网络舆论。

当前中国社会的焦虑情绪总体比较严重,政府及其工作人员的负面特征如贪污腐败、权力寻租、任人唯亲,不当的行为和不公的制度都会导致不信任的产生。很多人把怀疑权威作为一种情绪宣泄的方式,对于公权力总是会先入为主一概否定。

近些年来,我国突发性公共事件频发,政府对事态的快速处理是效率政府的体现;政府第一时间调查事件真相和成因,及时公布结果是责任政府的体现。然而政府公布的结果,却受到公众的质疑。更遗憾的是,公众没有得到期待的答案便主观臆断,妄加猜测,进行情绪化宣泄,导致公众再次对事件真相产生怀疑,政府不得不反复澄清调查结果。"邓玉娇案"、"甬温线动车事故"均使政府被推上网络舆论的风口浪尖,政府公共形象受损,给政府公信力的维护形势敲响了警钟。网络引发的"言论快感"与民主所需要的"审慎思考"之间的极大落差致使政府公信力的维护和引导的形势更为严峻。

---

① [美]沃尔特·李普曼.公众舆论[M].阎克文,等,译.上海:上海人民出版社,2006:131.

二、网络舆论挑战地方政府权威的案例分析——以钱云会事件为例

（一）事件回顾

2010年12月25日9时许,乐清市蒲岐镇虹南公路寨桥村原村委会主任钱云会死于工程车轮胎下。这位多次为村民利益上访的村主任横躺在路中间,脸向下贴着马路,双手手肘弯曲,像举起双手的姿势,颈部刚好被压在了工程车前轮轮胎下,身首异处。令人觉得蹊跷的是,发生事故路段原本是双向四车道,为何变成了双向两车道了？工程车为什么不是正常行驶,而是逆行撞死死者？事故路段的村口原本有的"天网"摄像头,为何离奇失效了？种种疑点,令钱云会惨死的真相扑朔迷离。

12月25日晚,乐清市公安部门发布通稿称,乐清市虹南公路寨桥村路段发生一起交通事故。一辆牌号为皖K5B323的工程车撞倒寨桥村村民钱云会,当民警赶到现场时,钱云会已经死亡。

12月27日16时30分,浙江乐清市召开新闻发布会,就网传的"上访村主任被故意碾死"一事做出说明,将其定性为"交通肇事案件",称肇事司机为无证驾驶,当时采取了刹车措施,已被刑事拘留。而针对网友"为何没有事故录像"的质疑,中国移动乐清分公司有关负责人称,当时事发地段的移动监控设备只能拍摄,但是没有储存功能。

12月29日凌晨,温州市委市政府召开市委专题会议,并做出决定：案件的进一步调查由温州市公安局直接负责,并按刑事命案和交通事故两套程序分别展开调查、侦查,事件的相关调查结果及处理在第一事件向公众公布,若发现渎职、违法现象将严惩不贷。

12月29日22时55分,浙江温州市人民政府新闻办公室在乐清就寨桥村村民钱云会死亡事件召开新闻发布会。温州市公安局常务副局长、新闻发言人沈强就乐清蒲岐"12·25"事件的调查情况进行了通报,并明确表示,经调查已经排除谋杀可能,认定为交通肇事案件。

12月30日至31日,"王小山观察团"、"许志永观察团"、"于建嵘观察团"等由网友自发组织而成的观察团相继进入寨桥村实地调查。

来乐清不到三天,观察团中的重要成员纷纷撤离。最先撤离的是"许

志永观察团",这位维权人士在不到两天的时间内公布了自己的调查结果,认为钱云会之死只是一起普通的交通事故,"王小山观察团"的王小山也表示:"目前没有找到证据证明是谋杀。"结论一出,网友哗然,政府公信力缺失的社会背景使其通过网络最终演变为一个巨大的公共事件。

(二)网络舆论对事件的扩散

2010年12月25日,网友爆料"钱云会在虹南公路寨桥村路段,被5个人抓住按在地上,然后被一辆工程车碾压,工程车逆向行驶"。随后,这则爆料在网络上被网友不断充实,有关钱云会身份、生前事迹、死因之谜等信息被挖掘出来。

12月25日18时许,温州网发文《浙江乐清蒲岐镇发生一起交通事故致1人死亡》,这则新闻被腾讯等网站转载。

12月26日,《新京报》就此新闻做了一个专版,其中一则新闻以《钱云会死亡原因认定为交通事故》为题报道乐清方面的官方认定。另一则新闻则以《"村长"之死搅动网络漩涡》为题,报道事件的扩散过程及网友的质疑,使得事件的影响力升级。

12月27日,浙江乐清市新闻发布会,官方将事件定性为"交通事故",再次引来网络舆论一片哗然,网友就新闻发布会的说辞提出5点质疑。

12月28日,《新闻晚报》发布评论文章《村主任死亡真相事关政府公信力》。12月29日,《新京报》发表社论《乐清事件何以引起轩然大波》,多家媒体发表评论,关注此事。

(三)网络舆论的倾向性分析

1. 质疑官方说法

网友在凯迪社区上发帖《对温州警方调查乐清村长案的质疑》,质疑温州公安局才介入调查一天,便能得出"交通肇事"的结论,指出"1天的调查能够做什么事情,恐怕仅仅是对刹车痕迹进行仔细核验、计算、模拟也无法完成吧"。并进而怀疑温州公安局面对全国瞩目的命案如此"高效",是因为他们得到上级及早平息众怒的指令。

2. 凸显社会的黑暗面

红豆社区一篇帖子《关于乐清村长被车碾死想到的》,网友"希望在明天"指出,"如果村长真是被碾的,这就真成了黑暗的时代,但到底还有多少头颅在车轮滚滚下被淹没,当我们在黑暗之下看阳光,我们竟没有愤怒,我们看到是美好的一面,却忘了美好总是黑暗的"。

3. 呼吁调查真相

网友"岳中泉"发帖《乐清村长之死:求真相!》,称"一个事件,两个版本。钱云会之死,到底是一场恐怖的蓄意谋杀,还是一起单纯的交通事故?我们希望了解真相,却发现无路可循,呼吁彻查真相"。

4. 政府公信力缺失

网易新闻论坛上有一篇帖子《乐清村主任死了,带走了公信力!》,网友"闭眼看人生"称,"村主任死了,6人被刑事拘留却是铁打的事实。至于此案是普通的交通肇事还是蓄意谋杀,在下的态度只能有待'保留'。因为,乐清村主任死了,公信力又一次被他带走"。网友"单身男"也发帖《危机,政府公信力的缺失——记乐清市被碾压死之村长》。

5. 引入调查监督

网友"苍井空老师"在凯迪社区发帖《乐清命案:引入第三方监督,让真相可以期待》,认为舆论在案发之初就呼吁要展开独立调查,但这样的呼吁在合法性及专业性上皆有不足。文章称,"按现行法律,刑事案件的侦查权在公安机关,任何团体或个人都无权介入。因此,独立调查在定位上存在法律不支持的问题。但不能独立调查并不意味着不能引入第三方监督"。(见图2.3)

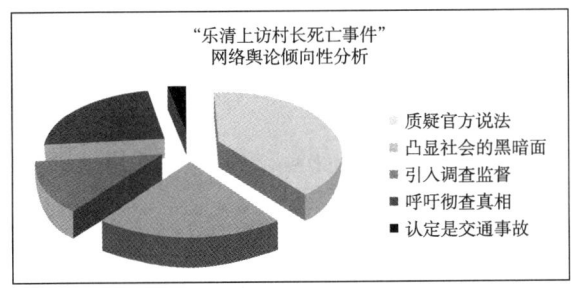

图 2.3 "乐清上访村长死亡事件"网络舆论倾向性分析①

---

① 杜骏飞.危如朝露:2010—2011 中国网络舆情报告[M].杭州:浙江大学出版社,2011:80-81.

（三）网络舆论的传播特点

1. 网络舆论下的"豆荚"型事态发展轨迹

处于网络舆论背景中的该事件的发展变化如同是"豆荚"上的鼓点。事件的每一个关键性的变化都能引起网络舆论热潮，继而导致豆荚"膨出"或"爆荚"，以致影响舆论传播的方向。该案例中的"爆荚"事件分别为12月27日乐清召开新闻发布会，官方认定事故性质为交通肇事案件；12月28日温州市委书记陈德荣提出对"钱云会事件"的处理意见："实事求是、公正处理……接受媒体及社会的监督；谁渎职、谁违法依法处理谁，严惩不贷。"；12月30日民间调查团赴事故发生地进行实地调查；次年1月5日肇事司机涉嫌交通肇事罪被逮捕。

2. 以全媒体、自媒体为载体的网络舆论风暴

网络时代全媒体、自媒体传播工具的优势赋予了网络舆论新的活力。以博客、网络论坛、电子邮箱、手机、个人空间、网络即时通信工具等为代表的"自媒体"在"钱云会事件"的舆论传播中发挥了极为重要的作用。特别是近几年流行的微博更是凸显了"自媒体"工具的强大功能。民间网络调查团由微博发起和组织，关注者众多；官方微博"平安乐清"发布事件相关信息后，短短20个小时就吸引了3万网民的关注，评论超过2万余条。

3. 网络舆论领袖左右事件热点传播

网络舆论领袖是两级传播中的重要角色，是人群中首先或较多接触大众传媒信息，并将经过自己再加工的信息传播给其他人的人。他们具有影响他人态度的能力，介入大众传播，加快了传播速度并扩大了影响。"钱云会事件"中有三组公民独立调查团前往乐清，第一组由建嵘领衔，包括笑蜀和赵晓等，第二组由王小山带领众多网友，第三组是法学博士项宏峰律师和屠夫等人，即为网络舆论领袖走向现实生活的例证。在舆论事件中，网络舆论领袖的出现常常成为事件的重要节点，并左右事件的传播。

4. 网络舆论的非理性共鸣

"由于传统的舆论导向模式在新媒体环境下的影响下降，而新的导向模式又未能建立,形成了舆论导向的空白环节,容易在人群中导致一种非理性的共鸣。"①"钱云会事件"中,自车祸现场照片第一次出现在网络上,拆迁、上访、农民、惨烈的死状和极具煽动性的描述,同情和愤怒迅速占领公众的大脑。尽管官方在 12 月 27 日称"钱云会事件"为普通的交通肇事案件,但网络舆论还是坚持"原判",绝大多数人一口咬定钱云会是被谋杀的。钱云会与政府在很多方面都存在博弈关系,政府此前对他也采取了一系列的行动,人们有理由怀疑此事背后有政府参与。政府如果要证明自己的清白,需要拿出更多的证据,并采取更透明的方式来操作,才能平息公众的质疑。在网络还未全面进入公众生活,媒体也没有那么发达的时代,政府的行为是没有人或者很少有人质疑的,公众认为政府的一切行为理所应当,政府得到了几乎全民的信任;在网络和媒体越来越发达的今天,却走向了另一个极端,公众对政府行为产生了各种质疑。

(四)事件评价及反思

将"钱云会事件"置于中国社会转型的背景中,其所呈现的不仅是复杂关联的社会要素,还是碰撞中的政府权威与民众权利意识。通过对本案例的分析,可以看出互联网时代,在中国政治体系、社会治理结构所构建的宏观背景下,网络舆论在推动事件转型升级过程中起着重要作用。

第一,网络舆论对政治信任的弱化及破坏。

政治信任指"公民从事有风险的长期事业时心存一个假定,即政府能够持续实现并最终兑现它的承诺"②的政治意念。它是政治体系合法性的重要来源,也是维持社会稳定的思想基础。公民与政府之间的信任关系以政府履行公共管理职责,践行社会规制,意识形态传达承诺的方式为基础。"钱云会事件"之所以产生如此大的影响力,主要原因是网络舆论的倾向性破坏了政府与公众之间的政治信任网络,使公众对政府的态度从信任转向质疑。公众不但对政府行为过程的公正性产生怀疑,而且对政府行为结果的公正性同样产生怀疑。

---

① 陈小萍,王虎.新媒体语境下舆论导向之探讨[J].现代视听,2010(4).
② [美]查尔斯·蒂利.社会运动:1768-2004[M].胡位钧,译.上海:上海人民出版社,2009:179.

第二,网络舆论推动社会事件转型为公共事件。

"钱云会事件"的发展过程受网络舆论的推动迅速走向公共领域。在事件发生之后,媒体介入的过程表现为先网络媒体后常规媒体的模式,从而使以事件为核心的公共舆论获得了公共性。特别是由于网络舆论主体的匿名性和多元性特点以及网络的即时性特征,网络舆论形成一边倒的态势,排除了政府权威与网民进行平等对话的可能。在公众对政府的政治信任出现危机的情况下,网络舆论逐渐演变为网民对政治权力体系的缺席审判。网络舆论的弱责任性及其随意性,强化了这种缺席审判的情绪化色彩,加快推动该事件的公共转型。

第三,网络舆论的权利预期更能获得社会共鸣及回应。

从该事件来看,网民对权利的预期与现有的权利满足之间产生了张力,是该事件产生重大社会影响的结构性因素。公民的权利意识是对于自身权利以及为权利应尽义务的主张和要求,特别是权利受到侵害时,维护自身权利需求的心理反应。改革开放以后,随着政治体制改革的逐步深入,公民的利益诉求逐渐转化为权利意识,但是政治体制没有提供足够的容纳利益诉求的制度化渠道,公民往往通过适当的契机,借助一些网络舆论事件宣泄不满情绪。随着公众维权意识的不断提高,社会治理结构的同质性使得任何公众对政府行为的质疑以及公信力的挑战突破了地域限制,更易在网络社会以及现实社会中引起极大的共鸣与回应。

我国处于社会转型期,隐藏着各类矛盾。网络在保证相当宽泛的言论自由的同时也提供了难以预测的意见空间,使网络舆论处于高发期。网络舆论在微观层面使社会事件升级扩大,进入公共领域后向地方政府施加压力,迫使其不得不面临公共管理危机;在宏观层面对政府公信力以及整个政治权力体系带来极大的挑战。与此不相适应的是,我国部分政府官员在工作中尚缺乏危机意识和信息意识,在处理网络舆论事件中没有改变传统的工作方式。因此,进一步加强和完善网络信息管理,提高对虚拟社会的管理水平,健全网络舆论引导机制,是对政府治理提出的新要求。

三、网络舆论是政府巩固权威的契机

政府权威的确立是以政治权力的强制性实现管理职能和说服手段共

同作用的结果,①前者在本质上是政治的方式,如行政命令等,后者则是政府通过舆论的方式来说服权威客体服从政府权威,它在本质上是一种以宣传教育为主的方式。

1. 利用网络舆论建立政府公共权力话语结构

一是回应性话语,即倾听民众呼声,对人们提出的问题做出回答,发现政府需要决策的对象。颇具代表性的如征集建议,针对网络舆论反映的问题,倾听各阶层的声音,了解大众的情绪和要求,吸纳各方意见,回答他们的质问。② 如此,传统科层制结构中的政府与社会之间单向的服从关系就转变为双向互动、信任合作的关系。近几年来,广东省政府对网络舆论表现出极大的关注,倾听公众意见,以开放的姿态回应公众的质疑,从而能够在互联网的众声喧哗中使番禺业主抵制垃圾焚烧发电厂的"集体散步"以和缓方式收场。

二是政策性话语,即把制定的政策或方案的基本内容、实施要求和政策目标向民众说明,以有利于动员广大公众参与决策,为政策的制定或修改提供智力支持,以及政策的准确理解和持续贯彻。其中通过解释政策和人民利益的关系以增强公众对公共政策的认同度是政策话语的核心内容。

三是评价话语,即政府借助网络平台,及时做出评价性话语,判明社会事务的是非或美丑,抨击恶德对社会公共利益的危害,在客观评价下主持正义,捍卫人们的真正利益,进而维护政府权威。在公共危机事件中,政府与公众的对峙状态使得公众的心理承受能力降低,易于臆想和猜测事态,更容易倾向于信任经由网络暴民恶意传播的造谣信息而非真实信息,而一旦网络舆论偏向极端,煽动起来的民意则是危险和难以控制的,因此,政府必须及时发表具有导向性的话语以引导网络舆论。

2. 利用网络舆论培育公民对政府权威自觉服从与认同的意识

公民是政府权威得以存续的社会基础,虽然在新的时代背景下,这一社会基础出现了一定程度的分化,但丝毫不会影响其对于政府权威

---

① 徐国亮.政府权威研究[M].济南:山东大学出版社,2006:212-213.
② 张治忠,廖小平.解读公共服务型政府的价值维度:基于公共服务理论的视角[J].湖南师范大学社会科学学报,2007(6).

的支撑作用。面对国内利益分化带来的各种挑战,十分有必要继续培植和强化这一社会力量。一方面,争取、发展和培育新生社会力量,提高公民参政议政的积极性;一方面,充分保障公民权益,加强对公民的"三观教育",提高公民维护政府权威的认知能力。"政府影响人民的灵魂,同样人民的灵魂也影响政府……我们的职责就是去建立一个善待人类自由和权利的政府,一个珍惜公民自由和培育公民热爱自由的政府。"①

在信息时代,网络舆论是一种全新而有效的社会整合方法。

首先,以网络舆论宣传培育公民对政治权威的自觉履行意识。民主的国家制度是人民的自我规定,因而必然体现自由与责任的内在均衡、权利与义务关系的平等。因此,公民主张自由,呼吁获得民主权利,成为"能够以法律和道德自我约束的自律者"②。公民服从义务和承担责任不是通过强制力实现的,而是基于公民的普遍理性和其权利诉求。当然,这种自觉主动性意识的形成和发展,并不是自发自然的,而是需要政府进行大量的教育宣传工作才能实现。中央电视台的央视网(www.cctv.com)、人民日报的人民网(www.people.com.cn)、新华社的新华网(www.xinhuanet.com)等比较有影响力的网站是党政部门舆论宣传的新工具。通过政府的网络舆论阵地有针对性地宣传,促使人们自觉遵守网络道德,建立和巩固网上社会主义思想阵地,最终将自由、民主、公正等政治观念,爱国守法、明礼诚信、团结友爱、勤俭自强、敬业奉献等公民道德观念,科学精神和人文精神注入公民的血液中,形塑现代公民人格。

其次,塑造网络舆论理性政治参与空间,培养公民维护政府权威的政治主体意识。正如亨廷顿所说,现代与传统国家存在的最大的区别是,人民在大规模政治组织中的政治参与以及所受到的影响程度。③ 因为广泛的政治参与提高了公民对政府权威的控制能力,反过来也巩固了政府权威对社会整体的影响力,"如果公民的政治参与长期游离于既定的正常渠

---

① [美]O.C.麦克斯怀特.公共行政的合法性:一种话语分析[M].吴琼,译.北京:中国人民大学出版社,2002:84.
② 沈宗灵.权利、义务、权力[J].法学研究,1998(3).
③ [美]塞缪尔·P.亨廷顿.变化社会中的政治秩序[M].北京:生活·读书·新知三联出版社,1989:44-45.

道以外,而且无法共同参与决定他们生活的决策,这一国家的政治就变得具有潜在的爆发性"①。在公民的广泛政治参与中,必须树立起政府权威建设所要求的政治主体意识,即公民维护政府权威所体现出来的高度政治责任感和积极主动的精神。当下,在社会主义中国,当家做主的自觉而正确的意识、与社会主义政治制度相适应的权利观念和民主法制观念、较高的民主政治行为能力的形成和发展都依赖于网络舆论理性政治参与的空间,因为政府通过向社会成员提供积极稳妥的网络舆论政治参与渠道,保持与民众之间必要的沟通,有利于提高政府权威。

第五节　网络舆论对中国政府公共政策制定的影响

网络舆论的勃兴使得民众(外在形态是网民)参与公共决策成为必然,全方位地影响并推动我国政府的公共决策工作,主要体现在如下四个方面:决策过程如何满足多元利益、公众参与、提高决策评价标准和监督决策效果的要求;如何应对决策理念、程序和方式基于更严格的失误考量标准和更严重的问责、惩罚后果而面临的挑战;网络舆论的安全性、可靠性、代表性、真实性、利益性如何影响公共决策;网络舆论干涉政治生活的正当性、合理性、介入方法和实现途径。

一、网络舆论对公共政策制定的积极影响

(一)网络舆论对公共政策制定过程的积极影响

1. 网络舆论以助推社会问题孵化为公共问题的方式产生政策问题

首先,网络舆论揭露和反映社会问题。问题的发现是推动政策活动的首要一环,但是在实际运作过程中,仅仅依靠少数政府专门人员及时、全面挖掘全部社会问题是不可能的。"政治系统理论认为,政策行为源于问题及环境中的冲突,这些问题、冲突再由一些群体、官员或其他一些人

---

① 杨光斌.政治学导论[M].北京:中国人民大学出版社,2000:236.

转入政治系统"①,因而政策制定的过程实质上是一个政治过程,其中充满了主体(包括政府、利益团体与普通市民)在利益、价值和政策诉求上的冲突和斗争。

传统媒体在技术、结构、传播机制上的限制,使得大多数社会问题无法第一时间呈现在公众、政府面前,"人们常常抱怨媒体对公共事务的报道存在偏颇;对于突发事件的报道显得过于滞后,更有甚者认为政府官员管理与操纵着新闻"②。网络舆论却具有极强的挖掘问题的能力,其具有的信息裂变功能使社会问题无处遁形,如同被安置了麦克风的每个传播结点使任何微小的问题都有可能被放大到备受瞩目的程度,加上网络舆论场域的围观结构,使每个网络用户都充当着社会问题监察员的角色,实时捕捉社会生活领域出现的各种情况,挖掘出大量原始的、极具时效性的事件与问题。

其次,网络舆论将社会问题转化为公共政策问题。并非所有的问题都是公共政策问题,"从实质上讲,公共政策问题是指那些在现实中给大部分人带来影响并且意义较大的问题(这里的受影响人群包括那些受到间接影响的人群),而且该问题通常很难甚至不可能通过个人行为得到解决"③。那如何从大量呈现的问题里凸显出可以被政府关注、被政府真正解决的公共政策问题呢?首先公共政策问题必须具有公共性,那些与社会大部分公众的利益紧密相关的问题总是能率先呈现出来,那些与社会主流价值观相左的问题总是会得到更多人的关注,例如社会公平、维护正义、环境保护、犯罪、人身自由等。网络舆论则加快了特定问题的传播,促使公众对焦点问题的讨论升温,从而凝聚公众注意力,形成公共性的话题;线上、线下的广泛关注和讨论,加深了问题的影响力并促使主流媒体进行报道,从这个阶段开始,公众不再是单一性地讨论事件本身,而是开始围绕问题出现的原因、危害、解决方法等展开讨论,这些观点为政府解决问题提供了参考材料,使公共问题转换为政策问题成为可能。

---

① [美]詹姆斯·E.安德森.公共政策制定[M].北京:中国人民大学出版社,2009:46.
② [美]詹姆斯·E.安德森.公共政策制定[M].北京:中国人民大学出版社,2009:74.
③ [美]詹姆斯·E.安德森.公共政策制定[M].北京:中国人民大学出版社,2009:97.

2. 网络舆论有助于重新建构公共议程而建立政策议程

政策问题在进入政策议程之前,通常不可避免地要经过媒介议程和公共议程两个阶段,政策制定者对所关注的社会问题进行筛选,对媒介议程和公共议程进行取舍,从而达到设置政策问题的目标。因为"公共议程是最敏感问题的政治晴雨表,而问题则受到负责管理和处理的政策制定者的注意"[1],所以传统的议程设置过程是先将人与媒体、焦点事件设置媒介议程,再由大众传播媒介影响公共议程,最后直接进入或是通过公共议程进入政策议程,"事实上,任何被具拟国家的含义做出的决策,显然就不是出自于某个人或某个委员。相反,它们所反映的只不过是大量个人偏好的叠加……它们代表着集体多数的抉择或决策"[2]。

网络舆论的结点传播模式借助于传统媒体进一步扩大影响,使个人议程成功建立,逐渐成为社会热点问题的发布源头,这就打破了精英集团左右决策议程的局面,消除了公民与决策主体以及精英群体之间信息占有的巨大差异。公民通过网上论坛、政府信息平台和网上签名请愿等形式,表达自己的意愿,互相沟通与交流,从而设计出让决策者关注的行动方案以影响公共政策议程的建立。因为"网络中大众和人际传播交织嵌构,人际传播在议程设置上弥补了大众传播的不足;互联网的互动,使信息传播者与受众之间建立了更直接的联系。所以,当事人对受众产生的影响在传递中更为迅捷,从而有利于提高事件的被关注程度"[3]。

3. 网络舆论有助于拓宽政策方案备选空间而规划政策方案

公共政策的最优是公共政策制定的目标,但由于受到"有限理性"的制约,并非所有的公共政策都能实现这一目标。政府作为公共政策制定的主体,应充分了解公众需求,在诸多备选政策方案中选择"最优"的方案,才能出台更为合理的政策。[4] 互联网提供了任何传统媒体无法

---

[1] Larry N. Gerston. Public Policy Making:Process and Principles.New York:M..E.Sharpe Inc.,2001:52.
[2] [美]杰佛里·庞顿,彼得·吉尔.政治学导论[M].张定淮,等,译.北京:社会科学文献出版社,2003:37.
[3] 唐菡.微博参与下的议程设置过程[J].宜宾学院学报,2011(8).
[4] 李雪芳.网络舆论对公共政策制定的影响[J].法制与社会,2009(29).

取代的具有绝对数量的信息与知识,特别是网络舆论所提供的信息量巨大,政府部门可以通过网络舆论从中选择有利于制定公共政策的信息。2007年11月9日,国家发改委在其官方网站刊登国家法定节假日调整方案问卷调查,调查问卷有针对性地列出三种全年假日调休的方案以供选择。全国假日办联合多家网站发布"法定节假日调休安排调查"并设置了相关问题,如"你对现行放假安排是否满意"、"长假是否需要保留"、"小长假是否需要调休"以及参与问卷调查者对法定节假日安排的建议等。截至11月12日,有211万人填写了调查问卷,数据收集后,被委托至中国社科院旅游研究中心进行分析整理。这说明了政府是能有效利用网络舆论收集信息,汇总意见,确定方案。

(二)网络舆论对公共政策制定效果的积极影响

1. 网络舆论有利于公共政策的贯彻执行

网络舆论体现了公众的参与,扩大了公共政策资源的提取范围,增强了社会利益的整合功能,能够反映最大多数人的意志,能更好地协调社会各种利益关系,故有利于制定出更为科学合理的政策。在虚拟公共领域,人们可以就政策议程进行公开的辩论,释放政治参与热情,提升公共理性和社会心理承受能力,为公共政策的顺利执行创造良好的政治生态环境。[①]由于在公共政策制定中的参与,一定程度上满足了公民参政议政的心理需求,增强了他们的政治功效感、影响力和尊严感,促进了网民的社会整合和群体认同,提升了对国家和政治系统的价值认识,所以公共政策必然会很好地得到贯彻执行。

2. 网络舆论有利于公共政策的调整和监督

公众舆论的"结果对于公共政策,虽然并不具有法定拘束力,但可以让人们知道,有讯息根据的公共讨论所呈现的'民意'究竟是什么,即使行政部门最后的决定与公共舆论的结论不同,则其必须公开说明理由"[②]。相比于传统媒介,网络舆论多元、公开、快速反应的特点,不仅反映了不同

---

① 刘祖华.网络民意与公共决策[J].党政论坛,2007(5).
② 詹中原.公共政策问题建构过程中的公共性研究[J].公共管理学报,2006(4).

群体的利益诉求,而且能警告公共政策的偏差行为,促使决策行为符合民主化、程序化与合法化的要求,甚至可能直接导致公共决策的改变或调整,使有损公共利益的公共决策行为真正控制在民意的范围之内。如厦门"PX项目"就是很好的例证。对可能带来环境问题的"PX项目",一开始仅在厦门当地的网络论坛上讨论,随后传播成为全国网络共同关注、讨论的事项,这就把厦门市政府置于网络公共领域之中,经过利弊权衡,厦门市政府接受了网络民意,放弃引进"PX项目"。

释放"决策气球"是有关方面试探性地公布政策动议以试探民意的手法。当政府部门尚不敢肯定某一政策动议是否能得到支持时,他们可能试探性地向媒体透露这一动议,目的在于试探民意。具体做法是通过新闻媒体传播有关信息,以激发利益取向不同的公众参与讨论,各抒己见,建言献策。网络舆论在一定程度上反映了不同群体的利益诉求,为公共政策的价值取舍、利弊权衡提供了一个重要依据,为政府试探民心向背提供了成本低廉、反应快速的平台。① 中国政府制定"延迟退休年龄"的决策和医疗体制改革的决策便是政府自觉释放"决策气球"的典型例子。

3. 网络舆论有利于公共政策的民主化及科学化

公共政策的科学与否、效率高低很大程度上取决于政策信息完善与否和政府对政策环境的了解程度。在传统媒介中,政策信息往往掌握在政府手中,公众无法知晓信息的全部,这种不完全的政策信息的采集和处理,因无法反映公众的现实需求,导致出台的政策"不接地气"。因广泛的公众参与和高效的信息传播、处理模式,网络舆论打破了政府信息垄断的局面,大大提高了公共政策的透明度,从而使决策过程由孤立、封闭走向开放、民主。

"公民参与带来的最重要的回报是它对民主价值发挥的作用。"② 通过充分而有效的协商,网络舆论能够高效聚合分散的信息以供组织或群体获取,以之为基础形成明显优于个人或少数人非理性观点的理性共识,

---

① 黄芳娟.网络政治参与对政府公共决策的正面效应[J].中共银川市委党校学报,2010(4).
② [美]约翰·克莱顿·托马斯.公共决策中的公民参与[M].孙柏瑛,等,译.北京:中国人民大学出版社,2010:115.

这就满足了民主所要求的两个条件,而且还能缓解复杂环境下决策的压力。即"一是一定程度的共享经验;二是能接触到一些未预期的、事先不经过选择的多元的话题和想法"①;"沉重的决策担子,最后将不得不通过较广泛的民主参政来分担解决。……否则政治制度无法维持"②。

二、网络舆论对公共政策制定的消极影响

网络公共领域的延展就似一把"双刃剑",虽然保证了公共决策的形成过程更加程序化、民主化,但由于参与网络公共领域讨论的群体是匿名的,如果网民缺乏自律,发表了一些不负责任的言论,便会使网络舆论出现偏差,从而影响公众的认知和政府的公共政策。概括起来,网络公共领域对公共决策的负面效应主要表现在参与主体的去责任化、非代表性及非规范性等方面。③

1. 网络参与主体责任感的部分缺失

"网络空间的虚拟性、匿名性给每一个发言的个体穿上了一件'网络制服',也有可能产生'匿名制服'效应,使个体进入'去个性化'与去'责任化'状态,淡化个体的自我观察和自我评价,降低个体责任和个人对社会评价的关注。"④也就是在每个人都披上"网络的外衣"之时,很容易淹没在网络洪流之中,放纵自己,降低自我约束的观念和责任感。此时,对于公共空间发布的信息、言论,或者对问题进行讨论时的辩解有可能以个人主义、完全不受约束的自由主义形式出现,如恶意地进行人身攻击,散布不合实际的谣言,对这些虚假、不实的去责任化的信息,经过具有"聚合、放大效应"的网络平台的扩散,会形成巨大的舆论泡沫,影响政府的决策行为。因此,公共政策的制定需要参与者具有极大的责任感。

2. 网络参与主体代表性的局限

网络的出现和公共空间的延展,迅速地渗入到大部分人的生活之中,

---

① [美]桑斯坦.网络共和国:网络社会中的民主问题[M].上海:上海人民出版社,2003:146.
② [美]阿尔温·托夫勒.第三次浪潮[M].北京:北京三联书店,1983:504.
③ 周晓丽.公共领域的延展与公共决策[J].行政论坛,2012(6).
④ 刘祖华.网络民意与公共决策[J].党政论坛,2007(5).

然而由于网络利用的不平衡性,网络参与主体的代表性也存在着不足。首先,网民规模省际差异较大,东部沿海经济发达地区网络普及率高,网民数量多,内蒙古、吉林、黑龙江、广西、湖南、西藏、四川、安徽、甘肃、河南、贵州、云南、江西等省的互联网普及率不到40%;其次,城乡互联网普及率仍存在较大差距,截至2013年6月底,城镇居民中的互联网普及率已经达到约60%,而农村地区只有27.9%;再次,男性与女性居民的互联网使用率仍存在一定差距,截至2013年6月底,中国网民中男女比例为55.6:44.4;最后,网民群体仍以年轻群体为主,学生群体的网络普及率仍处于高位,职业结构不平衡的状况没有得到太大改变。①以上的不平衡会对网络参与产生多方面的影响,一方面,在网络公共领域的对话中,部分公民可能"被忽视或被更加内行的邻居抛在后面"②;一方面,部分公民由于自身思想不够成熟,社会经验不足以及知识、认知能力的局限,也会影响其思辨能力和判断能力。

3. 网络决策参与的非规范性和非制度化

随着网络公众对公共事件关注度的提升,网络舆论对许多公共政策从议程设置、制定到执行的全过程都会起到催化剂的作用,但是令人遗憾的是,网络公共领域中公民参与的政策议程和政策制定的讨论、对话、辩论非规范化、非制度化的问题同样十分严重。一是参与主体的非制度化。大多数网民只对自己感兴趣或与自身利益相关的事情积极参与,而对与自身利益无关的事情则冷漠对待,事不关己、高高挂起的心态在一部分人中仍然存在;二是政策议程触发程序的非制度化。如在网上给政府主要官员写信,或由专家网络签名上书,或利用网络"水军"或"推手"大量宣传等触发机制和程序都具有偶然性或非制度化的倾向。

4. 公共政策民粹化风险加剧

中国基层维稳的任务异常艰巨,而上级部门又往往实行"一票否决"的考核机制,因此基层官员常常倾向于以花钱买平安、片面妥协的办法,

---

① 第32次互联网报告:网民属性[OL].[2013-11-15].http://tech.sina.com.cn/i/2013-07-17/11598548357.shtml.

② Owen E.Hughes.Public Management and Administration:An Introduction.3rd. Sydney, AUS:Palgrave Macmillan,2003:227.

求得辖地暂时的安稳。清华大学曾经出台了一个关于中国维稳形势的调查报告,指出很多地方已经形成了"小闹小解决,大闹大解决,不闹不解决"的恶性循环,愈维愈不稳。同时,中国网民对社会事件的介入热情愈来愈高涨,而"弱者即正义"的价值判断标准渐成风气,[①]凡涉及强势集团、央企、政府官员的事件或者案件,未等调查结果公布或者进入司法程序,网络舆论就明显出现"极化"。面对网民咄咄逼人的高压态势,很多官员只能被迫直接发声表态,仓促出台临时性的应急政策,而此类政策对于本地的长远发展是否有利,已经无暇虑及。

总之,尽管公民网络参与具有明显的不足和潜在的缺陷,网络舆论的公开化、匿名、互动、戏谑的特征赋予政府和公民更多的责任,但网络参与是科学技术发展的选择,是历史的趋势,我国政府应积极面对,扬长避短,加强引导,使网络舆论能更好地服务于政府治理和政务改革。

[①] 燕志华."媒介治理"时代的社会管理风险[J].传媒观察,2011(10).

第三章　网络舆论背景下的中国政府治理理念

从学术逻辑的一般要求和政治实践的共同经验看,理念是行动的前提。当代中国政府治理的创新也必须首先从树立科学的治理理念开始,以新理念指引新实践,这就涉及两个基本问题:为什么现有的中国政府治理理念要进行这样的转变,即是哪些因素作用的结果;在上述内因外由的推动下,中国政府治理理念又将发生怎样的全新变化。

第一节　中国政府治理理念转变的内因外由

随着信息化通信技术的快速发展,网络已经延伸到社会生活的方方面面,在各国政府管理中得到了全面的普及和应用,在带来全新变化的同时,网络舆论的分散性、多样性又使政府的治理环境日趋多样化和复杂化。因而,政府转型成为题中应有之义。然而,就政府内部而言,传统政府治理理念的积弊阻碍了政府自身改革和建设的进程;就政府外部环境而言,信息时代的发展趋势使得政府治理的难度加大,同时,在社会急剧转型的背景下,中国政府又急需解决治理能力不足的问题,以上内因外由使得改造政府传统的治理理念和模式成为应然和必然之举。

一、网络舆论对政府传统治理理念积弊的冲击

网络舆论加快了我国"风险社会"的形成,这不仅是对政府治理能力的挑战,更是对政府整体治理理念的综合考验。中国政府传统的治理理念侧重于管制,与之相对应的是压力型治理,要求民众完全服从,不允许

有任何反对之声。在这种治理理念下,行政权呈单向支配,政府直接全面管理和经营一切社会事务而未体现出相应的从属性和服务性。这在信息化程度不高、民众自我意识淡薄、社会相对公正的情况下,还是起到了保证政令畅通、维护社会稳定的作用。近年来,虽然政府在自身改革和建设方面采取了一系列措施,并取得了一些成效,但是,政府自身的建设任务依然艰巨。很多地方政府机关往往难以摆脱精简—膨胀—再精简—再膨胀的怪圈,还不同程度地存在着"门难进,脸难看,事难办以及乱作为,不作为"等不正常现象,领导干部失职渎职、滥用职权、徇私枉法、贪污腐败等违法乱纪行为时有发生,政府管制理念下的治理效能不佳,政府治理理念的一些积弊还没有根本消除。

同时,全球化浪潮下的网络舆论使原有的社会一致性与文化发生分裂,传统高度一致性的价值观念碎片化,正逐渐为个性化、多元化的价值观念所取代,公众个体的思想观念差异不断凸显,行为边缘化日趋严重,社会整合程度降低。①广大民众普遍对政府产生信任危机,群体性事件大量爆发。在众多的群体性事件当中,一些当地政府仍然沿用传统的治理方式,不是平等地与民众交流,妥善地化解矛盾,而是动辄命令、强制的做法,随意动用警察,采用暴力手段平息人民内部矛盾和纠纷,虽然表面上平安了,但民众怨气却不断积累,矛盾不断加深,反而引发更大的冲突。② 加之,全球化过程中,先进治理理论和经验的传播及西方文化霸权和意识形态的引导更加剧了危机与冲突。

随着广大群众法制意识、参政意识、维权意识的不断增强,对政府的期望越来越高,这也要求切实加强政府自身的改革和建设,不断适应社会发展需要。摆在政府面前的唯一出路,就是自觉地变革在工业社会这一历史阶段中所形成的制度、社会结构、行为模式、治理理念,只有这样,才能更好地为民众提供优质的服务,有效地解决社会发展过程中的突出问题,维护社会公平与公正,以服务型政府为突破走出风险社会。

---

① 杨清华.协同治理:我国治道变革的一种战略选择[J].汕头大学学报(人文社会科学版),2011(3).
② 靳燕凌.群体性事件与我国政府治理模式的创新[J].延安大学学报(社会科学版),2011(5).

二、网络技术普及的客观要求

早期的制度经济学家凡勃伦等认为技术变化是制度变迁的动力,是技术进步决定和引致制度变迁。[①] 作为近代管理核心理念和典型制度安排的科层制立足于制度设计、规章制定、系统构建,在理论和实践维度均产生了深远影响,取得了极大成就,但其毕竟是工业时代的产物和主流,面对瞬息万变、丰富多彩的信息时代显得有点力不从心、反应乏力,已经不能在不断发展的社会环境中有效运转了。因此,行政发展越来越离不开行政技术的创新——信息技术,政府可以通过互联网络充分占有决策信息,整合社会利益要求。"现代网络技术通过各种平台进行互动合作,进行信息沟通、资源分配、行动协调。审视信息技术对行政功能的拓展,测度其所孕育的行政价值,可以考量当今工具理性与价值理性之间的落差,认识现实技术所展现的人本性、社会性的水准。"[②]

行政发展离不开行政信息技术的创新与普及。尤其是计算机信息、卫星通信技术和光纤通信的进步,电子计算机技术和通信技术的密切配合,使人类对信息的提取、传递、储存和处理以令人难以置信的速度提高,突出的表现就是行政技术的创新——信息技术已广泛运用到公共行政领域,并且成为一个不可变更的自然发展趋势。"网络行政"时代即将来临,行政信息技术的发展使行政管理处于一种网络组织的状态,政策制定者能够更好地与普通民众沟通。以美国和欧盟为例,这些国家都在进行国家信息基础建设,构建信息高速公路,不仅在国内把许多公司、机构连接在一起,而且加强了同其他发展中国家的合作。据统计,全世界有2/3的行政功能与信息管理是相连的。

政府积极面对和主动顺应信息时代的发展趋势,利用网络信息技术改造政府传统的治理理念和模式是应然和必然之举。在目的上,能够很好满足群众对公共服务的需求;在效果上,能够有效提高服务效率;在维度上,能够较快提升国家的国际核心竞争力。从世界范围来看,信息化在

[①] 杨清华.协同治理:我国治道变革的一种战略选择[J].汕头大学学报(人文社会科学版),2011(3).

[②] 蒋瑛,孙力.人民本位:政府职能演进中的电子政务[J].南京政治学院学报,2006(4).

促进政府行政的现代化、民主化、公开化、效率化,提高决策质量和水平,精简人力和有效运用人力资源,节约政府开支与经费,扩大公民参与,创新政府服务等方面均显示了其优势。从西方各国目前公共行政运作的实践来看,现代信息技术已经成为政府创新的推动力和着力点,表现在以下层面:确立顾客与消费者导向的政府治理理念、建立国家与社会共同治理的结构、建构网络型、导航型、无缝隙的服务型政府。①

简言之,随着信息技术的发展,信息社会的到来,曲折性、动态性与多元性的环境,使得世界各国政府不可治理的可能性增大。传统的强政府、弱社会,政府单独主治的局面难以解决日益增加和复杂的公共问题,政府治理的目标必须转向实现社会的可持续发展,强调以知识管理与人本管理为中心,政府治理理念也因之发生转变。

三、网络舆论放大社会张力下的现实要求

正如美国学者塞缪尔·亨廷顿所指出的,重大的社会变迁是引发许多社会运动和集体行为的最初动因。中国正处于一个社会发展的急剧转型期,相当部分群体的期望挫折感与相对剥夺感日益强烈,犬牙交错的利益分化、失衡与整合等利益问题既表现为各种权利要求之间的合理限制问题,也有权利要求与非正当谋利的冲突问题,在这种情况下,政府急需解决治理能力不足的问题,重塑治理理念,有效排除或缓和社会矛盾。

(一)社会期望值与政府社会满足能力的差距扩大

法国思想家托克维尔最初提出了关于经济发展、政治自由会带来社会不稳定和社会动荡的观点。托克维尔通过对法国大革命的观察发现,经济越是繁荣,政治自由越能在一些地区获得广泛基础,这些地区的不稳定特征就越突出。以之为平台,更多的学者通过深入研究史料,进一步论证了发展、不稳定、社会矛盾和社会风险之间内在的连锁反应关系,其中以戴维森和格尔的 J 曲线理论最具代表性,理论指出"客观生活状况的改善导致人们产生更高的期望值,随着发展带来的期望值的提升程度超过

---

① 顾丽梅.信息社会的政府治理[M].天津:天津人民出版社,2003:292.

其实现程度,就会产生更高程度的被剥夺感"[①]。

所谓社会期望值,就是社会成员根据经验判断一定行为能否导致某种结果和满足某种需要的概率,是对行为目标的一种主观估价。社会期望值同社会满足能力之间是一种变量关系,一般而言,两者并非同步增长,而是存在一定的差距,社会满足能力总是落后于人们日渐提高的期望值。在一定限度内,这种差距可以成为社会进步的动力,但在中国这样一个正处于社会转型阶段的发展中大国,逐步深入的公民参与和不断拓展的参与渠道极大提高了人们的"需求"欲望,由于经济发展水平和政治社会条件的限制,各种社会矛盾不可能在短时间内得到有效解决,社会公平准则难以得到保障,发展机会不平等,财富和收入分配不公,贫富差距扩大,社会满足能力却并没有得到相应的提高,因此社会期望值和社会满足能力之间存在一定差距。

随着改革开放的进一步深入,特别是社会主义市场经济的发展完善,市场在资源配置中发挥决定性作用,价值规律日益深入人心,追求利益的合理性得到社会的普遍赞成和全体公民的共同追求,甚至远远压倒了其他需求。虽然,我国的利益实现机制已经逐步建立和完善,但目前我国还处在社会转型期和城市化快速发展时期,矛盾更容易凸显和激化,再加上利益分配机制、利益补偿机制和矛盾调解机制还相当不完善,解决渠道还不是非常畅通。如果通过正常途径不能及时有效解决问题和矛盾,就必然会探寻其他道路,比如利用"网络群体性事件"宣泄情绪、发表意见和实现利益。

(二)利益分化与博弈的失衡放大社会张力

在社会变革与发展时期,由于市场经济不成熟,各种制度与体制不完善,社会的利益分化很不规范,利益格局明显不对称。在整个社会阶层结构中,相当一部分的权力资本、经济资本以及知识资本群体上升到社会的优势地位,占据社会大部分资源与财富,而获利方式则具有相当的不合理性与非正义性,特别是某些权力组织及其成员丧失了本应有的公共性、自

[①] James C. Davies, Toward A Theory of Revolution American Sociological Review, Volume 27, No.1, 1962:5-6.

主性,不合理地介入到整个社会的利益分割中,其行为出现市场化、谋利化现象,甚至成为掌握组织资源的部门化的利益集团。特别是如果整个政府发生了以下异化,即从利益分化的调节者、缓和社会冲突的行为主体变为社会矛盾的根源,从社会公共利益的代表者和实现者变为自身特殊利益的追求者,那么人类社会将呈现出"脆弱状态"[①]。与占有优势并能彼此互利的社会优势阶层或群体相比,在转型时期,不规范的利益分化也往往造成一个由弱势群体构成的社会底层。

利益分化的失衡不仅表现在资源占有的明显差异上,还表现在利益组织化表达与博弈的失衡。强势利益群体趋向于构成实质上的利益集团,其谋利方式具有相当的非正当性,缺乏制度性、正式性、合法性、公开性。这些少数利益集团往往垄断许多领域的政策输入,独享有利的政策偏好。弱势群体既缺乏足够的资源,也缺乏各种规范化、制度化的途径和通道来进行利益表达,其人数的众多与分散也使得他们自身无法在内部有效组织起来,在追逐利益方面处于无力状态。

强势利益集团和弱势利益群体在政治参与中的不平等,反过来加剧了不同阶层、群体或集团之间在资源和社会资本拥有方面的结构性不平等。在这种情况下,超过一定的忍受限度,弱势群体的利益需求就会通过非制度化和非正常的途径,甚至是极端的、暴力的方式来实现,使得处于转型期的中国社会矛盾更加凸显并集中爆发。

在网络舆论的推波助澜下,社会张力就更加上升、放大,诸如"罗彩霞案"、"杭州飙车案"、"贵州习水官员嫖宿幼女案"、"邓玉娇案"等百万级点击率的网络舆论事件屡见不鲜。网络舆论关注的热点事件大都折射出社会中的不和谐之音,很大一部分均涉及公权力运行及民生问题,其中包括政府官员违法乱纪行为;涉及代表特权和垄断的政府部门、央企;涉及代表强制国家机器的政法系统、城管队伍;社会分配不合理、贫富分化;衣食住行等全国性的民生问题。[②]

---

① 桑玉成.利益分化的政治时代[M].上海:学林出版社,2002:43.
② 杨琳.网络舆情飙升背后[J].瞭望,2009(7).

第二节　网络舆论背景下中国政府治理理念的转变

"任何变革都是从理念层面或者说价值层面开始的,同样,任何不适应都是从理念层面或者价值层面开始的。"[①]网络舆论对政府管理理念的冲击,是由网络舆论的基本特性决定的。网络舆论表达的交互性与开放性冲击着政府的垄断性治理理念,要求转向协同性治理理念;网络舆论表达的平等性冲击着政府管理的"官本位"意识转向公民本位理念,要求政府积极与民众互动、注重与民众协商对话;网络舆论表达的自主性冲击着政府管制理念,要求转向服务理念;网络舆论表达的交互性要求政府从效率理念转向责任理念。

一、从垄断性治理理念转向协同性治理理念

传统政府既要"掌舵"又要"划桨",往往造成政府对经济、社会领域的僭越,最终也限制了政府的创造性和效率,因为政府的能力是有限的,如果超越其能力范围而行使职能则有可能损害社会的公共利益,破坏其原有功能。网络时代的公共事务管理则具有高度的不确定性、复杂性和广泛的影响性,超出了原有行政管制中单一主体所能解释和控制的范围。

在信息时代,就公共产品和公共服务维度而言,政府因自身能力的有限性已经逐步由垄断者转变为主要提供者、引导者和社会组织的合作者。为了更好地服务社会,履行政府职能,政府管理人员必须树立整体资源意识,有效管理政府内部的资源、处理好与其他领域和其他部门的资源的关系,以平等合作、互利共赢的思维整合所有资源。随之转变的必然是其对待自身和外界的关系,"从消极应付民众到积极回应和反馈网民、从支配和排斥社团到平等合作互助,把管理融入公民与社会中"[②]。借助于网络

[①] 李文良,等.中国政府职能转变问题报告:问题·现状·挑战·对策[M].北京:中国发展出版社,2003:82.

[②] Jeffrey Luke, Catalytic Leadership. San Francisco, CA: Jossey-Bass,1998:124.

这个全新平台,这种新型关系通过广泛的网民参与、深入地沟通、完善的话语体系、社会远见或洞察力,共同思考社会中存在的问题,进行积极的治理,从而实现社会治理各主体之间的良性互动与全面合作,构建适应网络时代的制度安排和治理模式,最终实现社会各利益群体间的利益均衡与双赢。

以"协同治理"为基本理论维度的协同性治理理念要求政府传统的垄断性治理理念发生根本性变革,即从政府本位到社会本位、从权力本位到权利本位,对待各种社会组织和民间力量的态度也从封闭到开放、从消极到积极、从被动到主动。中国共产党正确回应这一趋势,并将"社会协同"这一重要理念写入了十七大报告并做出了明确部署,这意味着由多元主体协调治理成为中国党和政府的目标追求和执政实践。

作为现代社会一种新的运行机制,协同治理在各社会子系统的协调整合中为社会发展提供了新的动力。以自组织概念为核心的协同学力图阐明开放系统中大量子系统相互作用的整体效应、集体效应或合作效应,揭示合作效应引起的系统自组织作用。因此,协同治理认为整个社会环境中的各子系统在社会分工的基础上,通过社会组织的共同工作,从无序到有序,实现社会整体系统的持续发展。政府协同性治理理念落实在体制层面主要包括各子系统在社会系统中的地位、结构和功能。

首先,协同性治理理念下的政府子系统处于协同治理体制的主导地位,但不轻易发号施令。各子系统因信息、资源等因素相互依存,主动协同,彼此不会轻易屈从,也不能简单替代。各子系统凭借掌握的知识、信息、资源优势与政府一起共担公共事务治理责任,由此避免政府垄断性治理理念下的治理失效。

其次,多元治理主体之间的协调呈现出扁平化、网络化趋势。多元主体在治理中共同作用于治理客体,以彼此协调、互为发展为条件,通过相互间的交往、协作,以强制和非强制性兼顾的方式取代了原来的强制作用。社会多元治理主体构成的合作的、竞争的、法律的、纵横交错的秩序,可以将社会矛盾、利益冲突控制在一定范围。这一结构为调整社会各利益集团的关系做出了新的安排,以实现社会稳定和利益均衡,也有利于社会各子系统积极参与公共事务治理。

最后,吸收各方力量纳入治理主体范畴并提升他们的治理水平与能力。协同性治理理念需要整合政府与社会各方力量,并引导他们以理性、合法的形式表达利益要求。社会成员的不断解放和持续个性化依赖于冲突的消除、社会关系与社会秩序的有效维护,这又需要参与主体合理的交往行动和相互理解、相互信任的关系。[1] 从经济生态领域的环境污染、能源短缺、生态破坏到政治法律领域的腐败现象滋生、犯罪上升再到社会领域的就业困难、社会管理落后和贫富差距悬殊,所有利益相关主体在协同治理的广场中都能够共同磋商,[2]这样,如果政府目标和行动的效果与公民的诉求和选择完全一致就可能达致,反之如果两者产生了矛盾,在国家和社会领域也可以"稳妥而非冲突性地纠偏和调整"[3]。政府必须发挥主导作用使各治理主体能够在不同范围和层次中将无序转化为有序,并提高自身的组织化和有序化程度,形成政府、企业、民间组织、公民等相互协作、互动支撑的多元治理结构。

二、从"官本位"意识转向公民本位理念

(一)"官本位"意识的弊端

在中国,"官本位"意识形成的原因有很多,但最重要的原因有两个:一是几千年的封建社会所形成的"官贵"、"民轻"的文化传统。在中国古代社会,中央集权的政治体制设计意味着全国只有唯一的政治和权力中心,集权政治体制从社会整体本位出发,具有压倒性地位,使政治权力在纵向上逐级传递并层层控制。政治权力低分化,经济、文化受制于政治权威,没有独立性可言。在"官本位"意识这一主导价值观的影响下,民众不仅政治参与意识薄弱,而且政治参与权利被长期剥夺。二是新中国成立后长期实行的计划经济体制所造成的政府对一切社会资源的绝对支配权。在这种体制中,政企不分、政社不分、政事不分、政群不分,所有的公民以及社会组织都按照行政组织的原则和隶属关系被控制在这一体制中,形成金字塔式的社会结构。政府在拥有了对社会资源的绝对支配权

---

[1] 欧阳英.构建和谐社会的政治哲学阐释[M].南京:江苏人民出版社,2010:343.
[2] 杨清华.协同治理:我国治道变革的一种战略选择[J].汕头大学学报(人文社会科学版),2011(3).
[3] 蒲岛郁夫.政治参与[M].解莉莉,译.北京:经济日报出版社,1989:9.

的同时,也就拥有了对公众享用社会资源的分配权,再加上行政程序的缺失和信息的不公开,作为整个结构中的组成部分,公民个人只能被动地服从组织的安排,无法争取自身权利与利益的自由及独立的主体地位,这样就形成了政府在国家和社会生活中的主导地位和公共权力无所不在、无所不能的假象。由于政府的权力最终要具体到个体的官员身上,因而对政府权力的崇拜和畏惧也就演化为对官员手中的权力以致对官员本身的崇拜和畏惧,进而形成了弥漫于整个社会的强烈的"官本位"意识。这也从另一个侧面说明,我国的政治权力仍然没有受到实质性的限制,在资源分配中仍然占据主导地位。

"官本位"意识的消极影响主要体现在以下几个方面:

1. "官本位"意识带有强烈的人治色彩

"官本位"意识和"人治"传统是孪生现象,互相促进。在"官本位"意识下,只唯上,不唯实,不唯民,不唯法。即使在法律体制完备的情况下,也会出现有法不依的现象。掌握权力的人往往把自己看成是社会的主人,而不是把公民看作社会的主人;把权力看成是私有财产,不是为每个公民的利益着想,而是为自己的小集团牟利,或者为对他们有好处的某些特殊阶层牟利。① 大批官员尽力迎合领导,看上级领导脸色办事,工作不敢坚持原则,以言代法,整个行政过程缺乏程序的正当性,具有很大的主观随意性。

2. 以政府和官员为本位的陈旧意识容易导致政府行政效益较低、效率下降

在政治实践中,呈现出如下现象:在行政机关,部门臃肿,人浮于事,官僚主义严重,形式主义盛行,文牍主义流行,照抄照转上级文件,公文旅行,事无大小,严格的等级请示汇报,浮夸之风、奢靡之风屡禁不止。②

3. "官本位"意识容易出现权力和责任的分离脱节及腐败

掌握权力的人往往只强调公民服从政府管理的义务,而不强调政府对公民、对社会所负的责任;往往根据自己的好恶和关系的亲疏来决定工

---

① 李景鹏.关于行政权力的自律与他律[J].新视野,2002(1).
② 宿玥."官本位"思想对公务员依法行政的消极影响及纠正[J].党政干部论坛,2010(5).

作态度,而不关心公民的需要和疾苦,甚至作威作福。① 政府官员的地位、待遇、利益与掌握权力大小紧密联系在一起,因而,政府官员对利益的谋求转变为对权力的追逐,而且在监督体系不健全的情况下,很可能会为了个人的私利而滥用权力,导致腐败的盛行。

"官本位"意识将公民视为管制的对象,将公民排斥在公共决策之外,认为公民只能被动接受和服从政府的决策和命令,而且还认为公民根本没有足够的时间和精力去关注政策问题,即使有也因缺乏专业知识而不能形成独立的见解。政府治理则意味着政府要改变"高高在上"的官僚主义作风,构建和谐的政民关系。全球治理委员会指出:"治理不是一种正式的制度,而是持续的互动。"因此,政府应该与民众建立一种相互信任、良性互动的合作关系,在治理中践行"公民本位"理念,保证公民意志在政府治理中的决定性地位,以实现公民利益最大化为根本目标。

(二)"公民本位"理念的塑造

"公民本位"又称"以公民为中心",回答的是政府的一切管理活动"到底为了谁"的问题,涉及政府管理的终极目标和根本价值选择。② 毫无疑问,几乎所有的现代政府都信奉人民主权原则,宣称其权力来自人民,一切管理活动都是为民谋利。但也必须承认,理论上的共识不一定都能转化成政府部门和官员的自觉行动,极易形成"公共悖论"③。

政府改革的倡导者和实践者试图改变这种状况,弥补理论与现实之间的落差。20世纪90年代,以英美为首的发达国家,先后提出了"顾客导向"的口号,要求公共服务部门把服务对象视为"顾客",并以"顾客导

---

① 李景鹏.关于行政权力的自律与他律[J].新视野,2002(1).
② 周志忍.当代政府管理的新理念[J].北京大学学报(哲学社会科学版),2005(3).
③ 公共部门的公共性质体现在各个方面:公众设立,公共拥有,主要从公共财政获取资源,以提供公共物品为职责,以公共服务而非盈利为目标……不论从设立的初衷还是从理论上看,公共部门的公共性质决定了它应该具有最大的公众亲和性。然而在实践中,公共部门的表现往往不尽人意:自我服务、漠视公共需求;工作效率低下,浪费公共资源;固守成规,缺乏创新;服务意识薄弱,态度傲慢……没有必要用更高的标准来衡量,即使同以盈利为最终目标的商业性机构相比较,公共部门在经济、效率、创新、服务态度、水平和质量等方面往往相形见绌。这种期望、理论与现实之间的巨大反差和鸿沟,我们可以称之为"公共悖论"……是公共管理中的世界性难题。周志忍.公共悖论及其理论阐释[J].政治学研究,1999(2).

向"为原则,实行政府改革。这些被称之为"新公共管理运动"的改革,以解决效率和成本的关系为着力点,试图通过打破公共服务中的部门垄断,给服务对象以"顾客"一样的选择权,来迫使政府部门为了自身生存而竞争顾客,达到改进政府管理和服务绩效的目的。例如,20世纪90年代初,英国的"公民宪章"运动试图用宪章的形式把政府公共部门服务的内容、标准、责任等公之于众,接受公众的监督,实现提高服务水平和治理的目的。美国克林顿政府提出了"顾客驱动的政府"(customer-driven)改革,1993年的《政府绩效与效果法》要求联邦政府普遍实施顾客满意度调查。之后,克林顿又通过总统令,要求联邦机构制定"顾客服务标准",公开并接受公众监督,以此推动行政部门的"革命",实现联邦政府做事方式的根本性转变。

"顾客导向"或"顾客驱动"的原则突出了顾客选择权和顾客服务,顾客驱动的政府具有更负责任、更多创新,有可能产生更多服务以及更少浪费的优点。① 然而,政府不是企业,与政府互动的是公民,公民除了扮演顾客的角色外,还扮演着被管制者、参与者、投票人等多重角色。用"顾客"取代"公民"概念有诸多局限性,因而受到学术界的质疑。

针对顾客导向型政府忽视服务的公共性和公民权利的法律性的缺陷,新公共服务理论有针对性地认为:政府应该为公民服务,而不是为顾客服务;政府的职能定位应从掌舵回归服务;政府的角色应该从简单的产品和服务的提供者重新恢复到矛盾调停者、市场中介人甚至是裁判员;公共利益是政府追求的根本目标而不是可有可无的副产品。

建立在上述理论基础上的"公民本位"治理理念可以归结为以下几个要素:

(1) 回应公民需求:政府部门及其工作人员必须始终坚持一切从公民的根本利益出发,以政府部门的公共性为核心,前瞻式预测公民需求,而非需求未满足下的被动式危机应付。

(2) 积极主动倾听:立足于公民主张和要求设计、安排公共服务。

(3) 尊重公民选择的权利:打破垄断,引进竞争,使公众有更多的机

---

① [美]戴维·奥斯本,特德·盖布勒.改革政府:企业家精神如何改革着公共部门[M].周敦仁,等,译.上海:上海译文出版社,2006:131-135.

会选择政府提供的不同内容的产品、不同的机构和多样的方式。

（4）政府提供的公共产品、公共服务及其过程积极主动向社会和公民开放。

（5）坚持公民而非政府为部门绩效评价的主体：主动提供全面真实的信息,加强群众监督和舆论监督,绩效考核应该主要来自外部,来自其服务对象,而不是仅仅来自上级部门,唯有此才能真正为公民服务,实现对上负责与对公民负责的统一。

以上诸多要点落实到现实社会中,就是坚持公民本位,构建科学合理的程序,实现社会价值整合,以公共利益最大化的实现"获得群众的支持和对政权的忠诚,实现政府合法性应然和实然、事实与价值的统一"①。

毛泽东同志历来重视人民群众的主体地位和决定作用,他说:"人民,只有人民,才是创造世界历史的动力。"②在改革开放的进程中,邓小平同志提出将人民拥护不拥护、人民赞成不赞成、人民高兴不高兴、人民答应不答应作为想事情、做工作的根本的衡量尺度,江泽民同志更是将始终代表最广大人民的根本利益作为"三个代表"重要思想的核心内容,坚持将人民作为工作价值的最高裁决者。胡锦涛同志则将"以人为本"作为科学发展观的核心,牢固树立人民群众在发展中的主体地位,始终坚持尊重人、关心人、理解人、爱护人、解放人、发展人。在新的历史时期,习近平同志提出必须坚持"以人民为中心"的发展思想,把增进人民福祉、促进人的全面发展作为发展的出发点和落脚点,发展人民民主,维护社会公平正义,保障人民平等参与、平等发展权利,充分调动人民积极性、主动性、创造性。因此,党的历届中央领导集体都是以人民群众的根本利益为最高价值标准的。

网络打破了信息的垄断,使以权力体系和利益体系为经纬,以政府福利服务和经济繁荣为表征所筑起的社会治理方式危机日益凸显。在互联网上,政府不可能单向地进行选择、传送和灌输,没有过去意义上的被动的"受众",只有主动的参与者。在互联网上,大众话语呈现出多元化、世俗化、群体化,乃至进攻性的特征,特别是对政府表现出"空前的苛责"。精英想象和大众话语之间的张力,"繁荣"景象和"需求"窘境之间的张力,

---

① 刘亚亮,张学泽.公民本位:构建服务型政府的价值思考[J].行政论坛,2004(6).
② 《毛泽东选集》(第3卷)[M].北京:人民出版社,1991:1031.

利益诱导和利益补贴中的大众喧嚣,大众日常政治生活里的"理而不治",以及在"法不责众"的心态面前的制度失语或规则之治的软弱无力,都在敦促改革者必须重新思考大众的公民需求。

网络舆论背景下践行"公民本位"的治理理念,应从以下几方面入手:

一是问政于民。"知屋漏者在宇下,知政失者在草野"是最为形象通俗的描述。一方面可以增强政府的透明度,让公民了解政府解决问题的困难与决策的过程;另一方面可以使政府更好地理解公民的需求,按需提供公共服务,提升公民对政府的满意度和合法性认同,树立公民对政府的信任和支持。

二是决策于共。即公共政策制定一定要在公民的参与下,由政府和公民共同制定,而不是政府单方面的行为。美国学者罗伯特·登哈特认为:"今天政治社会中一个最重要的进步就是公共政策的形成机制中所发生的巨大变化,那就是由过去政府绝对主导决策变为企业、劳工组织、非营利组织、利益集团、政府部门和普通公众共同参与形成决策。"① 在新时期,集合于网络公共领域,在网络参与的基础上,政府管理者应该利用合法授权、平等对话和广泛认同等形式共同制定政策解决问题。

三是政务公开。美国前司法部长克拉克曾经说过,如果一个政府真是民有、民治、民享的政府,人民必须能够详细地知道政府的活动。这就是说,一个政府如果真是人民的政府,人民就有权利了解政府,因为知情权是现代公民权利的重要组成部分,也是政治民主的要件和标准。当然,知情权的落实不仅需要法律规定,更需要其他权利的保护,特别是完善的信息公开制度,如果缺乏信息公开法律,就不能有真正的知情权,即使有也不会落到实处。

三、从管制理念转向服务理念

(一)管制理念的弊端

政府的管制理念是指政府以维护国家的秩序和稳定为主要行政目

---

① [美]珍尼特·V.登哈特,罗伯特·B.登哈特.新公共服务:服务,而不是掌舵[M].丁煌,译.北京:中国人民大学出版社,2014:52.

标,凭借行政审批、行政强制等行政手段对社会事务实施全面管理的价值追求。在工业化社会及以前的社会形态中,政府依靠强制力、依靠垄断(特别是对信息的垄断),扮演着施令者、监督者、"大家长"的角色,也就是说,在履行社会管理职能时,政府的主要职责就是负责对人、财、物等资源进行分配,而不主要是为社会提供服务。

在管制理念的引领下,政府追求管理主体的便利性,而不是给被管理主体带来便捷性。虽然我国政府已经明确了服务型政府的建设目标,然而,政府的现实行为并没有完全摆脱管制理念的牵引,以户籍制度为基础的城乡二元结构和城乡差距产生了大量经济社会问题,中央与地方关系转型过程中出现了地方保护主义等。

(二)网络舆论对管制型政府理念的解构

当代西方著名的思想家福柯对"话语"和"权力"进行了专门研究。他曾说:"在每一个社会中,话语的生产是根据一定数量的程序而被控制、选择、组织和再分配的。这些程序的功能就在于消除话语的力量和危险,处理偶然事件,避开它沉重而恐怖的物质性。"[1]这就说明话语的产生和消亡是有一定的基础和条件的,而非简单的自我循环和运转。从源头上看,话语的特定社会的特定规范孕育话语,其根源是权力的运用(通过程序实现),由此可以说,"话语即权力",话语与权力的结合实际上构成了话语霸权。

以权力为主要控制手段的传统政府都必然采取各种手段控制、处理信息以实现话语霸权,诸如垄断社会主要信息资源、封锁负面信息、过滤社会信息等。与自上而下的垂直权力机构相比,媒介在营造政治气氛,维护政治环境方面的作用是不可或缺的。"对于媒介来说,出于自身存在和发展的考虑,无一例外地要竭尽全力地通过排斥和打压其他各类话语权力,来树立和维护其话语权威的地位。"[2]虽然政府还是试图采用集权控制管理模式,通过控制大众媒介来实现其控制和管理国家的目的,但在现代社会中,随着网络的飞速发展,相对于以往社会大众的"无语"状态,大

---

[1] 汪民安.福柯的界线[M].北京:中国社会科学出版社,2002:149.
[2] 刘毅.网络舆情研究概论[M].天津:天津人民出版社,2007:344.

众借助文字工具、通信设备,特别是网络平台表现出一种突发性的"喧嚣"。① 由于网络信息传播的无处不在与互动性,一方面,社会重新配置了话语权,使所有的主体都享有了平等的权利,有同样的条件表达诉求,能够发挥相同的影响;另一方面,通过网络散发和传播的舆论因其传播速度快、传播主体广、信息的可复制性、多平台性和可储存性,能够突破传统的政府话语霸权和传播方式的局限。

综上所述,网络舆论表达的兴起和发展,互联网协议的开放性和管理方式的离散性,成为政府管制的"克星",让政府开始丧失管制的权力和能力,出现了政府以服务理念取代管制理念的趋势。

(三)服务理念的塑造

1. 积极而非消极服务

服务理念强调以回应公民需求为导向,但并不意味着政府无所事事,并不意味着政府将完全受制于公民的服务需求,成为一个完全被动的服从者,形成所谓的"尾巴政府"。特别要指出的是,这里所说的"公民需求"和"公共利益"实质上是一个概念,恰如罗勃贝拉所言,"只有公民本身以独立之身份,在公共责任感指导下,参与讨论所得到之共识,方可称为公共利益"②,因而,公民的需求居于主导地位并不会导致服务型政府如救火队员似的围着个别或少数公民的需求转,因为公共利益是大多数人的共识。

我们所倡导的服务理念下的服务是积极的,其主要表现为如下两个方面:第一,为人民服务是政府的本职,这是政府对社会和公民的主动责任及应尽义务,而不是恩赐和帮忙;第二,政府在提供这种服务时,态度应该是积极主动的,而不是被动消极的。同时这种服务不是对社会功能缺陷的简单弥补,而是在互补基础上的超越和创新。当然,理论上阐述比较容易,与实际结合却有难度,讲服务就容易理解为跟从和服从社会;讲积极、主动又得指导、引导社会。③ 但也不是说完全没有可能,关键是要在理解真义的基

---

① 刘毅.网络舆情研究概论[M].天津:天津人民出版社,2007:344.

② Robert B.Denhardt,Janet Vinzant Denhardt, the New Public Service Serving Rather the Steering,in Public Administration Review,November/December 2000 Vol.60,6.

③ 刘熙瑞.切实加强积极服务型政府的研究和建设[J].新视野,2004(2).

础上树立新思路。

在治理公共事务的实践中,作为专业的公共管理者,相对于普通公众,政府及其公务员所具备的专业知识和管理经验以及对信息的掌握决定了他们拥有诸多优势,这些优势决定了他们在公共事务的管理中必然要发挥出他们的积极引导作用,将公民需求与现实条件,以及实现公民需求可能需要的成本等信息综合起来,在与公民进行广泛沟通、协商和妥协的基础上,将公民的需求转化为现实可行的制度和政策安排。在服务理念上,政府的这种引导作用不再是政府主导下的几乎等同于命令的强迫,而是以可行性和说服力赢得公众对他们的信任,进而对他们所倡导的制度和方案给予认同。因为"群众的意见一定不会都是正确的和成熟的"①,我们所要做的工作是整理素材、概括要点、分析观点、批判错误,而不是不分青红皂白地照单全收式的简单堆积,而且,这样的过程也不可避免地会发生错误和存在风险,最可靠的方法就是持续不断地立足群众生动活泼的实践活动,并与群众商量。

政府所面临的更加复杂多变的行政环境、公民对政府越来越高的要求、公民个体之间越来越多元化的需求差异都说明治理仍然需要政府的领导。但这种领导是服务理念指导下的一种新型的领导方式,其不再将领导者视为层级制官僚结构中的依赖权力指挥别人的某个具体的个人、集体或某个抽象的职位,而是发挥决策制定和执行进程中的各种作用,主要涉及的就是帮助多元主体确定目标和目标实现的方式。应该说,政府所掌握的专业管理知识、技能和信息都要求政府责无旁贷地负担起这种领导责任。如何在这种多元化的需求中确保公共利益的实现,不论在决策过程还是执行过程中,发挥引导、聚合和协调等作用的领导都将是不可或缺的。

2. 管制是间接服务

服务理念并不是只讲服务不要管制,也不是完全放弃公共权力之强制性特点。服务型政府提供的服务一般分为两类:一类是政府经常性地从正面为广大普通公民提供的大量常规性直接服务。另一类就是从反面管制不法分子的间接服务,因为其也是服务的一种手段,"服务型政府的

---

① 邓小平文选(第1卷)[M].北京:人民出版社,1994:218.

管制是为服务而管制,它把管制纳入了总体的服务之中"①。

服务型政府与管制型政府在目的上有本质区别。服务型政府的管制已不是政府施政的主要手段和目的,只是更好地为绝大多数公民提供服务的工具。只有当政府正常的服务被破坏时,政府才会对少数不法分子启动管制程序;而管制型政府的管制则是其施政的主要手段,目的在于将公民约束在管制者所规定的社会秩序内,而不致危及其统治地位,政府日常的主要行政工作就是对公民实现强制性的管制,服务则是其达到管制目的的工具,即为管制而管制。

服务型政府与管制型政府在依据上有本质区别。服务型政府的管制是一种受法律严格限制的行为,从管制的内容到程序都有明确的法律规定,公民对政府的管制行为可以做出明确的预期。而管制型政府的管制在管制依据、内容和程序等各方面都表现出一定的随意性,公民对政府的管制行为无法做出明确的预期。

服务型政府与管制型政府在管制行为的事后追究机制上存在差异。与服务型政府相比,管制型政府对此的设计和规定比较随意,或是没有专门的机制,即使有也不是非常明确,或者是即使比较明确,因程序的复杂而不方便操作。因此,一旦政府的管制行为侵犯了公民的合法权利,公民也一般不愿或没有精力和能力启动这种机制,从而使其形同虚设。公民对管制型政府的管制行为往往处于无能为力的状态之中。②

四、从效率理念转向责任理念

(一)效率政府理念的价值诉求

现代政府把市场竞争原则、激励机制引入非市场组织的政府机构,以提高政府的技术效率,进而提高政府机构的效率,强调效率和成本就成为主要的治理理念。具体而言,在公共部门权力分散化的基础上,各级政府部门内部建立起竞争激励机制,打破特定政府部门的独家垄断,实现公共产品和公共服务的生产权和提供权的多渠道,以竞争打破垄断带来的低

---

①② 刘熙瑞.服务型政府:经济全球化背景下中国政府改革的目标选择[J].中国行政管理,2002(7).

下效率,真正实现"择优上岗"。同时必须明确,这不是政府和市场的领域混淆和彼此取代,而是对政府事务科学分类基础的区别对待:政府职责范围外和能力所不及的领域和事务自然还是由市场负责,政府的本职工作和有能力解决的公共事务则引入市场的效率原则来处理。

特定的政府职能需要对应的政府结构,政府职能的科学转变需要也必然创造出更为合理的政府机构和管理体系。与社会主义市场经济背景下的效率政府对应的职责结构应该是功能齐全、结构合理、运作协调、灵活高效的。要建立起这样的政治组织架构,一方面,要坚持精简和效能为主导原则强化效率意识;一方面,以分工基础上的统一和协调保证效率,以系统论科学设计各个部门,科学设定党委、人大、政府、政协及职能部门的定位和权限,"协调好决策、管理、执行、监督和参谋咨询等部门的关系"[①],使得各部门独立运作,做到各司其职,同时又在公共权力的大系统内协同运作。

效率理念要求把政府的职能限制在宏观调控、市场监督、公共服务、社会管理、环境保护方面,把政府存在、运行和发展的根本宗旨明确为服务社会和公众,把政府的价值取向规定为培育成熟的市民社会,以推进权力向社会的回归为科学路径而建构起政府、市场和社会的良好关系。在社会分层日益加剧的时代,政府更容易受到强势阶层的影响,更倾向于对强势阶层负责,从而背离民主政治的基本平等精神。随着社会主义民主政治的不断进步以及社会主义和谐社会建设的全面启动,对政府治理的公共性提出了更高要求,实现、保护和促进公共利益更突出地成为政府的法理义务和政治使命。

(二)责任政府理念的时代意蕴

按照现代民主政治理论,国家权力的本源在于人民,人民与政府之间是一种委托—代理关系,政府接受人民的委托,行使公共权力,就要为社会提供公共产品和服务,并就服务质量对人民负责。因此,任何以民主为取向的国家和政府不可避免地要将责任作为重要原则和基本要素。

从字面意义看,政府责任就是政府义务的履行。中国人民大学张成福

---

① 赵勇.政府效率研究的一个视角:公共选择理论的政府效率观及其启示[J].前沿,2008(10).

教授高度关注政府责任课题,并从广义和狭义两个层面进行了准确界定,两者涉及的主体是一致的,差别更多的是责任的范围和作用方式。从法律层面界定狭义的政府责任的主要特征,也就是说国家机构及其工作人员在履行职责和法定义务时,违背了法律所承担的法律后果,在这个意义上,和所有其他社会组织和公民的责任是基本一致的,是一种消极的责任。而广义的政府责任更多的是积极的责任,是基于其特定角色和特殊资源的特别责任,是社会学意义上的责任,在内容上,既包括行政过程中的责任,还包括行政结果的责任,即既包括按照法律要求和行政规范正确地行事的责任(to do thing rightly),也包括在上述要求的基础上能否实现善治(to do right thing),促进国家进步,提升福祉,改善民生,保障民权,在某种意义上其等同于使命。① 本书亦是从广义的角度来理解政府责任的。

在传统公共行政模式下,政府的责任主要是通过政党政治的竞争性选举确立的政纲和口号确定的。一方面,这种责任有可能成为实现某种特定目的的手段而虚化、异化;一方面,这种责任是政党单方面向社会和民众承诺的,而不是与民众互动的结果,有明显的封闭性;一方面,这种责任是对整个社会运行和政治管理的目标确定,而不是直接针对特定公民的,呈现出间接和单一的特点。相比以往的政府责任,网络时代更强调直接回应和具体目标,同时也创造了各种条件,有利于政府责任的创新和升级。借助于现代网络技术,政府回应群众的能力进一步提升,政府的责任也更加清晰地呈现,同时,公众对政府的权力行使更加敏感,对政府是否履行职责更加关注,对政府履行责任的程度提出了更高的要求。②

因此,网络时代的政府责任必须是政治过程、政治结果、政治目标和政治动机的责任的统一,必然是间接和直接贯穿选举和执政各个阶段的责任。

根据民主政治的基本理念,既然公民是主权者,建立政府就是为了保障和维护公民的权利,那么,"对于政府及其官员行使权力和履行职责的情况,特别是当公民权益受到侵害的时候,公民就应该能够以主权者的姿态站出来,要求政府机构和工作人员,特别是涉事官员做出回应,主张、指

---

① 张成福.责任政府论[J].中国人民大学学报,2000(2).
② 杨国栋.论网络时代政府职能转变的十大取向[J].新疆社会科学(汉文版),2010(6).

控或者追究相关政府部门及当事官员的责任,并制裁和惩罚那些失责或卸责的行为"①。从内涵外延看,其涉及不同主体的两方面行为。面对政府及其工作人员在宏观调控、市场监督、公共服务、社会管理和环境保护五个方面履行职责的过程和结果,一方面,作为个体和集体的人民群众通过直接的或者间接的、激进的或温和的、体制内的或体制外的、群体的或个体的、法律的或政治的、传统的或现代的多种形式进行反映、评价、质疑、诉讼和抗议;一方面,作为责任方的政府和官员必须及时面对,对社会组织、群体和个人对其行为的批评和责任追究的要求做出详尽合理的解释,做出有说服力的辨别,得出有法律依据和道德意义的结论。互联网时代下的网络问责已经逐渐受到网民热捧,这主要缘于其匿名性、表达的自由性以及去权威化的存在,特别是可以通过"人肉搜索"、BBS公共空间发帖声讨以及网络博客等新兴媒介宣泄情绪。因之,网络问责将成为一种崭新且主要的问责方式。

作为民主政治时代的一种基本价值理念,责任政府理念强调公共行政对于公民的直接责任,包括以下四个具体而明确的要求:在内容上,政府责任是宽泛的,涉及政治、法律、道德、社会等多个领域;在前提上,政府责任首先强调政府作为特殊的掌握公权的社会主导机构能够积极地、高效地、科学地、合法地、持续地尽职尽责,并持续地关注民众需求,通过行动予以满足和实现;在机制上,政府责任应该包括规定机制、内外部的监督机制、预防机制、控制机制、追究机制和惩戒机制;当然,网络时代的责任政府治理理念应该具有更大的包容性,并主要依靠公民行动的力量推动发展,建立起公民与政府及其官员之间横向、直接的问责和回应关系。(其运行逻辑见图3.1)

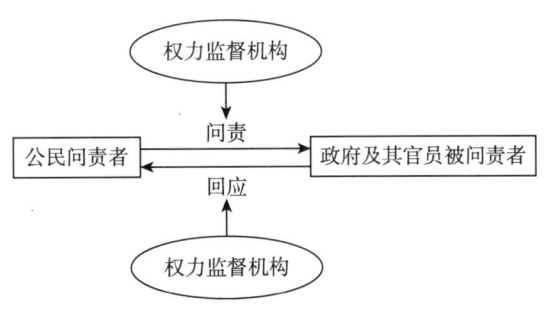

图3.1 责任政府理念的运行逻辑

---

① 韩志明.公民问责:概念建构、机制缺失和治理途径[J].探索,2010(1).

第四章 网络舆论背景下的中国政府治理模式

在全球化的今天,政府的作用没有减弱反而增强了,但研究的重心却发生了变化,即从政府规模的大小转向政府治理的效果,这也是政府及其工作人员和理论研究工作者的创新方向。在实践层面,有没有一种切合现有条件的高效率的现实安排和操作方法;在逻辑层面,在学科交叉融合的现实下,有没有一种新的治理模型,既能保证和满足公民的参与权利和需求,也能够维护政治系统的平衡和有效运转,又能够有效消除现有政治制度安排的缺陷,建立一个透明、责任、公平、有效的政府,从而实现人类善治和科学发展的目标?协商—参与的治理模式是实现良善的社会治理的必然选择。以之为背景和目标,网络舆论背景下的中国政府治理模式应该实现如下的双向互动:凭借国家提供的政治参与的法理基础和制度空间,网络舆论的新力量不断"激活"既有制度设计,从而有效参与治理;同时,国家通过各种渠道对网络舆论进行"吸纳",达成有序治理。

第一节 中国政府治理模式创新的理论基础

治理模式的创新需要以正确理论为指导才能逐步实现,马克思主义经典作家"人民参与"思想的论述、参与式治理理论、协商治理理论是构建全新治理模式的理论基础。

一、马克思主义经典作家的"人民参与"思想与参与式治理理论

(一) 马克思主义经典作家关于"人民参与"的主要论述

"马克思、恩格斯对资本主义民主的虚伪性进行了批判,在此基础上分析了社会主义政治参与的本质。资产阶级宣扬他们的民主是最广泛的民主,但实际上是用民主的口号掩盖少数人专政的本质。在资本主义国家,广大劳动人民参与政治的范围和程度是非常有限的,能够治理国家的都是统治阶级内的精英人士,而不是民众。"[①]从构成内容看,公民的政治参与权利是选举权和决策权的统一。在资本主义的政治实践中,民众的参政权利仅仅体现在拥有选举权,而不是民主本意上的决策权,而且即便是拥有选举权,也因为种种现实条件的制约而显得虚假,这正如马克思曾经深刻指出的那样,"被当作统治阶级手中的玩物,只是让人民每隔几年行使一次,来选举议会制下的阶级统治的工具"[②]。

在此基础上,马克思、恩格斯以全人类解放为指向创造出了以人民当家做主为本质和核心的社会主义民主。与包括资产阶级民主在内的以往一切阶级社会的民主相比,其具有以下特征:在主体数量上,它占社会成员的绝大多数,而不是像以往的少数人和小部分人;在民主实质上,它是真实的、全面的,而不是设置种种障碍的虚化权利;在民主形式上,是直接参与和代表制的统一;在民主效果上,是体现全体人民的意志而不只是少数特定阶级和阶层的要求。在马克思主义经典作家著作中,人民民主思想是始终的一贯的理想追求和制度规定,"不是国家制度创造人民,而是人民创造国家制度"[③]。

在标志科学社会主义诞生的《共产党宣言》中,马克思和恩格斯从国家形态的视角较充分地论述了无产阶级民主,强调国家的根本职能在于为社会服务。"工人革命的第一步就是使无产阶级上升为统治阶级,争得

---

① 赵纪梅.马克思恩格斯的政治参与思想及其当代意义[J].潍坊学院学报,2010(1).
② 马克思恩格斯选集(第3卷)[M].北京:人民出版社,1995:96.
③ 马克思恩格斯全集(第3卷)[M].北京:人民出版社,2002:40.

民主。"①在此基础上,在社会主义国家中通过人民参与管理和民主监督的途径和方式,体现人民的主体地位和作用,实现政府和人民的直接合作,即使在共产主义社会的第一阶段,管理也只能是为了人民和由人民自己来实现的管理,即"通过人民自己实现的人民管理制的发展方向"②。

在建立和建设社会主义的实践中,列宁在坚持社会主义的人民民主本质的同时,开始探索社会主义民主的多样实现形式,力求做到民主性质和民主形式的统一。正如《国家与革命》中主张的,以切合实际条件、符合本质规定、经实践检验效果良好的民主形式,"是为社会革命进行斗争的任务之一"③。但只以自上而下地代替人民的方式"实行民主,委托代表机构中的人民'代表'去实行民主是不够的。要立即建立民主,由群众自己从下面发挥主动性,有成效地参与全部国家生活"④。因此,在建设社会主义民主政治的实践中,创造出了普遍吸收所有的劳动者参与国家管理实践这一人民群众管理苏维埃国家的全新政治形式。与之同时,列宁还非常重视吸引合作社社员参与合作社治理以提高治理的民主程度,在理论上就是强调"社会主义社会就是一个统一的合作社"⑤、"合作社的发展也就等于社会主义的发展"⑥。列宁的"合作社"构想充分体现了合作社在推动社会主义民主发展过程中的重要推动作用,也揭示了高度发达的社会主义民主是合作制发展的必然要求。⑦

可见,马克思主义经典作家历来强调人民群众的"参与",通过人民群众参与行政管理、监督、协商、合作,实现政府与人民群众的共赢。

在新民主主义革命时期,在创造性运用马克思主义经典作家的相关思想的同时,毛泽东同志也充分肯定了群众参与的作用,他认为群众在决策中的参与,对政策及实施方法进行的批评,比参与选举领导的过程更为重要,而且"共产党这个同党外人士实现民主合作的原则,是固定不移的,

---

① 马克思恩格斯选集(第1卷)[M].北京:人民出版社,1995:293.
② 马克思恩格斯选集(第2卷)[M].北京:人民出版社,1972:382.
③ 列宁选集(第3卷)[M].北京:人民出版社,1995:181.
④ 列宁全集(第29卷)[M].北京:人民出版社,1985:270.
⑤ 列宁全集(第35卷)[M].北京:人民出版社,1985:201.
⑥ 列宁全集(第43卷)[M].北京:人民出版社,1987:367.
⑦ 庞超.参与式治理的基本理念与操作方式[J].重庆社会科学,2011(1).

是永远不变的"①。

(二)参与式治理的概念及特征

20世纪60年代以后,西方福利社会面临诸多困境,自由主义民主开始饱受质疑,代议制民主陷入尴尬境地。也正是在此时,为了解决"民主的赤字",阿诺德·考夫曼首次提出了"参与式民主"(participatory democracy)的概念,并将此理论广泛运用于微观领域的分析,比如学校、社区、工厂。卡罗尔·佩特曼教授进一步研究该课题,超越具体的单位和个体,在政治研究中开始考虑参与问题,并于1970年出版了相关专著。现有的政治分析框架和理论学说只是对政治设计及其运行规律的一般反映和解释,因此,"代议制"是部分而虚实一体的民主实现形式,其中内含的"精英"化趋势使其不能突出反映参与对于公民培养及社会建构的根本价值。② 与他差不多年代的罗伯特·达尔(Robert Dahl)基于美国政治运行的实际,综合考察不同群体、阶层、社群和利益集团在政治生活中的各自作用和相互作用,认为有无广泛、充分的参与是民主和专制的本质区别,民主是所有成年公民都可以广泛分享参与决策机会的政治体系,③并以之为基础,形成"多元民主"理论。

推动相关理论深入发展的研究者也包括卡尔·科恩(Carl Cohen)和本杰明·巴伯(Benjamin Barber)。前者创立了"公众参与"民主理论,从社会管理体制层面界定民主属性,与其他民主理论的最大区别就在于它特别强调社会决策过程中所有或绝大部分体制内成员以直接或间接的方式参与。④ 后者的代表理论是"强势民主"(strong democracy),在不回避政治国家和现实社会存在的各种各样矛盾和冲突的基础上,强调现有行政组织和组成人员的积极作用的前提下,进一步缩小其作用范围,不是在政治实践的全过程,而是在充分讨论的基础上发挥集中判断的作用,更多的时候应该借助社会共同体的自我协调和管理的能力,"主要通过公民参

---

① 毛泽东选集(第3卷)[M].北京:人民出版社,1991:809.
② [美]卡罗尔·佩特曼.参与和民主理论[M].陈尧,译.上海:上海人民出版社,2006:8-9.
③ [美]罗伯特·达尔.现代政治分析[M].王沪宁,译.上海:上海译文出版社,1987:21.
④ [美]卡尔·科恩.论民主[M].聂崇信,朱秀贤,译.北京:商务印书馆,1988:10.

与、公共商讨与公民教育等中介来转换政治冲突"[①]。

长久以来,"参与"一直是政治学研究的核心概念,政治参与也被视为政治民主的基本形式,公民政治参与的程度也被认为是政治民主化和社会现代化的重要指标。面对代议制政府出现的问题和"参与式民主"理论的兴起,很多学者开始思考政府如何才能更加高效地提供服务、如何更好地实施治理,其发展趋势就是实现"参与式民主"和治理理念的交叉和融合。作为新条件下民主理论新发展的参与式治理,产生于 1990 年后。在阿尔修·冯、赖特、海奈特等学者以及联合国国际劳工研究中心和 CIVICUS(公民参与世界联盟)等国际组织的推动下,参与式治理(Participatory Governance)迅速成为政治学和公共行政的一个研究热点。[②]

关于概念的全部内容,国内外学者尚未形成统一的权威性界定,但对其中的核心问题和基本要素已经有了基本认同。在参与式治理概念中,"参与"显然是对这个概念进行标识性理解的关键词。所谓参与(participation),就是让人们有能力去影响和参加那些影响他们生活的决策和行为,因而强调相关利益方的参与是参与式治理的核心和关键所在。[③] 社会公众要自觉自愿地参加社会中的各种活动或相关事务的管理,每个利益主体和成员真实、积极地阐述各自的主张和利益,主动自愿地参与各项社会事务,共同分担社会事务及责任,共同享受社会的发展成果,以和谐理念实现个人利益、集体利益和社会利益的协调共进。

综上所述,参与式治理具有如下特定规定:利益攸关的公民、社会组织、企业和政府是参与主体;特定的程式与制度是依据,互利合作是平台,积极而非消极、主动而非被动地是状态,有效合理地资源分配和政治决策是目的。[④] 它既要求管理主体从封闭转向开放包容,又强调社会公众要从被动的客体转变为参与的主体,通过不同载体和途径参与到决策和治

[①] B.Barber, Strong Democracy: Participatory Politics for a New Age, Berkeley, 1984:117 - 135.
[②] 赵光勇,陈邓海.国内"参与式治理"研究综述[J].中国劳动关系学院学报,2009(4).
[③] 路阳,庄虔友.参与式治理视角下的地方政府制度创新[J].云南社会科学,2011(3).
[④] 王锡锌,章永乐.我国行政决策模式之转型:从管理主义模式到参与式治理模式[J].法商研究,2010(5).

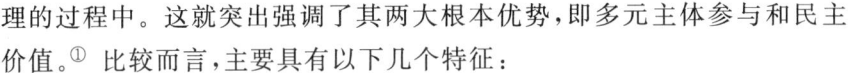

理的过程中。这就突出强调了其两大根本优势,即多元主体参与和民主价值。① 比较而言,主要具有以下几个特征:

1. 是一种特定形式的赋权

"参与"与"赋权"是其主体范畴,其中又以"赋权"为核心,可称其为"赋权式参与"。② 从字面意义看,就是把治理的权力授予、下放或扩散给更多相关的个人和集体,使更多的人有权力参与到决策中来,以主体的扩大性来提升治理效果,即"深化、拓宽普通公民有效参与和影响那些与他们直接相关的政策的途径"③。

2. 愈加强调"参与"的价值、意义和效度

在政治决策和制定公共政策及执行的过程中,主张所有的与政策相关的人员,特别是权利意识较弱和资源占有较少的特定群体能够克服过去间接和被动参与的不足,实现社会各大主体的多元参与、合作、协商。"既强调参与是目的与手段的统一、个体目的和社会利益的协调,也是个体的集体性存在与作用的形式,更是资源的整合和系统转型的过程。"④

3. 依赖于政府与公民的协调和配合,不是排斥式的相互替代,而是良性互动的合作关系⑤

斯蒂芬·弗里德曼重点分析了这种合作关系对政府的积极意义,主要体现在政府的合法性、支持度、发展目标的制定和执行等维度。⑥ 张康

---

① 赵灿.参与式治理:社会转型治理的新视域[J].长春市委党校学报,2011(6).
② 陈剩勇,赵光勇."参与式治理"研究述评[J].教学与研究,2009(8).
③ Archon Fung, Erik Olin Wright: Deepening Democracy: Institutional Innovations in Empowered Participatory Governance, New York:Verso,2003.
④ Beate · Kohler-Koch. Does Participatory Governance Hold its Promises?. CONNEX Final Conference Efficient and Democratic Governance in a Multi-Level Europe, Mannheim, March 6-8,2008.
⑤ Eran Vigoda. From Responsiveness to Collaboration Governance: Citizens, and the Next Generation of Public Administration. Public Administration Review, Vol 62, No.5,Sep/Oct,2002:527 – 540.
⑥ Steven Friedman.Participatory Governance and Citizen Action in Post-apartheid South Africa .International Institute for Labor Studies, Geneva, Discussed paper series No.164,4 – 8 2006.

之则认为,其实质就是政府和非政府部门的合作治理机制。[1]

4. 积极促使公民社会功用的发挥

因为组织科学、能力强大的公民社会是决定其成效的重要因素,因此必须吸引作为各种利益代表者的公民社会积极参与治理,以全面反映所有利益关系。改革开放以来,中国公民社会日渐成型,逐步改变了政府作为政治权力和政治权威唯一代表者的地位,王敬尧通过研究认为,"公民社会同样也是合法权利的来源,治理过程是民主行政的一种新的现实形式"[2]。

5. 是一种系统思维

它摆脱了在政治生活和社会治理中仅考虑政府作用的单一主体思维,而将其与营利部门、非营利部门、公民联结起来共同解决公共问题,从而形成一种建立在信任和规则基础上的相互依赖、持续互动、互利互惠、有着相当程度的自组织网络。利用参与式治理实践创造的多种机会,在公共生活和社会资本领域,"在社会地位接近和悬殊的不同主体之间构建'契约'网络和'桥梁'网络"[3]。

6. 强调主体的权责统一平衡

权利和义务的统一和对等是现代法律的共性规定,也是民主社会的普遍要求。作为国家的所有者和主人,利益主体有权利参与社会的各项事务,参与管理的各个阶段和全过程,实现自己的政治主张和利益要求,与之同时,必须履行主体角色的义务、承担管理过程中的各种责任和决策带来的所有后果。

二、协商治理理论

协商治理是协商民主的一种治理形式,两者存在着一定的联系。协商民主中的对话精神是协商治理的重要前提,协商治理的发展又拓宽了协商民主的范围,推动着协商民主的进步和发展。

---

[1] 张康之.论参与治理、社会自治与合作治理[J].行政论坛,2008(6).
[2] 王敬尧.参与式治理:中国社区建设实证研究[M].北京:中国社会科学出版社,2006:17.
[3] United Nations Publication, Participatory Governance and the Millennium Development Goals(MDGs), United Nations, New York, 2008.

(一)协商民主是协商治理的理论渊源

政治和公共事务管理以协商的方式进行,是人类政治生活和公共决策既古老又新颖的方式。据考证,西方最早的公共事务协商决策活动可以上溯到古希腊时期的雅典城邦民主活动,作为古希腊政治学的奠基人,亚里士多德也曾经明确指出:协商是公民公开辩论和商讨法律的过程。此后,中世纪的君主专制主义遮蔽了协商治理,及至近代,代议制民主的发育和发展,使得代议民主和票决民主成为民主政治和国家治理的主要形式,而协商治理逐步演化为代议民主和票决民主的补充形式。[1]

关于"协商",詹姆斯·D·费伦从过程的角度做出了这样的理解,异于普通的讨论和交流,它应该涵盖深入正式地权衡支持和反对行为过程的内部过程。[2] 有学者从结果的角度诠释,如充分交流的各种观点关系实际并常态化地、"潜在地促进偏好的变化"[3]。也有学者综合上述两种观点,形成如下认识:在过程方面,协商更多的是利益表达和斗争、观点交流和交锋;在结构上,就是通过理性、认真地思考和比较,接受合理的方案或综合各种现有方案,提出新的设想,并进而做出合理的选择。[4]

20 世纪 70 年代之后,西方自由代议制民主日趋完善,特别是选举权逐步突破了性别和种族的限制,在形式上实现了所有的公民都享有选举权,建立起了相应的制度,普选成为可能和现实。为了缓和矛盾,避免社会剧烈冲突和动乱,保持社会稳定,通过社会福利制度、社会保障制度和社会调节制度基本上暂时大大减少了阶级对抗和社会群体事件。科技革命使得近几十年来的资本主义发达国家的工业化速度大为加快,西方国家迅速进入后工业化时代。在社会结构领域突出地表现为社会更加扁平化、自由化、个体化、数字化、多样化,由对抗型社会逐步转变为复杂的多

---

[1] 王浦劬.中国的协商治理与人权实现[J].北京大学学报(哲学社会科学版),2012(6).
[2] Jon Elster Edited, Deliberative Democracy, Cambrige University Press, 1998:63.
[3] Maeve Cooke, Five Arguments for Deliberative Democracy, Political Studies, 2000, Vol.48, 947 – 969.
[4] 高建,佟德志.协商民主[M].天津:天津人民出版社,2010:86.

元型社会。综合考察各种主客观条件、反复比较所有利害得失,在体制的"边缘"或"外围"地带采取非对抗的方式①成为最佳选择,即不希冀彻底改变现有制度体系,而只希求现代政治的价值旗帜和总体布局下寻求新的生长点和新空间。

作为一种新型的民主模式,协商民主的实践形式是多样的,存在的层次与领域也是多样的。其一,协商民主是一种决策形式。例如,戴维·米勒认为,只有具备以下要件的形式才是协商民主:形式公开、全体参与者和相反相成的观点并存。② 也就是说,能够接纳每一个政策相关者参与,能够在权利真实平等和程序科学合理的前提下,在公共场合进行充分的、公开的、自由的信息交流和观点交锋,在此基础上理性深入地理解各种观点的合理性和缺陷及不足,最后的决策结果不是单一的观点采纳,而是各种方案的全综合和再创新。其二,协商民主是一种民主治理形式。不同于传统社会的大一统,越发细致的分化和多样化的生产生活方式产生了多元文化,多元文化产生的最大危险就是公民的分裂与对立。在这样的背景下,社会的治理形式必须坚持公共利益至上的原则,兼顾所有主体的合理关切,约束和限制影响社会整体的极端诉求,在相互理解和认同的理性基础上制定公共政策,而"协商民主能成功回应文化间对话与多元文化社会理解的一些核心问题"③。其三,协商民主是一种团体组织和政府形式。科恩认为,协商民主是一种事务受其成员的公共协商所支配的共同体。毕塞特则认为,协商民主体现为美国建国者设计的代议民主体制,因为美国的政府体制就是基于人民主权原则而建立的,是既尊重多数又保护少数的政府。

概括而言,基于发达资本主义国家的政治现实,协商民主是自由民主发展到特定阶段的产物,是借鉴自由主义和批判理论的优势并超越传统

---

① Benhabib, S., ed. Democracy and Difference: Contesting the Boundaries of the Political. Princeton, NJ: Princeton University Press,1996:56,57,77.

② David Miller,"Is Deliberative Democracy Unfair to Disadvantaged Groups?" ed.by Maurizio Passerin d'entreves ,Democracy as Public Deliberation: New Perspectives, Manchester University Press,2002:201.

③ Jorge M. Valadez, Deliberative Democracy, Political Legitimacy, and Self-Democracy in Multicultural Societies, USA Westview Press, 2001:30.

民主模式的治理范式创新。作为一种治理形式,协商民主的实质是以理性为基础,以真理为目标,在公共利益的基础上,通过以理性的公开审议过程为指导的公共协商,平等、自由的公民提出各种相关理由,影响并说服他人,或转换自身偏好,赋予立法及决策以政治合法性。

中国的民主政治建设在吸取人类先进政治文明成果的前提下,存在着如何对待本土政治资源,并在各种外来理论的比较和启发下对其进行总结和创造的问题。

中国民主政治制度的协商元素与西方协商民主中的协商成分既有一定的耦合,但我们也必须清醒地认识到:第一,协商民主是基于西方政治体制的回顾而进行的描述与反思,是对西方现有政治体制的完善与超越。必须注意其根植于当代西方发达资本主义国家的政治传统与现实的重要实际。第二,在理论与体制现实中,不能陷入选举与协商对话非此即彼的二元思维,协商民主的内在要素既包括理性表达、参与对话,也包括选举、权力制衡等。第三,中国的政治发展,政府治理可以借鉴协商民主的理论价值,但绝对不能照搬照抄。

(二)协商治理是对协商民主理念与方法的实践

"协商民主"理论和"治理"理论的有机结合产生了协商治理,其既存在于政治民主化程度较高的发达国家,[①]也是部分民主政治成熟度不高的发展中国家的政治实践,"如当代东亚一些较为温和的威权主义国家、半民主国家和民主转型中的国家"[②]。在这类国家中,选举、分权、监督、民权等民主形式和要素已有雏形并初见成效,与之同时,在国家政治生活中,以国家元首和政府首脑为代表人物的国家权力仍然发挥着至关重要的作用,以道德传统和人身依附关系为主要内容的"潜规则"仍然起着重要调节作用。这两种矛盾状态的出现造成了这些国家政治运行的不确定,因而,来自不同行动者的协商治理对这些国家的民主政治建设发挥了重要作用。

[①] 当代协商民主出现于20世纪80年代后工业时代的西方国家,是西方竞争性民主的一种修正,笔者认为,这种协商民主是作为一种成熟形态的民主的一种修正。即在原来西方竞争性民主基础上,通过对更多群体的开放,对话协商,以弥补西方民主政治中存在的问题和矛盾。

[②] 常士訚.协商治理与民主建设:以东亚国家民主巩固为背景[J].晋阳学刊,2013(1).

协商治理是以公民理性参与为民主基础的新型治理,与以往的治理范式具有本质上的差异。①(见表 4.1)

表 4.1 相关范式差异比较

	传统公共行政	新公共管理	新公共服务	协商治理
治理理念	科学管理 政治行政二分	政府再造	公民权 公共服务伦理	更合理的民主治理 公民参与
治理价值	行政效率	政府的回应性 公共服务效率	公共责任	民主的真实性 更合理的公共理性 政策输出合法性
治理路径	行政执行 官僚组织	政府与市场分权 政府流程再造 市场化	政府、NGO 与私人联盟 政府公共精神的培养	公民赋权 公共协商
公民参与的地位	被隔离	公共服务的消费者 公共服务的评判者	对公民参与抱有希望	公民真正进入决策
民主治理	否	否	介于二者之间	是

综合现有的各种认识,协商治理是指在国家和社会治理过程中,采用协商方式对于政治组织之间、政府与公民之间、公民与公民之间关系进行调适,达成国是商定、政策决定、事务解决、矛盾化解、权利保障和利益实现的活动和机制。总体而论,协商治理突出了治理的民主价值,是代表发展方向的全球性重大变革。在当今世界,任何国家都不可避免地处于以民主化治理为目标的重大变革过程中。发达资本主义国家,正通过推进和强化协商民主的进程的方式,努力创新民主的理想和实践。而对于那些亚洲国家,伟大的民主实验还是一个相对新生的事物。②

---

① 张敏.协商治理及其当前实践:内容、形式与未来展望[J].南京社会科学,2012(12).
② [美]全钟燮.公共行政的社会建构:解释与批判[M].孙柏瑛,等,译.北京:北京大学出版社,2008:29.

第二节 中国政府"协商—参与"治理模式的可行性分析

"协商—参与"治理模式是一种覆盖国家政治过程、公共领域、基层政治的治理模式,在以上三个基本领域,自由、平等的公民能真实表达自身偏好,根据共同的价值取向,形成基本共识,最终有利于合法决策的实现。在公民有序参与政治的过程中,形成一种基于尊重的对话、协商、寻求共识的治理,一种诉诸共同利益的合作治理。公民与政府之间的平等对话是核心,它不仅提供了公民与政府官员可以在日常活动和统治决策过程而不仅仅是危机和僵局时合作的途径,而且还会转变公民和官员参与政治实践的方式。对于公共事务的治理,中央或地方政府不再是独占行动者,包括私营部门、非营利组织、大众传媒、公民运动者都是协商对话的重要参与者。他们通过跨层次协商将利益表达通过政治系统转换为民主输出,通过参与嵌入治理过程,从而形成合法性回馈。其平等地位有助于打破长期存在的政策僵局,并有助于促进相关政策的变革。中国的经济、政治、文化、社会、科技等现实基础以及参与式治理、协商治理的成功实践使这一治理模式成为可能。

一、中国政府"协商—参与"治理模式的现实基础

中国政府"协商—参与"治理模式的存在和发展具有一定的经济、政治、文化、社会、科技等现实基础。

以公有制为主体、多种所有制经济共同发展的社会主义初级阶段基本经济制度和社会主义市场经济体制是"协商—参与"治理模式的经济基础,它不仅为民众政治的发展创造了相应的物质条件,而且促进了社会主义民主政治的进一步发展,各种经济实体具备了平等的权利和机会去表达自身利益要求,通过各种合法途径参与政治。这是恩格斯所强调的"经济事实至少在现代世界中是一个决定性的历史力量"的真实再现和创造性运用。

现代社会结构中的多元利益分化,使"协商—治理"模式的社会基础不断扩大。随着改革开放的逐步深入,社会组织形式、社会生活方式和价值观念呈现多样化的发展趋势,公民追求和增进合法合理的利益具有了前所未有的广阔空间。

公民和社会拥有广泛的社会资源,促使"协商—治理"模式发展的体制资源不断增长。大量民间组织不断涌现,以运作灵活、信息灵通、人才和智力密集的特点起到了沟通国家与社会的作用。协商意味着公民民主参与政治的形式日渐多样化,公民可以根据自己的利益诉求、利益性质和利益程度选择不同的参与渠道,采取不同的方式实现利益表达。

政治文化传统为"协商—参与"治理模式的确立提供了良好的文化背景。梁漱溟就曾提出,"中国文化是以意欲自为调和持中,为其根本精神"。中国的政治社会强调共济、协调、互补,和谐共事。中国哲学奉行"和"、"中"的思维,体现在政治价值观念上就是重和谐、贵合一、和为贵。

网络舆论为"协商—参与"治理注入了强劲的活力与动力。科技和信息网络的迅猛发展为"协商—参与"治理模式的发展奠定了技术支持。网络的出现及发展,拓宽了政治信息输入和输出的渠道,为公民的各项参与创造了焕然一新的思维方式、行为模式和快速便捷的信息通道,有助于群众关注和评价政府行为,便于公民迅速接触政府的大政方针和政治制度的运行规则,便于民众和政府相关部门进行面对面的接触,特别是了解咨询事务和表达利益要求,从而实现身份的转换,即从被动的接受者变化为平等的对话人,公民与国家之间的关系以及民主流程发生了重大变化,政府把越来越多的决策制定权转移到基层人员受众,赋予基层和个体更多的民主。

二、参与式治理在中国的实践

(一)中国共产党和政府对参与式治理的重视与认可

参与式治理模式具有重大的推广价值。参与式治理模式借鉴了西方先进的治理经验和理论,是对传统政府管理模式的超越,它有利于政府决策流程和效果的优化;有利于政府职能转变,重塑政府与公民关系,构建政府与公民的合作治理网络;通过培育公民社会,增强其自治能力,从而在政府与社会之间进行权力划分。① 参与式治理以全新的理念、方式和途径,调解矛盾冲突,协调社会秩序稳定和持续发展,必然成为中国发展民主和政治改革的稳健的引导力量。因为它不仅符合世界潮流,更因为它应时而生,适应中国的土壤。

近几年,中国理论界对于参与式民主也开始了比较系统的研究,"公众参与"逐渐由边缘话语走向公共议论舞台的中心。党的十六大报告指出:"健全民主制度,丰富民主形式,扩大公民有序的政治参与,保证人民依法实行民主选举、民主决策、民主管理和民主监督,享有广泛的权利和自由。"②2007年由胡锦涛同志代表中国共产党所做的第十七次全国代表大会的政治报告又指出:"增强决策透明度和公众参与度,制定与群众利益密切相关的法律法规和公共政策原则上要公开听取意见。"③在全国人大第十届委员会第二次全体会议上,温家宝同志在工作汇报中又重点强调:"坚持科学民主决策。要进一步完善公众参与、专家论证和政府决策相结合的决策机制,保证决策的科学性和正确性。加快建立和完善重大问题集体决策制度、专家咨询制度、社会公示和社会听证制度、决策责任制度。所有重大决策,都要在深入调查研究、广泛听取意见、进行充分认证的基础上,由集体讨论决定。这要作为政府的一项基本工作制度,长期坚持下去。"④

(二) 参与式治理的丰富形式克服了中国治道与治术的断裂

我国传统治道的规范诉求蕴含着对"民意与舆论"的重视,然而在具体的治术实践层面上,却仅仅是一种劝诫和呼吁。在笔者看来,其主要原因就是传统政治模式的非公开性和非平等性,是否咨询民众、是否接受民主的意见和建议并不是一个必然的要求,而是传统统治者的道德姿态和政治自觉。改革开放以来,我国确立了社会主义市场经济并不断完善,

---

① 赵光勇,张领.参与式治理与地方政府改革[J].中国石油大学学报(社会科学版),2010(5).
② 江泽民.江泽民文选(第3卷)[M].北京:人民出版社,2006:574.
③ 高举中国特色社会主义伟大旗帜 为夺取全面建设小康社会新胜利而奋斗 在中国共产党第十七次全国代表大会上的报告[M].北京:人民出版社,2007:29.
④ 中共中央文献研究室.十六大以来重要文献选编(上)[M].北京:中央文献出版社,2005:844.

"四个多样化"的逐步定型、信息沟通的便捷,促使所有的政治主体深刻意识到了原有的封闭式管理模式的缺陷。

在实践中,各种形式的公众参与已经成为中国公共生活领域中的一道风景。社会转型所带来的社会结构的变迁、权利时代公众主体意识的觉醒、现代社会对公共生活的"公共性"吁求,都从自上而下和自下而上两个方面推动了公众参与的兴起。随着中国行政管理体制改革的纵深推进,新时期的政府更加关注民主行政,不论是在公共决策领域,还是在公共事务的管理过程中,政府都倾向在公共治理过程中融入更多的公民参与。浙江省温岭市新河镇在民主参与实践中不断深化,将群众的监督由政治层面引到政府预算的决策和监督,这是面对新问题而摸索出的新型治理模式。① 新河镇的"参与式预算"改革是在财政领域将"民主恳谈"制度与人大制度相结合的探索,试图通过人大制度强化公民在财政预算中的决策权和监督权,促进公众通过人大代表参与对财政预算的审查和监督。② 湖南省长沙县与北京大学公众参与研究与支持中心合作开展的"长沙县开放型政府"综合试点,经过研究得出结论:"开放型政府"制度创新的两个核心就是"信息公开"和"公众参与"。③

综上所述,参与不仅使民主制度成为可能,而且更重要的是,通过参与过程可以推动个人进行负责任的社会行动和政治行动,维持了民主制度的运行,使制度获得一种"自我维持的能力",催生了多元治理细胞的发育。

三、协商治理在中国的实践

如前所述,协商治理正在成长为一种具有全球意义的治理范式,为公共治理增添了重要的新的路径选择,而且也将成为一种具有重要影响的公共治理类型。当协商民主进入治理的语境时,作为一种技术和手段,其可以脱离民主的制度规定而成为一种相对中立和具有普遍性的治理设

---

① 李凡.温岭试验与中国地方政府公共预算改革[M].北京:知识产权出版社,2009:75.
② 周红云.社会资本与社会治理:政府与公民社会的合作伙伴关系[M].北京:中国社会出版社,2010:227.
③ 路阳,庄虔友.参与式治理视角下的地方政府制度创新[J].云南社会科学,2011(3).

计,从而为不同的国家所借鉴、模仿甚至移植。①

党的十八大报告指出:"要健全社会主义协商民主制度。完善协商民主制度和工作机制,推进协商民主广泛、多层、制度化发展。"②必须明确,我国的协商民主与西方所谓的协商民主在内容、实质、范围和机制等各方面都差距甚大,但两者必有共性,可以互相借鉴和学习。应该深入研究西方的协商民主,以其合理性和共通性完善我国的协商民主。③

对于理论与实践范式革新的协商治理,我们既要关注协商治理的内容、性质、发展与问题,也要关注协商治理在我国的应用与发展,认识其对于我国治理创新乃至民主政治发展的重要意义,从而为我国的公共治理与民主政治发展寻找并选择可行的路径。

中国的协商治理从基本政治制度到政治体制和运行机制方面都体现出多层次、多方面的政治关系,包括国家内部关系、国家与社会的关系、社会内部的关系。从国家宏观层面看,中国的协商治理遵行党的领导、人民当家做主和依法治国有机结合的中国特色社会主义民主政治发展战略,坚持党领导人民有效治理国家的科学、民主和法治取向,吸纳融通人民民主与人民共和的多种机制要素,凝聚复合成为自身独具的基本特点。④从微观层面看,基层民主与社会自治制度是协商治理展开的重要社会基础,基层社会成员通过基层自治实现自我管理、自我教育和自我服务,有效实现了公民权利的行使和人权的保障。

在我国政治实践中,协商治理既广泛存在和运行于政府管理与社会自治的各自领域,提升着国家和社会治理的绩效,也广泛存在和运行于政府管理与社会自治之间,以协商对话的方式和机制,沟通政府权威机制与社会自治机制,协调公共权力与公民权利之间的关系,协同基层各类组织,承担政府公共管理和服务与公民自我管理和服务双边结合的功能。政府公共权力与公民权利之间的这种合作关系,既是协商治理体制机制得以建构和运行的前提,也是协商治理运行和作用的结果。

---

① 张敏.协商治理及其当前实践:内容、形式与未来展望[J].南京社会科学,2012(12).
② 胡锦涛.坚定不移沿着中国特色社会主义道路前进 为全面建成小康社会而奋斗 在中国共产党第十八次全国代表大会上的报告[M].北京:人民出版社,2012:26.
③ 张敏.协商治理及其当前实践:内容、形式与未来展望[J].南京社会科学,2012(12).
④ 王浦劬.中国协商治理的基本特点[J].求是,2013(10).

与此同时,我国的协商治理具有巨大的包容性。在内容上,它包容政务协商、事务协商和社会自治;在参与主体上,它最大限度地包容热爱祖国、参与国家建设和公共治理的组织、团体和公民;在意见表达和协商对话中,它包容广泛涉及国是商定、政策决定、事务解决、矛盾化解、权利保障和利益实现的各种要求和看法;在层级上,它广泛包容多层级、多界别的协商。①

四、参与式治理和协商治理的衔接与互补

作为现代民主政治发展的两大主要理论流派,除去形成背景、思想观点和实践条件,参与民主和协商民主虽然有诸多内在与表面联系,但在参与层面和涉及问题层面却有两大原则分歧,必须保持合理的张力,一是广度与质量;二是广泛性与专注性。② 对应于上述分歧,参与式治理与协商治理也同样存在诸多区别。参与式治理更倾向于实现根本性的变革,参与方式直接,参与主体多元,弥补代议制民主缺陷的同时更影响权力运行、利益分配、文化认同等其他议题。对比而言,协商治理的现实操作较为温和,重在调和社会内部利益矛盾,所达到的效果是填补代议制民主无法或不愿发挥作用领域的空白,并非完全取代代议制民主,参与方式间接,参与主体有限。

作为近代民主政治象征性标志的代议制民主仍然是当代民主政治的基石,力图迅速改变和取代它的其他方案和实践运动效果不佳,因此,在协商与参与之间寻找联系、平衡需求,实现有机结合是现有约束条件下的最为现实的选择。目前而言,消解两者张力的路径和方法主要有两种:一是协商性参与(Deliberative Participation),就是以协商充实和提升各种形式的参与;二是参与性协商(Participatory Deliberation),也就是以多样的参与扩大和深化协商。

第一种路径的概况如下:数量庞大、彼此相通的社会组织凭借政治自由、多样式却各自运作的现代媒介、互动且不隶属的公民组织以及政党或

---

① 王浦劬.中国协商治理的基本特点[J].求是,2013(10).
② 郑慧.参与民主与协商民主之辨[J].华中师范大学学报(人文社会科学版),2012(6).

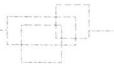

者国家对协商的支持在体制外的"非正式公共领域"的活动。①

开放而相对独立的公共领域中的协商因较少受到国家权力、利益集团以及外在因素的干预而具有诸多优势,诸如最为广大的主体可以在公民基本权利的保障下参与,在讨论过程中可以随时根据社会现实的需要选择热点与焦点问题进行讨论而不受制于固定的议程,各个主体可以依据事件本身的是非曲直和自己的利益与知识价值进行不受干预的判断。当然,也可能存在如下主要不足:"议题的过于宽泛可能影响其深度而使协商浮于现象层面,协商领域的非正式性造成了权力机构和政府机关的距离,不总协调一致的关系会消解政治影响力和政策相关性。"②

与之相对,第二种路径的最大特点是规范性和正式性。公民凭借自己的整体知识和综合素质,依据体制内的制度性支持,采用时代最为先进的传播工具和媒介手段,如问卷、广告、网络、微信,利用各种形式,吸引尽可能多的主体关注公共议题,特别是与其息息相关、容易引起参与兴趣的地方性公共事务,进而带来政策制定的新视角、方法及观点。正规性、高效性是其优势,但局限于参与场所而产生的参与主体偏少,政策制定者和讨论主体的信息、能力、目的和权力的不对等性也使参与容易被操纵而影响其他群体的利益,因而不可避免地存在排斥非协商参与者的利益诉求的倾向。③

无论是参与式治理还是协商治理都覆盖了国家政治过程、公共领域、基层政治这三个基本领域,单纯地探讨两者在其中某一个领域的融合无疑会以偏概全。因此,参与式治理和协商治理的相互结合、补充需要完善各领域的基础制度和支持机制,探究两者在上述三个基本领域的全面对接问题。这已经成为众多学者的研究重心,并产生了相关成果。哈贝马斯设计出一种整合公共领域协商与国家政治协商的"双轨"机制,正式决

---

① J Cohen, A Fung, "Radical Democracy", Swiss Journal of Political Science, 2004.

② B. Arckerman and J. Fishkin, Deliberative Day, New Haven: Yale University Press, 2004:289 – 301.

③ 郑慧.参与民主与协商民主之辨[J].华中师范大学学报(人文社会科学版),2012(6).

策领域的协商程序与由意见组成的非正式程序相互补充。① 有学者提出借助于现代传媒,将一定范围内的协商扩散到更广大范围、吸引更多的主体参与,从而演化为全领域的协商;还有学者提出"协商日"的设想,其实质就是协商成果的制度化,目的是形成有水平、高质量协商的公民社会和重视并高效解决公共事务的政治阶层。②

笔者认为,任何一种治理模式都必须考虑其必然和实然。传统的政府治理模式和政治运作,总有相对固定的空间作为场所,但互联网时代的政府治理模式则日益出现虚拟化的特征。当然,作为社会进步的重要力量,网络舆论不是虚拟的,更不是隐形的,至少是一支汇聚各阶层、群别的独立力量,通过信息、意见的传播,聚焦公众的注意力,影响社会舆论。作为非中心化的传播系统,互联网上没有权威,作为现实的重要部分,其必然对现有的治理模式形成正面的影响。实质上让每一个人在公共空间里都平等化的互联网的秩序特征开始冲破传统治理方式中的社会地位、职业等社会秩序结构,而话语权上的对等又助推了民主和平等的社会结构的塑造。在这一结构中,任何人都不例外,事情只能讨论、协商,其他手段都无济于事。这样的潜移默化的形式,尽管作用有限,但凡顺应历史潮流者都会参与其中,并影响其政治判断和政治选择,进而推动社会发展进程。

由此可见,不管是上述的"参与性协商"还是"协商性参与",都不足以全面概括网络舆论背景下的中国政府治理模式。政府治理既需要技术支持,更需要对网络参与的吸纳以及制度供给、控制和规范,虽然参与式治理和协商治理的融合尚缺乏具体的实证研究,但可以预见的是,理论和实践的共同推动必将使"协商—参与"治理模式成为一种现实的可能,成为网络舆论背景下中国政府治理模式创新的重要借鉴。

---

① [南非]登特里维斯.作为公共协商的民主:新的视角[M].王英津,等,译.北京:中央编译出版社,2006:11.
② [英]戴维·赫尔德.民主的模式[M].北京:中央编译出版社,1998:284.

第三节 网络舆论背景下"协商—参与"治理模式的基础条件

按照发展程度,"协商—参与"治理模式可以分为三个不同阶段,分别是公民被动参与的初级阶段,公民主动参与的中级阶段,合作治理的高级阶段。依据美国学者谢尔·阿恩斯坦(Sherr Arnstein)的"公民参与阶梯论",我国的公民参与总体上处于第二阶段,即"象征性参与形式"[①],公众学会参与和自主管理,建立公民意识,政府与公众制度化的互动关系也逐渐形成。[②] 虽然这一阶段公众参与的渠道、规模和范围等很大程度上是受控的,对政府治理的价值还未充分展示出来,但毕竟公众参与已经比较广泛地引入到政府治理过程的各个主要环节当中。[③] 结合这一实际,推进中国政府"协商—参与"治理,不能好高骛远,必须量力而行,通过培育"协商—参与"治理中的共识精神、构建"协商—参与"的合法性基础、加快"协商—参与"多元治理主体的成长、形塑"协商—参与"治理的伦理精神这些基础条件的创造,由低级向高级逐步提高和渐进发展。

[①] 美国学者谢尔·阿恩斯坦(Sherr Arnstein)根据政治体制演进和公民参与自主性的关系提出了"公民参与阶梯论"(ladder of citizen participation)。阿恩斯坦认为,公众参与从低到高,从不成熟到成熟的发展经历8个层次,并划分为三大阶段。第一个阶段包括政府操纵和教育性治疗,被称为"非实质性参与形式"。这一阶段公众实际参与程度很低。第二个阶段包括给予信息、政策咨询、安抚3个阶梯,被称为"象征性参与形式"。这个过程公众学会参与和自主管理,建立公民意识,政府与公众制度化的互动关系也逐渐形成。第三个阶段包括合作伙伴关系、授予权力和公民自主控制3个阶梯,被称为"完全型公民参与形式"。在这个阶段,公民享有合法的实体性权力与程序权力,他们以积极的公民角色,参与公共政策的制定和执行,自主治理公共事务。

[②] 孙柏瑛.当代地方治理:面向21世纪的挑战[M].北京:中国人民大学出版社,2004:227-229.

[③] 路阳,庄虔友.参与式治理视角下的地方政府制度创新[J].云南社会科学,2011(3).

一、培育"协商—参与"治理中的共识精神

共识原本指主体间理解的协调、通约和一致。"达成共识"即指达成理解的一致意见。在"协商—参与"模式中,共识是形成合法决策的基础。但是在现实中,全体公民不可能在相同或所有理由上保持共识,因此"多元一致"(博曼,1996)可以用来描述协商的必然要求,即"在相同的公共协商过程中公民能够持续合作与妥协"[①]。当不同团体的人们利用协商对话考虑关于公共问题的各种观点时,他们就能够完善公共判断,并能够形成实现有效公共政策和持续性共同体行动的共同基础。共识是一种更成熟的、经过深思熟虑的舆论。

首先,实现"协商—参与"主体的理性妥协。协商过程中的参与是一个不同利益群体间相互博弈,通过利益妥协和利益交换寻找利益平衡点的过程,而"政治参与不可避免地引起社会冲突的产生与调和诸问题"[②]。在一个缺乏政治宽容、绝禁妥协、崇尚以无休止的斗争来解决冲突的社会里,是难以形成维持稳定的内聚力的。正如林德布洛姆研究得出的结论,在公民参与决策的过程中,成员的妥协与否及程度与决策的速度和效果是存在一定的内在关系的。[③] 在"协商—参与"治理模式的框架中,"公共理性"是"协商—参与"的基础,之所以称其为公共的,是由以下三个因素决定的:"第一,作为自身的理性,它是公共的理性;第二,它的目标是公共的善和根本性的正义;第三,它的本性和内容是公共的,这一点由社会政治正义观念表达的理想和原则所给定的。"[④]这就要求"协商—参与"主体坚持现代民主政治的基本价值理念,即自由、民主、参与、公平、正义和共同的善,并向社会群体传播力图在此基础上建立社会共识,使包括公共决策在内的一切政治活动实践中演绎和展现这些价值理性。因此,需要通过不断强化公共理性,使"协商—参与"主体科学认识到在公共领域和政

---

① James Bohman,"Public Deliberation and Cultural Pluralism", in Public Deliberation: Pluralism, Complexity and Democracy, The MIT Press, Cambridge, Massachusetts, London, England,1996:89.
② [美]格林斯坦,波尔斯比.政治学手册精选(下)[M].北京:商务印书馆,1996:299.
③ [美]查尔斯·林德布洛姆.决策过程[M].上海:上海译文出版社,1988:89.
④ [美]约翰·罗尔斯.政治自由主义[M].万俊人,译.南京:译林出版社,2000:75.

治生活中,自身利益与他人利益和集体利益的关系不是非此即彼的对立排他关系,而是对立统一的辩证关系,不是独占而是在特定规则内的妥协共存、协调兼顾、共享和分享,从而达到共赢的理想状态。

其次,促使"协商—参与"主体自觉表达偏好以及转换偏好。一方面,协商过程的参与者应该提供理由说服所有其他参与者,而且这种说服不是强制的,不是依靠暴力的。一方面,参与者都应该对他人的理由和观点做出回应。参与者的积极回应意味着弱者的各种观点会受到同样重视,即使弱者本身无法赋予自己的观点和理由以权威。一方面,参与者在倾听、衡量各种不同的观点和理由后,基于公共利益的考虑,愿意修正各种建议以实现共同接受的一致性。在"协商—参与"过程中发挥作用的不是讨价还价的权力,而是提出更好观点的力量,这就体现了"协商—参与"的平等性。

二、构建"协商—参与"治理模式的合法性基础

合法政府应该体现"人民意志",这种观念代表着最为朴素的民主理念,网络舆论背景下的"协商—参与"治理的合法性基础是如何构建的呢?

首先,保证协商过程及结果出于参与者意愿。民主协商的基本合法性在于个体公民有效参与,而有效参与则需要根据公民的认知能力而定。

在网络舆论背景下,政府应将网民转变为民主体制内充分行使政治权利的公民,并重点围绕以下方面提升公民的参与意愿:

1. 加强以人民主权观念为核心的公民权责教育

中国民主政治的发展和法制建设日渐完备,公民的权利得到了切实维护,整个社会的权利意识范围已经较为浓厚,各种各样的主张成为必要和可能,诸如信息公开的公民知情权、企业经营自主权、社会机会的公平与均等权、劳动就业权、选择权等在网络舆论中都有了切实的反映。随着权利在全体社会公民中的普遍实现,公民的权利主张在数量上肯定会越来越多,在领域上会越来越深化,并会根据情势的变化及时主动向社会或政府提出新的权利要求与请求。

2. 培育公民的网络参与能力

所谓公民的参与能力,即公民对于政府决策的政治影响和参与的程度。① 按照参与民主论的一般观点,获得政治知识和提高参与能力的最佳途径就是投身政治生活,在参与实践中真正理解与他人和集体的相互依赖关系,培养社会责任感,提高政治参与能力,强化政治成就感,形成权利实现和利益发展的科学路径。简单而言,"有助于形成一种有足够知识能力的公民"②。

从量的角度看,虽然目前网民的绝对数量已经相当可观,但仍无法满足网络民主的需要。一是要把网民放在全国总人口中比较,而且这个相对比例应超过绝大多数并不断攀升,实现全国公民与网民基本重合;二是要扩大网民的分布,在各地区、各行业、不同性别和不同年龄群体中都尽量分布,而不是只集中于某些特定人群和区域。③

从质的角度看,根据詹姆斯·麦格雷戈·伯恩斯提出的"转化性领导"概念,政府和公众的关系从依附与单向转化为平等对话和彼此互动,在国家与民众层面,强调参与和共赢,政府在治理中以议题为中心吸引公众广泛地自发参与,继而组织所有相关组织、机构和人员有序有效参与。在这种新体制中,分权和分享权力只是要求的一方面,更重要的是要通过为人民工作,把政府及其人员的角色界定为负责的参与者。④ "转化性领导"形象要求政府做到:掌舵而不是划桨、公共服务而不是强制、提出共同愿景、引领社会价值观、促进政府与公民的参与和合作。

在各级地方政府特别是基层政府加大经费投入、政策支持和倾斜力度的前提下,公民的文化素质、知识水平、认知能力、交往能力,特别是现

---

① 阿尔蒙德把公民能力又划分为公民的主观能力和客观能力。所谓公民的主观能力,是指公民对自己影响和参与政府决策、参与行政的能力和认知、情感、态度。对于一项政府决策,"如果他相信自己能够行使这样的影响,那么他就是有主观能力的,如果他认为自己孤立无援,无能为力,那么他就是没有主观能力的"。公民的客观能力是指公民影响和参与政府决策、参与行政的实际能力。通过政治参与和行政参与,对于一项政府决策,"如果个人能够行使这样的影响,我们即认为他是有政治能力的"。
② [英]戴维·赫尔德.民主的模式[M].北京:中央编译出版社,1998:340.
③ 齐卫平,陈朋.网络公共论坛:虚拟空间中的协商民主实践[J].理论探讨,2010(5).
④ [美]罗伯特·B.登哈特,珍妮特·V.登哈特.新公共服务:服务,而不是掌舵[M].北京:中国人民大学出版社,2004:147.

代条件下掌握处理信息的意识、能力和技术应达到基本要求,并尽量提高,成为合格的有较强协商和参与能力的现代公民。公民个人通过政府所创造的良好公民参与环境,包括创建场所、提供信息、创造机会等,以及榜样示范、实例教育、模拟试验等进一步提升兴趣、培养能力、养成习惯。

其次,通过协商促进政策实施。"如果未经协商而做出具有约束力的决策,这不仅说明政策不尊重公民,而且当其将这些决策施于公民时也缺乏足够的正当性。"[①]不经过公众议程的协商而直接由决策主体确立政策议题,并在体制内完成政策方案制定,这种政策模式的一大优势是决策过程的自主性以及政策制定过程的高效率,但单一决策主体主导下的封闭化的政策制度过程必然产生一个突出问题,就是政策绩效(包括政策的公正性)过度地依赖决策者的素质,不仅政策议题的确立取决于政策主体的"问题意识"及其价值偏好,而且政策方案的选择也在很大程度上受制于决策主体的视野和偏好,政策实施的效果更明显地依赖于决策者的权威和社会资本。多元主体之间的互动协商,最终使各方的政策偏好在增进公共利益上达成最大限度的共容,使最终决策蕴涵的公共理性得到更为充分的体现。

三、加快"协商—参与"多元治理主体的成长

转型期中国政府遇到的一个重要的现实挑战,就是国家治理模式无法适应经济体制变革、社会结构深刻变动、利益格局深刻调整、思想观念深刻变化的大趋势,无法在限制国家垄断权力的基础上强化国家提供公共物品的能力。在这种现实的挑战面前,寻求体制外资源的支持,就成为应对传统治理模式危机的必然选择。多元参与的政治秩序不仅对于中国"协商—参与"治理模式的构建是必要的,而且也是可能的。一是在社会利益格局不断分化,利益冲突成为社会生活常态的背景下,国家已经日益明显地感受到单凭各级政府运用行政手段已经无法有效地控制社会冲突,维护社会和谐秩序,需要更多地借助于社会组织的自我管理及利益表达、利益协商功能。只有积极扶持社会组织的成长,建立社会多元的自治

---

① Amy Gutman and Dennis Thompson, Why Deliberative Democracy? Princeton University Press, 2004:23.

机制,实现利益表达的组织化,才能克服单中心体制面临的治理资源匮乏局限,从而建立起政府主导下的多元利益群体的利益协商机制,充分发挥协商民主维系社会和谐的作用。二是在改革和发展进展中积累的社会矛盾的逐步显性化,公众基于利益诉求和公平价值诉求的参与愿望日益增强的背景下,政府迫切需要将公民的参与热情纳入到制度性轨道,避免政治秩序过多地受到非理性的群体性事件的冲击。而逐步扩大公民有序参与,以各种民主形式满足公众的参与要求,将是政府"协商—参与"治理模式的发展趋势。三是在公众的公共服务需求日益增长且呈现多元化发展的趋势下,政府越来越需要通过提升公共服务水平而不仅仅是维持较高的经济增长速度来彰显绩效合法性。基于扩大公共服务规模,提高公共服务供给效率的需要,各级政府势必会进一步推进公共服务的市场化和社会化改革,将市场主体和社会组织整合到公共服务供给体系中来。

中国多元治理主体的成长,本身就是国家放松社会管制的产物,其成长的空间,及其所能扮演的角色都直接取决于国家治理的需要。因此,中国式的多元参与发展方向必然是将社会组织、市场主体及公民纳入政府主导的治理结构,以实现满足多元主体的参与愿望与发挥其治理功能的有机统一。

四、形塑"协商—参与"治理的伦理精神

英格尔斯说:如果一个国家的人民缺乏能够赋予先进制度以生命力的广泛的现代心理基础,如果掌握和运用先进制度的人本身在心理、思想、态度和行为上没有经历一场向现代性的转变,那么,失败和畸形发展将是不可避免的。尊重、宽容、妥协和节制等现代伦理规范是实现公民参与的基础,同时有效的公民参与也能够不断培育这些公民伦理。因为具有不同文化背景和道德要求的主体相互接触、交流、碰撞与融合,既能了解、认同、吸收、借鉴其他类型的文化道德促进自身的成长,更为重要的是在参与实践中能不断体验平等、公正地对待社会的异质性,从而建立起持续的社会合作和深入的社会参与所需要的社会信任。① 这就需要政府有

---

① 侯保龙.风险社会语境下公民参与式治理探究[J].陕西行政学院学报,2010(4).

意识地引领、培养公民的参与精神与伦理。

在现实社会状态下,人在生活中是有"标识"的,如身份、地位、家人、社会交往等,这种"标识"给人带来了无形的压力。因受制于来源于道德和法律的自律与他律,约束于特定的社会角色,个体行为的道德还是比较严谨的,从道德层面控制行为还是比较有效的。在网络社会,具体的现实个人被一串串数字符号所代替,改变了以往所具有的"标识",脱离了身份感的制约,打破了熟人社会的秩序。网络的一体性和便捷性,使个体的活动范围和能力迅速扩大,传统道德赖以发挥作用的"熟人社会"迅速消失,"在无人控制、干预、过问监管的世界,虚拟的个人面对尚未跟得上的监管,行为极易如脱缰野马,传统道德规范对失去原先固定社会角色的个人失去了约束力"①。这对政府"协商—参与"治理提出了更大的挑战。

基于网络自身的特殊性质和作用机制,政府现有的资源和技术条件,政府对网络的监控和引导愈发力不从心,必然存在盲区和漏洞。因此,网络社会更加需要道德引导和法律规范,以免网民情绪失控、思想模糊、道德忽视。

对于政府而言,持久、深入的网络伦理教育,使网络伦理深入人心,既增强了网民的伦理道德责任,又提高了网民的整体伦理道德水准。具体形式如下:一方面,以讲座、职业培训、多种形式的宣传等方式教育网民,引导他们自觉践行网络伦理,使自己成为合格的、优秀的网民;一方面,可以采取网络技术监控措施促使网民严格遵循网络法规和进行网络自我约束,以控制网上不良信息和非正常流通渠道,比如利用防火墙和加密技术,防止网络上的非法侵入者和"黑客"攻击;一方面,可以利用过滤软件过滤掉有害的、不良的信息,清除、限制调阅网络中的不良内容;当然,还可以通过技术跟踪手段,对有关机构或网络责任主体的网络行为进行调查、控制,从而确定网络主体应该承担的责任;等等。②

对于网民而言,应该在网络伦理方面着重提高自己三个方面的能力:一是提高对网络的认知能力,对网络的传播特性要有一个比较全面的认

---

① 陈东冬.网络民主的伦理困境与秩序重建[J].领导科学,2011(11).
② 周兴茂,丁益.网络伦理的现状、基本德目及实践对策[J].东南大学学报(哲学社会科学版),2011(4).

知;二是提高对网络信息的选择能力,尽量避免接触不良信息;三是提高对网络行为的自我约束能力,坚决不做违背网络伦理之事。①

第四节 "协商—参与"治理模式自上而下的推动

在信息化和网络化迅猛发展的今天,推行"协商—参与"治理模式必然高度重视并积极借力于网络民主,因为网络的诸多优点和特点能契合、反映并实现"协商—参与"模式所倡导的公共协商精神。② 据初步统计,我国的网民数量雄踞世界第一,已超过 6 亿。这么庞大的网民群体以网络为基础利用多种载体,运用多种形式进行政治参与,必是推动社会主义民主政治建设的重要基础和广泛力量。网络是一个分散结构,既没有边界又没有中心,与有组织性的传统政治参与相比,网络参与的形式更为松散;参与目标侧重于个人自由、个人利益;参与动因更加复杂,政治的、经济的、技术的、情感的,各种因素掺杂在一起;参与过程伴随一系列矛盾斗争,比如感性与理性、狂热与温和、激情与节制、思考与宣泄、极端与适度,其形式亦表现为政治冲动和不成熟:用公共舆论攻击领导人,说服其他人抵抗不公正的待遇,组织群众罢工、怠工、"散步"等。因此,在"协商—治理"模式中,政府应适应并吸纳这种体制外的"协商—参与"力量,发挥自上而下的作用,除了切实保障公民利用网络资源参与政治生活、进行民主协商、开展民主监督的权利之外,还应建立与网民平等协商对话制度,积极引导网民科学理性地参与民主协商和讨论,促进和保障网络协商民主的制度化健康发展。

一、提升制度自我革新和吸纳能力

制度的变革既是社会外部条件变化的外在要求,更是制度本身适应

---

① 周兴茂,丁益.网络伦理的现状、基本德目及实践对策[J].东南大学学报(哲学社会科学版),2011(4).

② 包心鉴.论协商民主的现实政治价值和制度化构建[J].中共天津市委党校学报,2013(1).

力提高的自我需要。从某种意义上讲,能不能回应和满足社会新阶层和新群体的新要求,能不能及时关注并采纳科学技术发展产生的新理念和新手段,是评价制度适应性的主要指标,也是高度政治制度文明的重要反映。① 简而言之,制度的自我更新和吸纳能力基本上等同于自我调整和自我发展的能力,在目前的宪政体制下,一定程度上容忍非制度政治参与这一"民主制度中的杂音"是必然的现实选择。

公民网络参与的失序彰显了制度的回应不足,表明公民、团体和国家之间关系的制度缺失和规范化的失败。在实践的某些方面,网络参与还面临着制度上的诸多空白和盲区,网络参与的许多方面与正在形成的新的社会机制发生冲突:原有的制度安排在有效提升公民政治参与需求方面的吸纳能力不足,制度化政治参与的渠道亟待疏通和拓宽。由此也诱发了公民以个人和群体自发地改变现行规则或秩序的行动,异化的参与行为也甚嚣尘上。

首先,政治协商制度应该加强对新社会力量,特别是对第三部门和新社会运动的吸纳能力。中国政治协商制度主要包括两种基本方式:一是中国共产党与各民主党派进行直接政治协商,就国家治理和社会建设的重大决策进行制度化协商;二是通过人民政协这一制度平台实现中国共产党与各民主党派之间的政治协商,从而形成政党民主和党际民主的制度化机制。② 党的十八大则进一步拓展了协商形式,为进一步改善政治协商制度的吸纳能力指明了方向,即"通过国家政权机关、政协组织、党派团体等渠道,就经济社会发展重大问题和涉及群众切身利益的实际问题广泛协商","深入进行专题协商、对口协商、界别协商、提案办理协商"。③ 在政协组织、民主党派中,要吸纳更多社会组织的代表,如发展为政协特邀委员列席会议、吸收加入对口界别的民主党派。通过新时期的"统一战线",使新的社会力量通过政治协商制度中的"两会"提案和日常的"社情

---

① [美]塞缪尔·亨廷顿.变革社会中的政治秩序[M].李盛平,等,译.北京:华夏出版社,1988:58.
② 包心鉴.论协商民主的现实政治价值和制度化构建[J].中共天津市委党校学报,2013(1).
③ 胡锦涛.坚定不移沿着中国特色社会主义道路前进 为全面建成小康社会而奋斗 在中国共产党第十八次全国代表大会上的报告[M].北京:人民出版社,2012:27.

民意"等制度性渠道同国家进行协商。环保、文物、教育等专业行政部门，可以同社会组织、社会运动的代表通过咨询会、座谈会、听证会等形式建立稳定的联系。这一层面"吸纳"的关键是"政协组织、民主党派、行政部门同新社会力量之间，建立起更为公开透明、制度化的沟通渠道，从而通过协商解决公共治理，特别是环境、文化、教育等后物质主义治理面临的突出问题"①。为了能够打通网络舆论涉入代议制民主的渠道，也可以考虑在政协设置网络委员界别。

其次，国家权力机构在立法时更加开放，不断提升开门立法水平，广纳网络民意，防止民意被排斥在权力结构之外。与专题协商、对口协商、界别协商、提案办理协商、基层民主协商一样，加强立法机构的民主协商也是中国特色社会主义民主协商的重要组成部分。改革开放以来，特别是新世纪以来，全国人大和地方人大为此进行了诸多探索，积累了不少成功经验。"立法工作的科学性和民主性，特别是'公平、公开、公正'有了很大提高，同时公民通过多种形式和途径参与立法，法律意识和法制能力也有了相应提高"②，共同实现了权力机关协商的现实价值和深远意义。为了网络"协商—参与"的成长与成熟，我们可以考虑一些具备一定网络支持率和代表性的网络意见领袖进入人大代表阶层，如果在技术上存在障碍，还可以在网络上设置人大专区和网民进行广泛协商。

二、从控制到对话的转变

媒体舆论本身并没有与政府并立的法理地位，但政府与媒体舆论的关系，不只是政府与媒体舆论的行政管理关系，还是政府与人民关系的一种本质体现。在公共舆论层面，社会的和谐状态表现为政府主导社会意识走向的同时，还体现为对公众的知情权和表达权的充分满足。政府"协商—参与"治理模式并非通过压制网络舆论实现，而是通过平等的对话达成政府与公众之间的共识，明确公共事务的公共利益之所在。

传统主流媒体主要是作为党和人民的喉舌而存在，因此有严格的新

---

① 姚远，任羽中."激活"与"吸纳"的互动：走向协商民主的中国社会治理模式[J].北京大学学报(哲学社会科学版)，2013(2).
② 包心鉴.论协商民主的现实政治价值和制度化构建[J].中共天津市委党校学报，2013(1).

闻宣传纪律,也拥有高度的权威性,其在开展民意表达、舆论监督时往往是慎之又慎。在中国政府传统的舆论管理实践中,较多地采用了指令性的行政管理方式,媒体言论尺度受到较多限制,而网络舆论则主要是一种公众舆论表达方式。显然,传统主流媒体的管理方式不能成为网络舆论的管理方式,政府应在策略、手段和方式上进行创新。在策略上,应以壮大自己声音为主,而不是一概封杀不同声音;在方法上,不应采取"停、封、关"等强制手段,而是多运用正面激励和引导手段。政府只有积极应对和沟通网络舆论,而不是一味限制,才能换来民意的积极回应、民心凝聚力的增加和政府公信力的增强。"如果用政府话语权对网民话语权进行抢夺和限制,不加分析地将网络舆论自由表达的多样性视之为非理性情绪宣泄和'不安定'因素加以压制,非但无助于社会沟通和情绪的适当释放,反而会引起一种对抗性的社会逆反心理,不利于社会和谐。"①

政府对网络舆论由控制转为平等对话,需要做好以下几方面的工作:

1. 政府要真诚对待网民

政府与公众之间的信任关系建立在政府以真诚的态度面对公众的基础上。如果政府关键时刻"失语"、"妄语",不及时公布事情的真相,不及时满足公众知情权,或者文过饰非,那么政府与公众就无法就公共事务进行理性的协商与对话,更不用说达成共识并对网络舆论进行引导。

2. 政府话语要体现公共利益的要求

政府治理如果只是一味想方设法开脱责任,与公众对立,只会引起公众反感,且成为网络舆论谴责的对象。政府必须以公共利益为出发点,始终以实现公共利益为治理的最终目标,才能塑造与公众对话的政府形象,提升引领对话的能力。

3. 政府要以平等的态度与网民进行沟通

网络的去中心化使政府官僚主义独白不再可能。政府必须打破垄断的话语权力,在以对话为基础的网络交往行动中,坚持主体间平等的交互性,通过平等协商、讨论,缓解政府与网民之间的意见分歧,最终达成对公共事务治理的共同理解,而不能用言语操纵、威胁或引诱其他网络主体按

---

① 周道华.论网络舆论与政府的互动[J].社科纵横(新理论版),2007(2).

自己的意见行动。

4. 坚持开放的对话原则

"真正的共识绝不会否定差异,取消多元性,而是要在多元的价值领域内,对话语论证的形式规则达成主体间认识的合理的一致,并将这一前提引入语言交往。"[1]如果要有助于共识的形成,政府就要开放地接纳不同的观点,而且对话内容也必须保持开放性,除少数因法律规定之外,都必须公开讨论,不能随意以国家机密作为借口,拒绝讨论,否则只会加深公众与政府之间的隔阂。[2]

三、促进自由表达和规范的平衡

促进"协商—参与"治理模式中网络舆论与政府的互动,有待于在自由表达与舆论规范之间取得一种动态平衡,一方面对网络舆论进行合理的规范,另一方面满足公众自由表达的要求。这就对政府提出了新的要求,即充分利用公共管理者的技能与策略,有效疏导网络空间草根政治力量无序的非制度化参与。

1. 以公共性为原则引导网络行动者的集体行动

网络舆论所需的参与者理性的公共运用只有遵循"协商—参与"的公共性原则才能被实践,网络舆论的集体行动必须以公共性为原则来组织。公共性原则要求参与者能够在自由、平等的、非强制的交往机制中,以令人信服的、承担责任的方式公开表述,以包容的、回应的方式倾听,以建构共识为关怀的参与交往协商。[3] 就具体操作而言,通过组织网络集体行动而解决公共事件必须把握好这两个基本要件,即公共性原则和公共空间,贯穿于订立契约、建构规则、疏导冲突和机制完善各个方面。

2. 加强多元交往与促进理性融合

这是建构政府"协商—参与"治理模式的重要方面。网络社会具有民主性的基础,但并不意味着网络舆论就能自动实现网络民主的理想预期,

---

[1] [德]尤尔根·哈贝马斯,米夏埃尔·哈勒.作为未来的过去:与著名哲学家哈贝马斯对话[M].杭州:浙江人民出版社,2001:126.

[2] 谢金林.网络舆论的政府治理:理念、策略与行动[J].理论探讨,2010(2).

[3] 徐珣.网络民主:公共协商与制度创新[J].浙江社会科学,2011(4).

因为契合"协商—参与"精神的网络舆论场域应该是包容、开放的自由交流场域,是不同思想和理性展示、交流、交锋,进而相互借鉴吸纳形成新的共同认识的场所。为了创建此种最佳局面,首先要有一个能够支持和推动各种参与者和多元理性的网络空间,其中包括:创设弱势群体能够自由、平等、便捷参加的特别途径;克服多数理性的强制,使弱势力量和少数派也能提出议题、有更多表达的机会;建立网络公共交往平台的信用评估机制,建构公正理性的交往空间等。

3. 引导网络强势行动者并促进信息共享

只有掌握了充分的信息,才能进行网络舆论的理性协商,因为有效的"协商—参与"建立在充分的信息知情权的基础之上。从理论上讲,网络是"平等"的、能够自由流动的空间,是向所有参与者公开的信息社会,但因实际能力的客观差异,信息操纵和过于分散造成的信息碎片却使网络行为容易被误导和操控。实际上,就影响决策效果的重要信息而言,其在网络社会并不是被完全公开和平等占有的,而是为包括占有主要资源的网络强势群体所垄断和控制的。因此,政府的"协商—参与"治理应该考虑到强势群体的影响力和作用力,同时要求和引导其承担更多的"协商—参与"义务,比如向社会公布重大信息、提供权威信息以引导议题协商的深入、创建协商平台等。

第五节 "协商—参与"治理模式自下而上的践行

治理是公共领域不可避免的发展趋势,治理理论要求在公共事务领域中国家和社会、政府和市场、政府和公民共同参与,结成合作、协商和伙伴关系,形成一个上下互动,至少是双向度的,也可能是多维度的管理过程。网络舆论在中国政府"协商—参与"治理模式中释放出了巨大能量,加快了网络公民社会的构建进程,但如果缺乏组织化表达载体和协商渠道的拓宽,治理模式中的"自下而上"就会发生梗阻,从而影响"协商—参与"的实际效果。限于多种原因,目前公众政治参与的效果与其期待还有很大距离,而且在短期内也很难完全达到,这就更需要政府部门和权力掌握者能够把握趋势,顺应潮流,回应诉求,从自身职能转变、机构变革、方法创新等各个方面培养现代公民对公共事务的敏锐兴趣,"提高人们的政治效能感,在民主参与带来的报酬递增激励下,诱发自下而上的诱致型制度变迁的呼应与强化"[①]。政府应该创造各种有利条件发展和规范社会组织,充分发挥各级各类社会组织聚合、表达、维护公民权益的功能。

一、组织化"协商—参与":从"共同体模式"到"自组织模式"

从历史维度看,社会参与和社会动员主要有"共同体"与"自由结社"两种基本模式。前者在社会结构单一、民众对社会政治的参与度总体较低、社会异质性低的传统社会是普遍存在而且效能较好的,其联系社会成员的主要工具就是整齐划一的、单一共同的价值观念和社会目标,以意识形态为主要抓手具体采用榜样示范、群众运动和说服教育等手段实现政治社会化。后者则是国家对社会的重组,其结果是使社会组织从属于国家的指导并将公共利益视为其首要利益,承担起不可推卸的公共责任。在这种模式下,国家成为超越社会的权威力量,限制了社会的自主性,社会组织影响国家决策的程度是有限的,其自我利益仍须通过体制认可的渠道得到表达。[②]

在以高度分化为基本特征的现代社会,传统的社会动员和参与方式与现代民主政治的基本要求是不相符的,因为其面向的是单一层次的组织结构。新时期以来,各项改革的推行,特别是社会主义市场经济的建立和建设,社会分化和多样性成为社会的主体存在,这就使得传统的模式暴露出越来越多的问题,并逐渐出现被"自组织"模式取代的趋势。与传统模式不同,它更强调民众通过自主性、目的性和组织性的行动表达个人意愿、维护自身权利,以满足自身需要的一种社会参与方式。在网络社会,网络的快速传播性、交互性、超强链接性等特征,使得利益诉求一致或意

---

① 傅慧芳.公民网络参政需求的增长与制度回应的博弈[J].北京师范大学学报(社会科学版),2010(4).

② 赵刚印.现代化进程中的公民政治参与:一项对中国与印度的比较研究[M].上海:上海人民出版社,2010:201.

识形态相似的人能够快速地聚集起来，"自组织"主要以网络社群和网络社团为主要代表。不同于现实社群，通过政治网站、博客、论坛等开展活动的网络社群具有如下特点：

其一，成员参与具有自主性，网民可以自由选择加入的社群，也可以便捷地退出。

其二，参与规模和互动程度有极大的伸缩性。社群成员可能屈指可数，也可能成千上万。社群成员交往领域可以随意划分或统和。网络社群存在时间也有长有短，有的能维持较长时间甚至经久不衰，有的可能随议题的衰退而消失。

其三，网络社群超越了现实社群的联系纽带，有比较强的向心力和凝聚力，而且能够在更广的范围实现联合，蕴含巨大活动能量，必然能够提升政治参与的水平。[1]

其四，网民的自主性受到社群关系的制约。它不反对网民个人利益和权利的实现，且同时具有多种社会功能，但极力倡导实现至善和公益的目标，更强调共同体的优先性，也就是说，"共同体里的公民并不必须是完全利他主义的。然而，公民共同体里的公民追求正如托克维尔所说的'恰当理解的自我利益'，即要在更广泛的公共需要背景下来理解自我利益"[2]。

按照通常的衡量标准，社团的成熟程度与社会自主性有着直接的正相关关系，在大量自由的社团的基础上才能建构其发育成熟和高度自主的社会，因此网络社团是网络社群发展的高级形态，是在众多网络群体事件的基础上应运而生的。其成员或为维护成员的特定利益和要求，或致力于团体外的公益事业（主要是贫困问题和环境问题），实现广泛的社会动员。比如由倍受社会歧视的乙肝病毒携带者联合起来创建的"肝胆相照"网站，以"锦绣前程"和"聚会交友"这两个主论坛为活动空间，进行成员聚会、观点交流、权利维护和政治参与，主要形式有基金会、法律援助、专家咨询、媒体求助、发求助信、联合签名、提交建议书等。[3]

---

[1] 化建琼.当代中国公民网络政治参与的主体及形式[J].哈尔滨市委党校学报,2009(1).
[2] [英]罗伯特·D.帕特南.使民主运转起来：现代意大利的公民传统[M].王列,等,译.南昌：江西人民出版社,2001:100.
[3] 化建琼.当代中国公民网络政治参与的主体及形式[J].哈尔滨市委党校学报,2009(1).

二、拓宽基层"协商—参与"的渠道

"协商—参与"治理模式起源于西方社会的协商治理及参与式治理思想,它与实践层面的中国民主协商政治不可避免地存在相当的距离,因而不可能直接用于指导当代中国的基层民主政治实践。然而,无论是协商治理抑或是参与式治理,均主张公权属于社会多数成员,突破了把民主限定在选举环节的观念,强调政府治理活动要保障公民通过自由平等的对话、讨论等方式参与公共决策和政治生活,将民主扩展到决策过程,等等,确实与我国当前基层民主政治建设的一些思想和实践,存在鲜明的内在逻辑性。

公民社会是推进民主发展的积极有效的力量,也是参与政府治理的基础力量。亨廷顿认为,现代化国家与传统国家相区别的最重要标志就是公民通过大规模的政治组织参与政治并且受到政治的影响。在西方,运用较为广泛的公民"协商—参与"形式有愿景工作坊、公民陪审团以及公民会议等,近年来,在我国基层治理和群众自治中涌现出民主恳谈会、社区民主论坛、民主议事会、民情恳谈会、民主听证会、民情直通车、民主理财会、平安协会等各种协商民主的新形式,不断拓宽群众政治参与的制度化路径和渠道,不断深化协商民主的制度化内涵。我们有必要继续推进基层协商民主朝多样化的方向发展,不断完善并丰富协商的实践形式,使之逐步走向制度化、规范化和长效化,以此来推进我国基层民主政治的建设,进而为政府层面的治理提供经验支持。浙江金华市金东区的东孝街道于 2005 年对接基层政府与公众协商对话而创新的"街道议政会"[①]有极好的探索价值和操作意义。

对于普通民众,他们则更关注社区管理的参与,维护切身利益,因此社区层次的基层民主协商显得尤为重要。西德尼·维巴(Sidney Verba)等人将政治参与界定为旨在影响政治体系的活动,在参与投票选举外,社区工作、接触政府工作人员、参加政治会议、沟通和交流也是政治参与的重要内容。[②] 因此,基层民主协商应该发扬"群众路线"的传统,沟通科层的行政

[①] 吴太胜.话语民主理论与我国基层协商民主实践探索:以浙江基层民主政治创新为例[J]. 长江论坛,2010(5).

[②] S.Verba, H. N.Norman and J. Kim, The Modes of Democratic Participation: A Cross-National Comparison Berkeley Hills, Calif.: Sage Publication, 1971.

系统与扁平的基层组织,使得"群众路线"在新时代发挥出作为"逆向参与模式",即"强调决策者必须主动深入到人民大众中去,而不是坐等群众前来参与"①的优势。这个层次的吸纳,需要将热心社区事务,在群众中享有威望的社区工作者、退休干部、社会知名人士纳入社区议事机制,使其发挥类似传统社会中"乡绅"的作用,成为国家和社会之间的中间层,从而解决社区治理面临的突出问题。②

---

① 王绍光.毛泽东的逆向政治参与模式:群众路线[J].学习月刊,2009(23).
② 姚远,任羽中."激活"与"吸纳"的互动:走向协商民主的中国社会治理模式[J].北京大学学报(哲学社会科学版),2013(2).

第五章 网络舆论背景下的中国政府治理形态

20世纪90年代以来,随着信息技术的迅猛发展,人类社会逐渐从工业时代步入网络社会与信息时代。在信息时代,网络舆论瞬息万变,新问题层出不穷,传统的政府管理形态已经难以满足社会与经济发展的需要,这就对政府的治理形态提出了新要求。IT产业、通信产业和互联网的不断发展,改变着人类的交往方式和时空概念,为公共管理和治理理论的实践提供了技术平台;信息通信技术通过提供在线讨论组和提升弱势群体的能力与效力等多种途径,促进了公民在各级政府治理过程中的广泛参与。这些网络舆论强音,在一定程度上催生出电子治理这样一个过程,提出了全新的课题。另外,治理理论的发展特别是"善治"理念的提出,给全球公民社会带来了无法想象的巨大喜悦和冲击力,尤以其中提出的"多中心"、"多层次"、"多主体",让人们特别是网民感受到自身的力量和地位,而不管这种力量和地位多么虚无缥缈。但无论现状如何,它必将以强大的生命力和再生能力推动实现良好治理的美好愿望。联合国相关组织和世界银行等国际机构对于后发展国家的公民社会的培育和社会发展的大力促进,使全球电子治理逐渐变得可能并初显成效。

第一节 电子治理的基本内涵与主要范畴

20世纪90年代初,克林顿政府首次提出了"电子政府"这一新概念,作为一种全新的政府管理形态,其出发点在于改善政府绩效,进一步改造和创新政府。1998年英国政府发布了《信息技术与人》报告,把这一概念延伸为:改善服务效率;增加政府运行的透明度;实现参与式民主。国外一般使用 Electronic government 或 E-government 来表述"电子政府"。

在我国,目前约定俗成的用词是"电子政务",对这一概念,学术界也是普遍认可和接受的。在不断发展的政府管理中,公众、各类组织、社会团体与政府产生了相对频繁的联系,影响也越来越复杂。倘若电子政务仍然聚焦于政府管理便无法完全反映和客观描述现实情况,不足以解决网络舆论所针对的复杂问题。因此对"电子治理"的引入是适时和必要的,在厘清概念的基础上进行深入分析和研究也是迫切的。

一、电子治理的基本内涵

在现代社会,政府承担着大量的社会、经济、文化的管理和服务功能,在调节市场经济运行方面尤为重要,但随着信息化的全球蔓延趋势,政府信息化水平的高低对政府竞争力的大小有决定性作用,日益成为衡量各国综合国力的重要标准之一。1993年,曾经担任美国副总统的戈尔提出了政府信息化的要求,以此作为重组政府的重要内容,于是"电子政府"作为一个重要的改革方向被提出来。美国的示范效应掀起了世界范围的政府上网热潮。西方发达国家利用技术优势大力推进政府上网,抢占网络的制高点。虽然各国采取的措施有所不同,但其目标颇为一致,都是为了运用信息技术尤其是因特网技术重塑一个服务更直接、更有效率的电子政府。所谓建立"电子政府",即政府机构通过计算机和现代网络通信技术,在网络化、数字化环境下进行的包括信息收集和发布,处理日常事务及公共管理事务等在内的一种行政管理形式。[①]

西方国家的"电子政府"尽管也体现了政府部门内部信息资源的整合、跨越部门的信息共享与联网办公,但总体而言,"电子政府"的重心还是在于如何运用信息通信技术完善政府公共服务的提供。国内学者对"电子政府"的初始研究,也受到国外理论研究和实践的影响,同样侧重于探讨如何实现电子化的政府公共服务,对政府内部各部门以及部门之间的电子政务均较少涉及。为什么会出现这样的倾向?原因在于政府是一个有着实体意义的概念,作为整体出现的政府,一般是相对社会而言的。

---

① 刘文富.网络政治:网络社会与国家治理[M].北京:商务印书馆,2002:253.

除了包含的内容过窄以外,对"电子政府"的衡量和评价也缺乏相对客观的标准。比如,"无法量化一个政府在网络上的公共服务比例,无法通过政府网站的外观功能去设立电子政府的准入门槛,至少不能认为地方政府开通了政府网站,开设了领导信箱栏目就可以认为其建成了'电子政府'。在技术和功能完备方面,各个国家和一国内不同区域打造的'电子政府'肯定存在着一定差异"①,这种情况下,如何客观衡量"电子政府"的完备程度?这首先要对"电子政务"、"电子政府"和"电子治理"这三个既联系又区别的概念进行准确界定。

"电子政务"与"电子政府"并不是完全等同的概念,前者不但范围更广,而且内容也比"电子政府"丰富得多。具体来说,"电子政府"主要集中于政府与民众之间的电子政务,而一个完整的"电子政务"的概念,既包括政府与民众之间的电子政务,也包括政府部门内部的电子政务,又包括政府部门之间的电子政务。

较之"电子政务","电子治理"在研究对象和涉及范围方面,特别是在政民关系、公民权利、政府职能、制度框架、行为模式等诸多方面都有着特定的目标定位,是对"电子政务"的延伸、深化、发展和演进。因此,电子治理的适时引入在某种程度上弥补了对电子政府或电子政务发展认识上的不足,同时也为电子治理的进一步发展拓展了理论和实践空间。

第一,电子治理内含电子政务,是一个更加宽泛和深入的概念体系。电子政务仅仅包括政府利用电子手段进行信息和服务的传递,而电子治理还包含除此以外的公民多样化的政务参与活动。

第二,社会管理的主要行为体中,电子政务更为重视和强调政府的核心地位和实体作用;电子治理却更加关注各行为体的联系,强调在政府和企业、非政府组织、公民之间建立合作、协商、互动的关系。

第三,电子政务的实施重点是"政务",即突破传统理念、运作模式改变信息传递的方式,改造行政流程,实现优化和重组。电子治理的实施重点为信息的易得性、可用性、通畅性和公民参与、政民互动。

第四,电子政务与电子治理契合了不同时期信息化建设的要求。政府信息化是社会信息化的基础,与之相对应,政府信息化的基本目标是电

---

① 刘文富.网络政治:网络社会与国家治理[M].北京:商务印书馆,2002:278.

子政务,社会信息化的基本要求是电子治理。电子治理是一种崭新的治理形态。[①]

关于电子治理的特定含义,也是仁者见仁、智者见智。荷兰学者米歇尔·巴克斯(Michiel Backus)曾指出:电子治理是指在政府与企业、公民社会之间的互动,以及政府运用现代化的信息技术,简化政府的行政事务和公共事务的处理程序,并提升民主化程度的治理模式。[②] 应该说,此概念揭示了电子治理运行的部分要素和机制,但是还未深入分析电子治理的内涵与本质。国际行政科学学会(IIAS)第26届大会的主题报告对"电子治理"做出以下解释:"电子治理不是信息通信技术(ICT)在公共事务领域的简单应用,而是一种更多地与政治权力和社会权力的组织与利用方式相关联的社会—政治组织及其活动方式,是信息时代治理的表现形式。"[③]

通过比较、借鉴,笔者认为,所谓电子治理是指政府及其他社会行为主体利用计算机技术、通信技术、信息基础设施,为政府、社会组织和个人提供全方位的信息服务,形成了一个相互影响、打破分隔、运转有序的复合形态。也可以理解为,电子治理是政府利用高新技术在网络平台上加快信息流转,促进服务交付,鼓励公民参与决策,以提高政府适应性与灵活性的一种治理模式。

二、电子治理的主要范畴

完整的电子治理概念同时包含了电子政务、电子民主、电子服务、电子社会等四项主要的研究范畴,其内容为[④]:

1. 改良政府公务处理程序(电子政务)

该范畴包括政府应用现代信息通信技术(information and communications technologies,简称ICT)减少政府行政程序成本、再造公务流程、连接政府决策、开展权力外放等。

---

① 陈祥荣.信息社会的电子治理[J].中国行政管理,2008(A1).
② Michiel Backus, "E-governance in Developing Countries," HCD Research Brief, No.1, March 2003.
③ 王浦劬,杨凤春.电子治理:电子政务发展的新趋向[J].中国行政管理,2005(1).
④ 刘毅.网络舆情研究概论[M].天津:天津人民出版社,2007:216-217.

2. 联结公民社会(电子民主)

电子民主是通过网络途径将政府决策告知公民,或倾听民众心声,或使公民参与到决策中。这种依靠资讯和传播技术实现的新型联系就是电子民主最本质的含义。

3. 政府服务数字化(电子服务)

新公共管理提倡政府高效、快捷、有效,这是建立新型政府的根基。电子治理最主要的表现和功能之一就是服务交付电子化。

4. 建立内外互动关系(电子社会)

作为社会服务主体的政府和其他社会组织,如营利部门、非营利部门、社区、公民组织本身就是一种"伴生关系",网络技术强化了这一关系,并进一步提供了互动的渠道。政府与各类社会组织广泛联系,进行长期合作,建立信任关系。

第二节 国外电子治理发展概况及其经验

从全球的发展来看,各国电子政务的发展起步时间大致相同,大都开始于20世纪90年代,且现在都处在深化本国电子政务发展的关键时期。许多国家将电子政务建设列为国家级政治日程与战略部署。各国电子政务发展目标基本上都是提高政府工作效率、树立政府形象,满足公民对社会经济、公共服务等方面的需求。近几年来,各国不仅在电子政务方面取得了成就,同时在电子治理方面又掀起新的高潮,以美国、新加坡、加拿大等国家为代表的电子治理发达国家,其电子治理的复杂程度日渐提高,功能逐步完善,信息聚合能力更加强大,服务公众的水平也日趋完善。同时,随着电子治理的深入发展,也促进了政府自身的变革。

一、国外代表性国家电子治理发展概况

(一) 美国

美国的电子治理起源于20世纪90年代初。1993年,克林顿政府成立了"国家绩效评估委员会"(National Performance Review Committee,简称 NPR),NPR通过大量的调查研究,递交了《创建经济高效的政府》和《运用信息技术改造政府》两份报告,提出应当用先进的信息网络技术克服美国政府在管理和提供服务方面所存在的弊端,这使得构建"电子政府"成为美国政府改革的一个重要方向,也揭开了美国电子治理建设的序幕。

1994年12月,美国政府信息技术服务小组(Government Information Technology Services)提出了《政府信息技术服务的前景》报告,要求建立以顾客为导向的电子政府,为民众提供更多获得政府服务的机会与途径。1996年,美国政府发动"重塑政府计划",提出要让联邦机构最迟在2003年全部实现上网,使美国民众能够充分获得联邦政府掌握的各种信息。

1998年,美国通过《文书工作缩减法》,要求各部门呈交的表格必须使用电子方式,规定从2003年10月开始全部使用电子文件,同时考虑风险、成本与收益,酌情使用电子签名,让公民与政府的互动关系电子化。

2000年9月,美国政府开通"第一政府"网站(FirstGov.gov),这个超大型电子网站,旨在加速政府对公民需要的反馈,减少中间工作环节,让美国公众能更快捷、更方便地了解政府,并能在同一个政府网站站点内完成竞标合同和向政府申请贷款的业务。从内容分类来看,该网站一方面按地区划分,囊括了全美50个州以及地方县、市的有关材料及网站链接;另一方面又按农业与食品、文化与艺术、经济与商业等行业来划分,各行各业的有关介绍及网站也是随点随通。此时,美国政府的网上交易也已经展开,在全国范围内实现了网上购买政府债券、网上缴纳税款以及邮票、硬币买卖等。

为保障政府信息化发展,美国还制定了《政府信息公开法》、《个人隐私权保护法》、《美国联邦信息资源管理法》等一系列法律法规,对政府信息化发展起着重要的保障和规范作用。

据市场研究机构 eMarketer 最新数据显示,美国有 2.5 亿互联网用户,超过总人数的 77%。庞大的上网用户,良好的上网设施,为美国的电子治理奠定了坚实的基础。目前,美国联邦政府一级机构和州一级的政府全部可以上网,几乎所有县市都建立了自己的站点。美国政府正在将一个个独立的网络联结起来,做到网网相连。

由于电子治理的推进,仅从 1992 年到 1996 年,美国政府员工就减少了 24 万人,关闭了近 2 000 个办公室,减少开支 1 180 亿美元。在对居民和企业的服务方面,政府的 200 个局确立了 3 000 条服务标准,作废了 1.6 万多页过时的行政法规,简化了 3.1 万多页规定。全国雇主税务管理系统、联邦政府全国采购系统和转账系统等网络的建立,不仅节省了大量的人财物,而且提高了政务透明度,堵住了徇私舞弊的渠道。

经过十多年的努力,美国电子治理建设取得了显著成效。纵观美国的电子治理,按照用户的不同可分为四大类型:

(1) 政府—公民:简称 GtoC,其主要目的是建成一站式在线服务,并引入现代管理工具,以改善服务质量和效率,使公民能得到高质量的政府服务;

(2) 政府—商界:简称 GtoB,其主要目的是通过大量削减数据收集的冗余度,减轻商界的负担,对商界提供顺畅的一站式支持服务,使用 XML(电子商务语言)与商界建立数字化通信系统;

(3) 政府—政府:简称 GtoG,其主要目的是整合和共享联邦、州和地方三级政府的数据,以改善对信息系统的应用,为关键的政府行为(如救灾行动等)提供更好的综合服务;

(4) 政府内部:简称 IEE(内部效率和效能),其主要目的是借鉴产业界的先进经验(如供应链管理、财务管理和知识管理),更好地利用现代化技术减少政府支出,改善联邦政府机构的行政管理,使各机构能提高工作效率和改进绩效,消除工作拖沓现象,改善雇员的满意度和忠诚度。

目前,信息技术在美国政府部门中主要应用在以下方面:

一是用于政务公开。美国各级政府都广泛利用功能强大的政府网站向社会公开大量政务信息。这些信息包括:政府领导人的重要活动及演讲,政府工作的最新动态,民众到政府办理注册、登记等事项的有关信息,与政府工作相关的研究、支持机构的有关信息,等等。可以说,大部分与民众相关的政府事务,都能及时通过政府网站公示。例如在美国教育部网站,打开有关政府资助的栏目,就可以查阅到政府资助的项目及具体要求,包括标书如何填写、如何申请,以及以往资助项目的详细情况等。

二是提供网上服务。美国的政府网站,大都在首页头版位置设有网上服务栏目,用于为民众提供各种查询、申请、交费、注册、申请许可等服务。由于这些栏目充分发挥了网络的优势,将分属政府各部门的业务集中在一起,并与相应的网上支付系统配套使用,因而具有了"单一窗口"、"一站式"、"24小时"、"自助式"等特点,体现了网上虚拟政府的发展方向,极大地方便了民众办事。

三是实现资源共享。各级政府通过政府网站,向大众提供政府所拥有的公用资料库信息资源,从而实现公共信息资源的加值利用。例如,洛杉矶市政府将地理信息系统用于为市民提供环境信息查询,市民只需键入自己的家庭地址,即可在地图上清楚地了解到周围政府部门、医院、学校等与市民生活相关的各种公共服务机构的信息。各种社会经济统计指标、地区经济发展状况、旅游资源状况、网上图书馆、网上地图也在政府网站提供的服务之列。

四是内部办公电子化。由于美国的各级政府处理各种事务都是严格按照相应的法律法规办事,所以其政府部门没有层层下发的带有强制力的政府文件,机关内部的办公事务主要依靠电子邮件来传递信息,同时,传统的纸质文件、书面签名方式仍然在处理一些重要事务时使用。其政府机关内部办公软件主要包括文档处理软件和在网络安全认证基础上的电子邮件系统,以及各种专门业务处理软件。会议通知、信息传达、政策宣传、法规颁布、意见调查等,都以电子邮件方式处理,以加快信息的流通。

五是提供安全保障。政府部门的内部办公一般都建有专门的内网,内网与互联网之间有严密的隔离措施,有的还是物理隔离。政府机关工作人员的保密安全意识很强,其内部办公网一般都不许外人参观。

美国政府网站的内容非常丰富,以美国的农业市场服务机构(AMS)为例:AMS由政府出资兴建,在全国收集产品价格,每天通过网络和其他媒体公布农副产品市场的信息,目的是帮助公民们(特别是农场主们)了解市场、平等竞争。再以美国政府的"犯罪信息中心"为例,它具有超级图像处理、指纹辨析、管理自动化等功能,普通用户在任何微型电脑或手机中均可以链接进入该信息中心获取各种有关罪犯的信息,可以有效协助有关部门缉拿罪犯。此外,密苏里州政府还向公众提供详细的儿童护理服务信息和父母求助热线,同时还在网上提供"收养儿童照片簿",使那些意欲收养孩子的父母可以进入政府的开放主页,根据年龄查看孩子们的详细情况;康涅狄格州把政府的行政、司法和立法部门集合到一起,居民如果有什么问题,可以立即被导入与他(她)有关的169个市政当局中的任何一个;西弗吉尼亚州政府网站只需要居民输入各自的社会保障号码,即可查看他们税收减免的情况,该州还开放了全州就业数据库,内容详细,分门别类,便于查询,同时还有完整的在线申请表格。

美国最著名的政府站点是白宫站点,其内容既包括正式严肃的最新新闻以及联邦热点事件,也包括较为轻松的有关总统、副总统的家庭情况介绍等话题。白宫站点实质上是所有美国官方网站的中心站点,该站点上有一个美国联邦政府站点的完整列表,可以链接到美国政府所有已上网的官方资源。同时白宫站点以及所有内阁级(相当于我国部委级)的站点都提供了文本检索功能,可以通过关键词查找这些站点上的所有文献和文章。

总体来看,信息技术在美国政府部门中的应用已有相当的水平,可以说,其电子治理已经初具形态。但在建设中也存在不少问题,如各级政府之间、各州之间的办公网还没有做到网网相连,网络平台、安全技术方面没有统一标准,应用水平不同仍是制约电子办公的瓶颈,等等。

(二)新加坡

新加坡从20世纪80年代起就开始实施"行政事务计算机化计划",现在已成为世界上电子治理最发达的国家之一。目前,普通公民在家里通过政府的"电子公民中心"网站即可完成各种日常事务,例如查询自己的社会保险账号余额、申请报税、为新买的摩托车上牌照、登记义务兵役等。2000年新加坡政府借助互联网完成了第四次人口普查,普查的速度和效率都比以前大大提高。

新加坡这个只有400万人口的国家,电子治理的发达程度举世瞩目。现在,甚至连美国宾夕法尼亚州和加拿大的一些省都以新加坡为样板来实施政府电子治理。

新加坡电子政务系统中的电子公民中心是一个三维虚拟社区。在这里,任何公民都可以完成其虚拟人生,而政府部门则是公民人生旅途上的一个个站点,医疗保健、商务、法律法规、交通、家庭、住房、招聘等信息和部门都在"人生之路"两边的建筑物里,在人生之路上,可以找到从出生到死亡需要的所有政府信息。

新加坡电子政务系统完全由国家控制,没有私人参与,"新加坡已经为未来3年电子政府的维护预留了8.7亿美元资金。现在使用频率最高的个人所得税上税服务每年可节约34.3万美元的办公费用,每处理一笔业务可节约费用1.54美元。截至2002年7月,新加坡通过电子治理可以为新加坡公民提供200项以上的服务"[①]。

新加坡在推动政府信息化方面有许多成功经验。在过去20年中,新加坡计算机委员会实施了三项国家信息化技术计划,为政府信息化奠定了良好的基础。

第一项国家信息化技术计划:1981—1985年,实施公务员计算机化计划,为各级公务员普遍配备计算机,进行信息技术培训,并在各个政府机构发展了250多套计算机管理信息系统,推进政府机构办公自动化。

第二项国家信息化技术计划:1986—1991年,实施国家信息技术计划,建成连接23个政府主要部门的计算机网络,实现了这些部门的数据共享,并在政府和企业之间开展电子数据交换(EDI)。目前,新加坡是全球少数几个率先在对外贸易领域推行电子数据交换,实现无纸化贸易的国家之一。

第三项国家信息化技术计划:1992—1999年,在公务员办公计算机化和国家信息技术计划成功实施的基础上,制定并实施了其目标是将新加坡建成智慧岛的IT2000计划。1996年,新加坡宣布建设覆盖全国的高速宽带多媒体网络(Singapore one),并于1998年投入全面运行。

Singapore one 的开通,使新加坡处于数字时代的领先地位。Singapore one 不仅对企业,而且为普通百姓提供了高速、交互式多媒体

---

① 新加坡的电子政务建设[OL].[2014-12-05]. http://www.china.com.cn/chinese/zhuanti/283272.htm.

网上信息服务。政府依托 Singapore one 对企业和社会公众实行一周 7 天、一天 24 小时的全天候服务。

（三）加拿大

加拿大政府在 1999 年的国情咨文中宣布：政府要做使用信息技术和因特网的模范，计划到 2004 年实现电子政府，政府适于公开的信息和服务将以因特网为主进行。

加拿大的电子治理虽然起步较晚，但是发展速度较快，这与加拿大良好的基础设施有很大关系。加拿大号称全球联网率最高的国家。全国主要城市均有高速数据网联通，通信上网费全球最低。由政府、企业共同参与建设的国家光纤网于 2001 年建成并投入使用。加拿大在信息基础设施方面的巨大优势为其发展电子政务打下了坚实的基础。

加拿大政府大力推广和加大电子治理在各行业的应用，不仅实现了教育、就业、医疗、电子采购、社会保险等领域的政府电子化服务，而且根据需要不断增加和集成新的政府门户网站，先后建立了加拿大政府门户网站、加拿大出口资源网站、加拿大青年网站等诸多政府网站。

1."政府在线"战略计划

加拿大的政府在线（GOL）计划首先是服务的创新，重新认识政府的信息和交易性服务传递，这样政府就能更好地满足公民和企业的需求。这就意味着政府必须大力使用信息和通信技术，通过一种完整的形式——集中在互联网门户或者"一窗口"式的途径，向公民和企业提供更优质、更快捷、更便利和更安全的服务。实现这些目标需要来自充分了解公民和企业的信息反馈，同时，需要联邦政府跨部门间的水平协调以确保"统一的政府"策略，对各级政府、不同部门的行政界限要实现充分协调，加强与私有部门和非营利部门的合作。

2.门户与入口

2001 年 1 月，加拿大对国家电子政府网站（www.canada.gc.ca）进行重新设计，新设计全面体现了政府网上服务是一种以客户为中心的服务理念。新设计的门户对政府所服务的群体进行了客户分类，并针对三个客户群体连接三个主要的入口：一个是个人/公民入口，一个是企业入口，一个是非加拿大人和国际客户入口。

通过个人/公民入口,加拿大人可以很快找到经常需要的信息与服务,如健康、顾客保护和工作以及缴税等。原住民、青少年、新移民、残疾人和老人等只用一次点击就能找到他们所要的东西。

通过企业入口,加拿大企业可以进入10个快速链接。通过使用这10个链接,企业可以找到从成立到雇佣、缴税、融资、出口、网上投标、专利申请、统计报表等信息,因此这个入口成为企业的得力工具。

通过非加拿大人和国际客户入口,外国学生、工人、旅游者和商人可以找到所需的不同信息。这个入口是一个重要的工具,加拿大政府希望通过它来加强加拿大的竞争优势,并通过它来宣传加拿大,使外国人相信加拿大是一个适宜居住、经商和投资的国家。

3. 电子采购

为了确保政府部门能够快速地获得"政府在线"战略计划议程上确定的个人方面需要的技能,采购的手段被设计成吸引和限定一个大范围内的公司。结果是,"大约有190家公司被赋予了人力资源管理、专业信息服务、商业流程和目录管理等领域的超过380项供给项目"[①]。这些新的分配将会在公平、公正和成本效率的原则下通过一段时间实现必需的技能。

二、国外代表性国家电子治理发展的基本经验

国外代表性国家的电子治理在组织机构建设、电子治理发展战略、政府业务流程优化、绩效评估、公共服务接入点、法律法规和标准化建设等方面有许多宝贵的经验值得我国学习。

(一)加强法律法规建设,有序发展

国外电子治理的经验表明,法制化和标准化是电子治理的基础性工作,是电子政务系统实现互联互通、信息共享、业务协同、安全可靠的前提。为确保电子治理的顺利实施,国外先后出台了一系列法律、法规和政策,主要涉及信息资源管理、电子签名及认证、信息安全和政府业务流程规范等方面。国外在加强法律法规建设的同时,还非常重视标准化工作,因为没有统

---

① 薛晓户,焦宝文.全球电子政府发展概况[M].北京:中国财政经济出版社,2003:63.

一的标准,就谈不上互操作的问题。从网站建设到后台基础设施建设的一系列标准的出台,使各级政府部门的电子治理得以有序发展。

(二)强化组织机构建设,协调推进

电子治理是一个复杂而艰巨的过程,它不是简单地对业务流程进行改进并实现电子化,实质上需要对行政管理方式进行变革,必然会涉及多方面的利益冲突,阻力很大,因此需要强化组织机构建设,统一领导并协调推进电子治理。

美国的电子治理由总统管理委员会统一指导,管理与预算办公室负责电子治理战略的制定、执行和协调推进。由联邦政府各部门和地方政府的首席信息官组成的首席信息官委员会定期召开联席会议,协调治理。管理与预算办公室主任是总统内阁成员。

(三)规范优化业务流程,服务优先

电子治理深入开展要求政府业务流程的规范和优化,后者反过来又促进了电子治理的效能。对政府部门的业务流程进行整合和优化,不仅有利于指导政府的 IT 投资决策,避免重复建设,而且还将加强政府部门之间的横向和纵向合作交流,更好地为公众服务。确定优先提供的在线服务项目,以应用带动业务整合,以前台应用带动后台整合是两个重点,而后台整合涉及业务流程优化和重组甚至是结构性调整等方方面面的问题,头绪多,难度大,也是国外电子治理面临的主要难题。

美国在制定电子政务规划时,本着"以公众为中心"的原则,确定了 24 项对公众最有价值的优先在线服务项目。加拿大在电子治理中始终遵循为公众服务的宗旨,通过民意调查确定需要建设的在线服务项目,再通过民意调查和测评,对在线服务项目进行不断改进和完善。

(四)建立公共服务接入点,推广应用

为了使公众能够平等获取政府信息,使政府机构的信息资源得到更为广泛的开发和利用,国外很多国家采取了诸如建立社区技术中心和互联网公共接入点、对弱势群体开展免费培训和发展多样化信息终端等措施,促进电子化公共服务的推广应用。

如根据美国的《电子政务法》要求,美国建立了覆盖全国各城市和乡村的社区技术中心,并利用社区技术中心、公共图书馆和其他公共机构为公众提供了互联网接入服务。在美国政府的鼓励下,许多私人机构和非营利组织还通过捐助资金和设备、提供培训资料等方式来资助社区技术中心的发展。

第三节 网络舆论背景下中国电子治理的必然和实然

一、网络舆论背景下中国电子治理的必然性

21世纪,网络已日益成为人们社会生活中不可缺少的一部分。而政府作为国家行政机关,作为整个社会顺利运转的核心和调节器,承担着大量的公众事务的管理和服务功能,实行电子治理,倾听网络舆论,彻底融入网络时代,适应未来信息化社会对政府的需要,已经成为一种客观必然的趋势。

(一)电子治理促进公民自网络的形成

强大的公民社会是政府善治的基础,加强公民社会在政府治理中的作用是培养强大公民社会的最好途径。在电子治理的环境下,公民通过现代信息技术尤其是网络技术和电子媒介与政府或其他组织进行互动,不断推动网络公民社会的形成和发展。

(二)电子治理利于公民社会的有效参与

公民社会的有效参与是政府治理合法性的基础性来源,可以认为中国政治民主的实现依赖于公民参与,其也是政府善治的一个明显的特征。①

---

① 王慧军.善治视角下的电子治理[J].中国信息界,2009(4).

电子治理激发了公民参与政府治理的热情。电子治理的互动性使每一个公民都有权获得与自己利益相关的政府政策信息，成为信息生产和选择的主动者。新型多样化的与政府直接对话的渠道，进一步增强了公民的政治功效感。

电子治理创造了公民参与的信息环境。政府信息公开保证了公民获取、处理信息的能力，各级政府网站的建立提高了信息产生的速度，保证了信息的权威和真实性，公民随时随地就能了解和掌握政府动态。

电子治理提供了公民参与的技术支撑。电子治理先进的信息技术和信息管理方法把政府和公民联系起来，公民可以高效率、低耗费地参与政府治理，这种技术优势也使得网络政治参与如民测、调查、选举等形式更为容易和简单。

（三）电子治理促进社会的和谐发展

回应性是政府善治的重要特征，一般来说，政府回应程度越高，善治的程度也就越高，也越有利于社会的和谐与稳定。所谓回应，主要是指政府工作人员和管理机构必须对公民的要求做出及时和负责的回应，不得无故拖延或置之不理。毫无疑问，电子治理形态下的政府信息公开是最好的网络回应。

如江苏省盱眙县在网上开通了"阳光纪检"，经统计，自开通以来，在盱眙县纪委受理的群众投诉中，超过75%的都涉及民生问题。其中，仅住房、交通、环境卫生等方面的投诉就占到了投诉总量的40%。2011年12月9日，网民"2310406352"发帖声称"惊闻盱眙的大白菜2分钱一斤"，白菜市场供大于求，菜价低廉，县纪委也无能为力。但县纪委在回帖中先强调县委县政府已经采取的措施，然后贴出盱眙县政府新浪和腾讯的官方微博地址，引导和鼓励网民通过QQ、微博等方式转发白菜销售信息，帮助菜农渡过难关，央视新闻频道也对此事进行了报道。微博的海量转发、媒体的间接宣传，盱眙县白菜滞销的情况终于有所好转，菜农的损失已降到最低，有力地消除了社会不稳定因素。①

---

① 发挥网络舆论监督的"正能量"[OL].[2013-07-03]. http://www.intha.cn/News_View.asp? NewsID=18779.

（四）电子治理增进治理主体的责任性

电子治理以优化的规范化管理为基础，既为电子治理的实施提供了动力，也给作为治理主体的政府强化责任意识，进一步精细化权责体系注入了压力。电子治理环境下社会公众更容易对政府责任履行情况进行监督。

当下网络问政受到党政机关领导的普遍重视，2009年以来19个省市区以红头文件的形式制度化办理网友留言。其中安徽省高度重视办理人民网网友给省委书记留言工作的制度化、规范化。截至2009年3月底，安徽省委督查室已转有关地方和部门办理网友留言129条，101条办结并向省委督查室作了书面反馈，42条答复意见在人民网公开回复。2009年4月10日，安徽省委办公厅将《人民网网友给省委书记留言办理工作暂行规定》下发到全省，5月份正式颁布实施，将定期收集、处理网上民情纳入政府日常工作并从制度上加以规范。为此，《人民日报》专门刊发稿件《安徽办理网友留言制度化》，详细介绍了安徽省委重视"人民网地方领导留言板"网友留言的系列举措。该《规定》对网友留言的办理主体、办理时限、责任追究均作出明确限定。下发当天，网友留言反映临泉县单桥镇政府大楼10多年未建成，阜阳市委督查室当天认领；4月12日，网友留言希望合肥西站迁移之后多通几路公交车，合肥市委督查室当天认领；4月13日，网友留言投诉灵璧县供电公司施工损毁大片麦苗，宿州市委督查室当天认领……

（五）电子治理降低行政管理的成本

传统的政府管理行政成本居高不下，各项资源浪费严重，"文山会海"的现象长期存在，行政效率低下。通过实施电子治理，政府业务流程得到重组，成为减少行政费用，节省开支的新途径。电子治理的推进和发展，使传统政府部门必然向网络组织方向发展，网上建立起了虚拟政府，开展起虚拟办公、远程会议的新形式。政府组织和职能得到整合，减少了不必要的中间环节，办公费用和工作人员数量大为降低。

二、网络舆论背景下中国电子治理的实然性

到目前为止,中国的电子治理发展大致经历了四个阶段,即办公自动化阶段、"金字工程"实施阶段、政府上网阶段以及"三网一库"阶段。第一阶段始于20世纪80年代办公信息化建设时期。全国各地政府机构陆续开始建立起了各种纵向或横向的内部信息办公网络,很多政府机构还成立了专门的信息中心,为提高政府的信息处理能力和决策水平起到了重要作用。第二阶段是从1993年启动了以实现电子化政府、加强政府部门对经济监管力度的"金字工程"。首先选择的是旨在推动信息化的基础设施走向深入,保证重点行业、部门传输数据和信息的"三金工程"("金卡"、"金桥"、"金关")。"三金工程"成果丰硕,为后续一系列"金字工程"("金税"、"金审"、"金盾"、"金质"等)奠定了基础。其后进入第三阶段,政府信息化工作开始考虑面向社会和公众。1999年1月,40多个部委(局、办)的信息主管部门共同倡议发起"政府上网工程",标志着真正意义上的电子政务在中国启动,由此兴起了政府网站建设的热潮。持续至今的第四阶段始于2000年10月,"三网"(内网、专网、外网)和"一库"(资源数据库)开始建设。

客观地说,中国特色的电子治理模式改善了较为薄弱的基础条件,取得了一定进展。依据联合国历次的电子政府评估报告,中国电子政务的参与度指数一直呈上升趋势:2003、2004、2005、2008以及2010年的得分依次为0.069、0.082、0.1905、0.4773、0.3714,相应的电子政务参与度排名依次为第33、32、32、20、32位;电子政务的成熟度则变化缓慢,且有回落;2003、2004、2005、2008以及2010年得分依次为0.416、0.4356、0.5078、0.5017、0.47;电子政务的成熟度排名依次为第74、67、57、65、72位。[①] 从以上排名可以看出,中国电子治理在提升政府服务水平方面起到了一定的积极作用,得到公众认可,但是总体水平目前仍落后于美国、德国、法国及新加坡等发达国家。

在电子治理建设历程中,除了推进信息通信基础设施的建设以外,政

---

① 王友奎.联合国发布2010年全球电子政务绩效评估结果[OL].[2013-06-23]. http://www.cstc.org.cn.

府网站特别是"一站式"网站的建设更是题中应有之义。

既然公共服务的职能最终要通过各级政府部门或机构的具体行动来实现,那么该类政府网站的信息和服务内容就应该与社会公众更加贴近,内容更加具体明确,开始从政府信息公开、网上办事走向政民互动。从一系列测评结果来看,级别越高的地方政府,在电子治理的建设方面越有优势,特别是省级以上的政府网站做得较好(见表5-1)。"中国上海"门户网站在省级政府网站绩效评估中以89.5的总分排名第一,上海市浦东新区位列县(市、区)政府网站绩效评估第一名,上海市徐汇区、上海市静安区并列县(市、区)政府网站绩效评估第五名。

表5-1 2012年省级政府门户网站绩效评估得分排表①(前十名)

2012年排名	单位名称	总得分
1	上海	89.5
2	北京	88.6
3	浙江	86.5
4	福建	85.9
5	广东	85.1
6	四川	84.3
7	江苏	83.5
8	江西	83
9	陕西	82
10	湖南	80.3

通过考察这类部门网站,更有助于了解我国电子治理的发展现状。因此,笔者选择了中国最具影响力的省级政府网站之一的"首都之窗"作为分析对象。

1998年7月1日开通的北京市政府门户网站——"首都之窗"包括

---

① 2012年中国政府网站绩效评估结果发布"中国上海"门户网站排名第一[OL].[2013-06-24]. http://www.shanghai.gov.cn/shanghai/node2314/node2315/node4411/u21ai690391.html.

了政府网站服务所涉及的政府信息公开、网上办事、政民互动三大板块，上述内容进入相应的链接网页则可以进一步看到具体内容。

首先，"首都之窗"公开的政务信息包括如下项目：最新公开信息、政府信息公开、政府专项工作、政策解读、政务直播等（见图5.1）。

图5.1 "首都之窗"政务信息公开栏目

其次，"办事服务"栏目扩展了网站服务范围，服务对象包括个人、企业。对个人的在线服务涉及教育、劳动就业、社会保障、医疗卫生、房屋、交通出行、户籍身份、婚育收养、出入境、公用事业、纳税等20项；对企业的服务涉及了企业的行业准入、设立登记、变更登记、经营许可、工程建设、年审年检等11项（见图5.2）。而且"首都之窗"还通过各种渠道消除数字鸿沟，以方便特殊人群使用在线服务。比如开辟了"无障碍浏览"板块，给盲人提供语音服务。

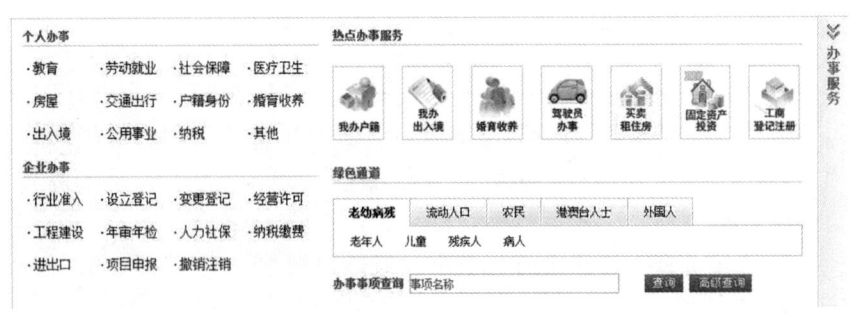

图5.2 "首都之窗"办事服务栏目

最后,该政府网站还通过政风行风热线、征集调查公众意见、在线访谈、给市长写信、反映企业呼声、分享政府办事经历等方式与网络使用者进行互动(见图5.3)。通过政风行风热线反映问题的信件至2013年6月24日总计达到228 794件,当日信件也有28件。

图5.3 "首都之窗"的互动栏目

"首都之窗"政府网站具有一定的典型性,基于2012年中国各级各部门的政府网站的采样数据分析又具有一定的普遍性,可以看出政府网站的发展主要呈现出四大亮点[①]:

亮点一,在国家强有力的支持和指导下,各级主管部门不断加强日常监督检查,网站的可用性和内容丰富度显著提升。部委、省级、副省级政

---

① 2012年中国政府网站绩效评估结果发布[OL].[2013-08-20]. http://www.ccidgroup.com/gzdt/3662.htm.

府网站链接可用性由2011年的84.5%上升至98.7%,基本消除了错链、断链问题;地市级政府网站的服务功能可用性、互动功能可用性分别达到了93.9%和90.4%,比2011年分别增长了32.1%和30.6%,更加方便公众办事和互动,同时基本消除了与上级和下级不同政府网站的外部链接不规范、不可用等问题。

亮点二,各级政府服务意识明显提升,面向企业和社会的基本服务得到应有重视。在全国,绝大部分地市级的政府网站扩大了服务的覆盖面,超过七成的网站梳理整合网络资源后纷纷以网络专栏、专题的形式更好地满足企业和社会领域的需求。在网站查询方面,也普遍优化完善了教育、社保、就业、医疗、住房等领域的专题专栏,不断扩展服务范围、延拓服务深度,更好地满足了社会公众的重点需求。

亮点三,统一网站管理平台,实现集约化建设。当前,我国部分较为领先的政府网站积极推进政府网站的统一管理平台,实现网站基础设施的统一规划、统一标准、统一管理,消除了基层政务工作"技术力量薄弱、标准不统一"的发展短板,降低了政府网站建设、运维成本,推动跨层级、跨部门信息和服务资源共享,已经成为我国政府网站的重要发展趋势。

亮点四,拓展服务渠道,建立多元服务体系。建设智能手机客户端,方便公众随时、随地、随心地访问政府网站;优化搜索渠道,推介政府权威服务;开通政务微博,引导网络舆论。

尽管中国各级政府在电子治理领域已经取得了很大成绩,但各级各部门的政府网站仍然存在如下问题和不足,有待于在今后的工作中逐步解决。一是政府网站的信息容纳量较窄。随着网络舆论对政府行为的关注度和要求的不断上升,政府网站急需扩大容纳量,进一步满足公众对信息、服务和参与治理的需求。相对于省级以上的政府网站,已建的部分地方政府网站上有价值的信息并不多,有的仅是部门简介、官员介绍、政策法规宣传等内容,电子服务项目比如电子采购、网上申报、网上投诉等提供的却很少。二是政府网站的信息更新速度过于缓慢。很多网站很少更新,信息陈旧,特别是重点领域信息公开的差距较大、行政权力运行的透明度不高、办事服务的便捷度较低,这样落后的状况根本无法保证让广大公众及时、准确地了解政府各部门的最新动向。

第四节 网络舆论背景下创新政府治理形态的路径选择

电子治理最重要的精髓是建构一个"虚拟共同体"(virtual community),即跨越时间、地点和部门的全天候的社会服务体系,当然这一进程更多的是由政府组织推动并逐渐实现的。但是,因为过于崇尚网络与信息技术的工具取向,目前中国电子治理在具体定位与现实运行的过程中仍然存在着相当程度的缺憾,过度强调政府中心论原则下的技术引入对政府自身变革与管理所具有的积极作用,而在很大程度上忽略了其中诸如民主、参与等最为本质的,比技术工具价值更高层面的价值理性。而要解决上述缺陷与不足,应该从发展模式、参与主体、核心运行机制、实现路径等方面寻求网络舆论背景下中国电子治理的全新的科学思路。

一、确立以"顶层设计"统领电子治理整体发展的模式

顶层设计是新时期电子治理切实转变各自为政、分散建设、技术驱动的发展方式,全面进入集约、高效、安全、可控发展的新阶段所面临的一项重要、紧迫性任务。当前,中国开展顶层设计的内外部环境和基础条件已经具备,电子治理发展的成效日渐显现,电子治理已经站在一个新的历史起点上。尽管如此,中国还缺乏指导电子治理从政务使命、绩效目标、业务规划到技术实现的规范的顶层设计体系,加快顶层设计的研究和探索工作十分迫切。而对全国自上而下如何开展电子治理顶层设计,又如何将顶层设计与地方分散的电子治理相结合还未形成明确的思路。因此,结合中国电子治理的发展实际,应从战略和全局的角度提出中国电子治理发展模式的总体思路。

(一)中央对电子治理的统筹管理

顶层设计代表的是一种系统论思想和全局观念,其主要特征包括以下三个方面:一是顶层决定性,顶层设计是自高端向低端展开的设计

方法,核心理念与目标都源自顶层,因此顶层决定底层,高端决定低端;二是整体关联性,顶层设计强调设计对象内部要素之间围绕核心理念和顶层目标所形成的关联、匹配与有机衔接;三是实际可操作性,设计的基本要求是表述简洁明确,设计成果具备实践可行性,因此顶层设计成果应是可实施、可操作的。

无论是联邦体制的美国与德国,还是作为欧盟成员的英国与法国,其电子治理模式都带有鲜明的中央统筹管理的特点,中国的电子治理从发起到各个阶段的运行也都遵循了"自上而下"的发展模式。事实证明,中央层面的支持是保障电子治理工作高效推进的必不可缺的动力。

首先,建立独立的领导机构进行统筹管理。2008年3月,国家大部制改革开始以后,曾起着日常协调电子治理工作职能的国务院信息化工作办公室被撤销,其职能转移至工信部的信息化推进司,使得中央统筹电子治理功能有所削弱,也影响了中国电子治理的有序性与连贯性。[①] 2014年2月中央网络安全和信息化领导小组的成立正是从国家顶层设计的角度统筹考虑后迈出的实质性一步。小组的成立,能够同时统筹网络、发展、安全等诸多问题,规划国家重大决策,避免建设归建设、管理归管理的分离式发展,是加强网络安全和信息化发展顶层设计的重大举措。在推行电子治理的进程中,由国务院总理亲任领导小组组长的中央信息工作领导小组,在宏观层面始终坚持对该项工作的统筹规划,对包括各部委以及各地方政府在内的全国的电子治理工作作出统一决策,进行统一指导,显示了中央政府对电子治理工作的高度重视,为发挥单一制的优势创造了条件。

其次,以政策和规划统筹电子治理发展思路。中央层面先后颁布了《国家信息化领导小组关于中国电子政务建设指导意见》和《国家电子政务总体框架》。《国家电子政务总体框架》是"十一五"期间指导各地区、各部门电子政务建设的基本架构,从战略高度描述了电子政务的整个体系结构,阐述了电子政务建设的基本要素及彼此之间的关系,是对顶层设计进行初步探索的产物。由此确定了中国电子政务的总体框架是由服务与应用系统、信息资源、基础设施、法律法规与标准化体系、管理体制构成,

---

① 董礼胜,等.发达国家电子治理[M].北京:社会科学文献出版社,2012:199-205.

并规定服务是宗旨,应用是关键,信息资源开发利用是主线,基础设施是支撑,法律法规、标准化体系、管理体制是保障。国家"十二五"规划进一步明确了中国电子治理的战略地位。2012年3月,工业和信息化部发布了《国家电子政务"十二五"规划》,指明了下一阶段中国电子政务的发展方向和重点,5月,国家发改委发布了《"十二五"国家政务信息化工程建设规划》,该规划是基于我国政务信息化和国家信息化基础设施建设领域已有成绩和存在问题所进行的顶层设计。

再次,以国家层面信息化建设的示范作用统筹领导。一方面,中央及政府领导人以示范作用带动各级领导的网络参与。国家领导人在线与网民互动就为地方领导人树立了良好榜样,随之而来的是,各级各地政府及其部门领导人纷纷开辟与网民交流的电子平台。一方面,政府门户网站的建设也是始于中央,尽管各地存在具体业务内容和基础条件的差异,但是中央政府网站能够为地方政府提供电子治理建设的框架。

电子治理是庞大的系统工程,涉及诸多政务、信息、技术甚至是体制机制方面的问题,是一项具有复杂性和长期性的工作,在顶层设计方面更需要制定分阶段的工作目标,未来5年,顶层设计工作可以分成三个阶段。第一阶段是扩大试点、积累经验阶段,大约需要两年时间,工作的重点是率先在政府业务中试点,在重点业务域形成突破,快速积累知识,形成工作规范;第二阶段是扩展应用、深入完善阶段,也需要大约两年的时间,工作的重点是把第一阶段的成果在全国各省市政府进行推广应用,电子治理顶层设计的成效开始显现;第三阶段是普及应用、全面推广阶段,电子治理顶层设计在党委、人大、政府、政协、法院、检察院各系统得到普及应用,顶层设计的方法体系基本完善。

(二)地方政府电子治理的科学、系统发展

电子治理顶层设计旨在指导全局性的规划建设,促进多部门的协同,涉及面广,推动力度大,各级政府在开展顶层设计工作时需要形成一个具有统筹推进职能的组织体制,保障其顺利实施。然而我国地方政府的电子治理在理论设计、实践发展和具体操作上还存在诸多不足:

一是地方政府电子治理在理论上还不明晰,标准上还未统一。在现实网络舆论背景中,我国的各级政府、各级行政主管部门都在实施电子治理,但对于如何建设、管理模式、建设规模、实施的具体目标以及达到的效果都还没有一个标准。

二是部分地方政府在实施电子治理时存在应付情绪。一些地方政府领导实施电子治理主要是为建设而建设。政府信息化的要求是其建设的首要目标,为此投入了大量的时间及人、财、物等各类资源,这样一来既能应付上级的检查又在形式上取得较大政绩,取得双赢效果。但却忽略了实质性功效和公众的满意度、认可度。电子治理并没有起到改善政府服务、提高执政水平的实际作用。

三是部分地方政府在实施电子治理时在操作层面也存在不足。一些地方政府以技术指标作为电子治理的阶段性目标并予以强化,弱化了对功能的规划,造成重电子轻治理、重平台开发轻资源利用、重硬件轻软件等弊病。有的地方政府在实际工作中试图一步到位,忽视基础积累,有的没有把握好机遇,停留在建设门户网站和办公自动化等初级水平上,徘徊不前。①

地方政府的电子治理必须在克服上述缺陷与不足的基础上,进一步科学、系统地发展。而适应政府、社会、公众的需要是其前提,因为地方电子治理建设的最终目标是促进各地电子政务系统的广泛使用,不仅为本地公众,也要对外部社会公众提供高效方便的电子公共服务。

首先,加强领导,统一规划。在地方政府实施电子治理的过程中应使地方政府领导对电子治理科学定位,转变传统的政府管理理念与方式,认识到电子治理重建了政府流程、组织结构、管理职能,并不是简单的政务工作的电子化。并使其认识到电子治理建设的必要性、紧迫性和长期性。电子治理的实施也可以效仿发达国家,在政府内部设立独立而专业的机构进行统筹管理,地方政府授予其一定的管理、协调、监督的权限。

其次,定期考核,促进发展。2013年底由北京师范大学课题组推出的《2013中国省级地方政府效率研究报告》首次将电子治理纳入政府绩效考核因素,这说明对电子治理的考核已备受瞩目。各级地方政府可以因地制宜,根据当地信息基础设施的已有条件和信息化建设水平制定电子治理的绩效考核办法,通过定期考核推动当地电子治理水平的提高。

---

① 李平,等.地方电子政务研究[M].北京:中国科学社会出版社,2007:89.

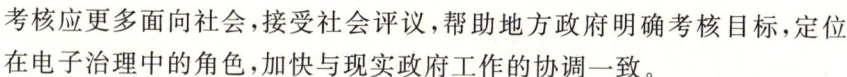

考核应更多面向社会，接受社会评议，帮助地方政府明确考核目标，定位在电子治理中的角色，加快与现实政府工作的协调一致。

最后，加强互动，保证质量。中国东部沿海省市的政府电子治理经验值得借鉴和推广。相对落后的地区可以通过调研或引进人才的形式，加强与这些省市的交流，选择科学的方法逐步推进，形成合理完善的电子治理建设周期。

基于以上分析，以"顶层设计"统领电子治理整体发展的模式即通过制定关于一个地区、行业或者部门电子治理发展规划或总体框架的详细设计，模型化设定内部各要素之间有效组合运行的动力机制、建设机制和发展机制，以保证电子政务系统功能相互协调、结构基本一致、资源互相共享、标准基本统一。电子治理顶层设计工作应当由电子治理主管部门牵头，成员单位包括机构编制部门、发改部门、财政部门、经信部门、科技部门等，通过这些部门之间的协同，共同推进顶层设计工作的开展及成果应用。

中国在电子治理顶层设计方面应加大政策推进力度，进一步加快完成电子治理顶层设计的试点工作。已有试点应认真总结经验（目前仅有福建省开展了顶层设计的试点工作），发挥试点示范作用，为其他地区和部门开展顶层设计工作提供有效借鉴。同时，应选取一些条件较为成熟的省会城市、计划单列市和地级市同步开展顶层设计工作，进一步扩大试点范围。试点省市的选择可以重点考虑主管领导决心、电子政务基础和应用水平、人才储备、投入保障能力、地域和经济水平差异等几个主要因素。建议至少再增加两个省和一个直辖市，每个省再选择省会城市、1~2个地级市和2~4个区县开展试点，形成层级体系。

二、实施网络舆论与电子治理互动的保障性措施

电子治理持续有效发展的关键因素包括多元主体是否形成、公民社会是否成熟、公民参与程度如何、信息网络是否宽泛等。网络舆论与电子治理的互动对主体条件、社会基础、技术支撑、基础设施提出了一定的保障性要求。

（一）多元力量参与建设

电子治理建设对于经济条件的依赖性极高,这也是发达国家占有电子治理优势的重要原因。一方面需要包括"硬件"或"软件"在内的雄厚的物资设备作为实施电子治理的依托,另一方面需要培养大量的电子治理人力资源。

在发达国家,虽然经常有国家项目资金的资助,但单凭政府的力量似乎也不太可能达到理想效果。因此,为构建信息社会电子商务和电子政务的基础框架,在建设信息通信基础设施以及政府网站方面,发达国家一般采取外包的方式,由政府和私营企业、科研机构密切合作,分工负责,共同建设国家基础信息架构,使其为全体公民,包括偏僻地区的居民提供方便接入的、能够负担得起费用的、均等的网络连接。另外,除了借助社会力量的经济资助以外,也要重视借助社会的技术力量,可以起到削减电子治理成本的作用。

因此,为了推动电子治理的成功,必须吸收政府、社会以及公民等多元力量参与建设,既要提高管理者的信息技术水平,更需要注意提高使用者,即服务对象的素质。

（二）构建互动平台

电子治理强调的多元主体参与治理的原则并不是对等级权力的完全排除,政府仍然是电子治理中的重要环节而对资源和价值进行权威性分配,提供共同的行为规则,并将各个网络结点整合起来,使其围绕同一目标协同行动,以发挥整体功能。[①] 为此政府必须重新定位角色,配置权力,转变职能,塑造弹性的组织结构。政府在公共管理中应重点培育公民社会,赋予治理主体在各自核心优势领域内以一定权力和相应的责任,从而形成单元自主决策机制。在现实空间,政府权力与社会权力之间仍需保持一定的张力;在虚拟空间,政府则必须打破各部门之间的限制,使政府机关之间、政府与社会各界之间通过各种渠道进行互动,通过电子化手段将静态信息转化为动态信息。

---

① 叶战备,向良云.电子治理:电子政府发展的必然选择[J].探索,2007(3).

(三) 缩小数字鸿沟

数字鸿沟是不同国家、地区、行业、人群之间的"信息落差"和贫富分化,是信息化发展中的客观现象,这种现象长期存在进而导致社会各群体在信息时代面临的机遇差别巨大。中外电子治理的发展经验表明,数字鸿沟是电子治理发展的一大障碍,因此学者们习惯使用"跨越"、"弥补"、"消除"等理想化的术语去解决数字鸿沟问题。[①] 为了保证政府电子治理能够更好地倾听网络呼声、吸纳民意,而不是一小部分人的特权,因此,各国政府普遍采取积极措施来减少数字鸿沟带来的负面影响。在新加坡,政府把目光集中在低收入、低文化素质的人群上,通过各种方式和途径,让他们更多地接触信息技术、信息网络和信息服务,从信息建设的基础设施的投入、信息服务的范围,以及从提高信息分享者的自身素质上做文章、下功夫,再结合国家的经济实力给予恰当的资源分配来克服和缩短信息差距。比如通过在每个社区设立的民主服务中心和在公共场所提供的两万多台公共计算机等方式,不仅使当地民众而且连外国观光客都可以随时上网,查询政府部门的有关信息。新加坡解决数字鸿沟问题的思路是值得中国借鉴的,对发展电子治理具有重要的指导意义。

因此,克服、缩短信息差距是基于数字鸿沟现象而解决网民因能力的不平等导致实际权利失衡的根本思路,也是中国成功发展电子治理的前提条件。

1. 加大中西部地区经济扶持力度

缩短数字鸿沟的信息差距是一个系统工程,实际上是不同群体之间的能力和权益平衡问题。西部的广大农牧民已经成为最大的信息弱势群体,国家必须加大中西部地区经济的扶持力度,增加政府财力和居民收入,分步建设农村信息基础设施,当前最突出的是要解决农村通信问题,使得电子治理建设有物质上的保障。开创中国特色的信息传播形式,重点实施以下措施解决我国的数字鸿沟问题:对于落后地区,依据各地农村经济和社会发展状况,各级政府应采取倾斜政策,提高农村电话普及率,提供廉价的上网设施,降低上网费用。同时对于公众或中西部地区的个

---

① 曹红柳,张延林.我国电子政务面临数字鸿沟瓶颈的发展对策[J].企业经济,2011(1).

人上网费用,政府应该采取税收、财政等倾斜政策,鼓励个人上网;免费开放公共数据库,建立由政府投资的基础信息平台,设公共电脑亭、设立社区网络服务点等,为弱势群体提供获取信息的技能与手段;鼓励民间资本进入电子政务建设市场。

2. 大力发展信息技术教育事业

我们要把大力发展信息技术教育事业作为推进电子治理的长期性和战略性任务。一是加强学校的信息技术教育。在信息化建设较为落后地区的中小学推广信息课程,把普及信息技术知识作为基础教育的重要内容;在大学设置信息技术职业教育专业,培养中高级信息技术人才。二是鼓励社会各界投资信息技术教育产业,形成以政府办学为主体、社会组织和公民个人积极参与的多层次、多元化办学体制。三是把信息技术人力资源开发作为实施西部大开发战略和解决"三农"问题的重要举措,采取东资西引、财政转移支付等多种方法和渠道,帮扶西部少数民族地区、贫穷山区、革命老区的信息技术知识普及。

3. 加强高新技术建设

高新技术尤其是计算机、互联网、宽带接入具有基础性作用,首先,应该大力进行信息基础设施建设,进一步扩大宽带接入的覆盖范围。其次,采取有效的政策策略,大力发展信息产业,加强对电子信息技术的研究和开发,尽快掌握电子信息技术的核心技术,在集成电路、关键元器件、网络与信息安全、软件开发等方面实现重大突破,促进具有自主知识产权信息产品的生产和广泛应用。

总而言之,数字鸿沟问题是我国在电子治理建设过程中必然遇到也是必须面对的重大问题。应该努力寻求适合我国国情的对策和方法,把目光较多集中在低收入、低文化素质的人群上,通过各种方式和途径让他们更多地接触信息技术、信息网络和信息服务。只有这样,我国的电子治理建设才可能立足于实际并具有中国特色。

三、强化电子治理的核心运行机制

按照系统论的观点,政府电子治理应该具有完整的输入—输出,其中社会各方主体的电子参与、政府的信息公开、电子化公共服务恰好具备了可以描述这一过程的特征,作为电子治理核心运行机制的三大关键要素,需要从制度构建的角度进一步提高其运行效率和质量。

(一)建立网络化参与制度

参与是治理的一大特征,同时也是治理理论积极追求的目标。联合国公共行政管理部对其基本框架进行了界定,并考察了部分国家的电子参与现状。根据其描述,可以看出电子信息、电子协商、电子决策是电子参与的主要内容,目前这三个方面在我国已有所体现,但从公共行政管理部所提出的八项指标来看,电子参与发挥作用的空间仍然很大。近年来,我国网上论坛、网上听证、民意调查等参与互动形式成效初步显现,但从总体上看,政治参与有限,在线协商活动少,网络回复时间长,缺乏制度层面的指导和规范。因此,电子参与如何较好涵盖政治参与和行政参与,促进电子治理和民主政治的发展是一项重要的课题。

网络化参与的制度建设有利于使社会各类主体的网络参与从无序走向有序,使参与效果由隐性变为显性,从而成为电子治理运作的重大保障。首先,确定电子参与决策的程序并将其制度化。在公众电子参与正式发起之前,政府通过各种形式的网络渠道向潜在的参与者提供参与决策的信息,积极引导社会各方尽快熟悉操作并投入使用,最终提高公共决策的质量。其次,建立电子参与的质询制度。网民通过政府制度框架内的互动栏目、电子邮件等形式对政府工作或规章、制度提出质疑,其主题和对象均需在既定范围内。政府相关部门定时、公开回应。再次,建立电子参与的表决制度。网络技术可以弥补代议制民主不足,使民意得到最大程度的表达。对于需要广泛征求社会成员意见的重大公共事务,可以通过政府在网络发布的专用表决器进行,表决结果由现代信息软件自动统计,如此可以提高电子表决的实效。①

(二)建立网络信息公开制度

日益增强的公民的参与意识是互联网发展的必然结果,这就要求政府部门不断提高信息公开的程度。每当网络舆论危机爆发后,网络舆论

---

① 孔繁玲.构建电子治理运行机制探析[J].学习与探索,2006(6).

的首要诉求表达就是要求公布真相,公开信息。但是地方政府的做法却与网络舆论的诉求相悖而行,有的遮遮掩掩,不肯公布;有的在舆论压力下选择性公开;有的含糊其辞,模棱两可,以致事态非但得不到控制反而产生新一轮网络舆论危机。2010年河南商城县,有多人被蜱虫咬伤,不治身亡,引起村民恐慌。经调查发现,商城县基层医院存在误诊,医护人员也未按传染病防治法处理该病,造成个别患者死亡。患者、死者家属向卫生局投诉,但卫生局迟迟没有给予答复。相关政府称为了"维稳"而不公开疫情。此案例颇具典型意义,也是政府忽视信息公开的反面教材。

为了充分发挥信息公开在电子治理过程中的作用,必须建立网络信息公开制度。根据现代治理理论对信息公开的要求,网络信息公开制度应主要包括三个内容:一是制定不能公开"例外"信息的实施细则,并接受社会的监督。在政务公开中,遇到的直接难题就是如何界定不能公开的"例外"信息。如果简单地用国家机密、个人隐私以及商业秘密等笼统的条款限定,实际是很难操作的。只有事先有了约定,才便于公众掌握和使用。因此,各地区、各部门依据此原则,按照自身情况,制定出不能公开信息的细则,也就是要把不宜公开的信息,用制度规定下来,使其具有可操作性,并向社会公布。二是要建立负面信息公开通报机制。也就是说,"政府不要等到公众质疑的时候,再向社会解释,而是只要有了自身的负面信息,就要主动向社会通报,以便帮助公众了解情况,获取准确的信息,这样就可能由被动变为主动,有利于改善政府的形象"[①]。因为在政务公开中,最容易引起公众不满的是有关政府负面信息的公开问题。三是要建立政务公开社会评价机制。对于政府信息公开的评价,不应该只限于相关体制内的评价,更应该引入社会公众的评价机制,可以结合每年3月末政府向社会公布自身上一年信息公开报告,让公众对政府及其部门的信息公开进行评价,在此基础上,进行总结排名,向社会公布,这样不仅可以调动公众的广泛参与,而且也有利于政府及其部门之间形成一种激励竞争机制,促使政府改进自身的工作,更能够倒逼政府转型。四是建立由公众参与的信息公开责任追究机制。在公众参与评价的基础上,还可以把这一机制与政府的监督功能相结合,建立起由政府内部的监督和社会

---

① 汪玉凯.政务公开,不是一种简单的施政方法[N].光明日报,2011-08-11.

公众参与相结合的责任追究机制,这对保障政务信息公开的顺利实施,无疑具有重要意义。

(三)构造电子化公共服务制度

电子化公共服务是电子治理的输出,也是政府电子治理运行机制与外界发生联系的环节。借助于现代信息技术,电子化公共服务打破了时间、空间的限制,可以达到一对一的效果。在制度建设方面主要有三项基本内容:一是制定满足公众服务要求的具体标准。电子化公共服务通过网络平台运行,具有巨大的包容性,以公众满意度为指针可以提高政府电子化公共服务的质量。二是制定提供公共服务的网络协议。主要是在电子化公共服务的提供者(政府)与服务对象(企业、社会)之间建立契约关系,政府通过网络协议向社会公众做出公开承诺,以提高自身的自律性,提升公众对政府的信赖度。三是制定监督服务效果的网络条例。政府在网站建立诸如监督热线、政府信箱、留言板等反馈通道,广大网民可以在电子公共服务中反映政府的不足,政府迅速获取信息并进行反馈,尽量缩小电子化公共服务的偏差。

四、拓展电子治理的实现路径

(一)政府网站"增质扩容"

2014年1月,由国家信息中心网络政府研究中心和中国信息协会电子政务专业委员会联合编写的《中国政府网站发展数据报告(2013)》正式发布。《报告》显示,目前我国政府网站首页平均长度为3.4屏,其中部委网站的页面最长,平均为4屏,最高的达到7屏。总体上看,第一屏点击量平均占比为57.8%,第二屏占比19.3%,即前两屏集中了77.1%的点击量,表明用户对政府网站首页的关注主要集中在前两屏,从第三屏之后总体关注较少,甚至有些栏目无人问津。页面长度超过2屏之后,使用效率大幅下降。据了解,最近几年,美国、加拿大等发达国家普遍从用户体验出发,将政府网站首页的长度压缩到2屏以内,有的只有1屏,大大提高了网民查找信息的效率。相比而言,我国政府网站首页具有较大的瘦身空间。

中国的政府网站数量领先全球,但由于一些官员把政府网站当"政绩工程"来抓,虽然投入巨大,但由于缺乏完善的规章制度和明确的权责关系,导致网站服务水准较差。针对此问题,应综合考虑以下措施:

1. 从"一群网站"到"网站群"

现有网站体系的封闭性已经制约了政府门户网站的进一步发展。在中国各级政府所辖网站中,众多网站已实现技术链接,但子网站却还是处于封闭状态,彼此间没有信息传递。长期以来我国政府信息化建设多从局部区域、部门分散做起,一般以某一地区、行业或某一厂家的应用系统与系统集成技术为基础,各个地区、各个部门往往条块分割,数据规划、管理模式都不统一,信息共享困难,信息资源可利用性不强,成为彼此隔离的"信息孤岛"。这种"一群网站"的现象一定程度上制约了政府网站的整体性发展。2006年1月1日,随着中央政府门户网站正式开通,国务院办公厅也颁布了具有指导意义的《关于加强政府网站建设和管理工作的意见》,《意见》第二条明确指出"不断健全和完善政府网站体系",提出了"上下级政府和部门网站之间要做好链接,逐步实现资源共享、协同共建和整体联动"的具体要求。

当前我国政府门户网站重复而分散的建设现状一直没有得到很大的改观,政府门户网站林立、重复规划、信息标准化水平低的弊端严重制约了政府为企业和社会提供服务的能力。构建互通共享的"网站群"这样一种技术路线,是政府门户网站建设的迫切需要。政府网站群是指以政府门户网站为核心,以部门网站和所辖下一级政府的门户网站为基础,统一规划、统一标准,建立在统一技术构架基础之上的政府网站集群。通过网站群的建设,可以形成若干主站与子站的集合,形成统一规范的网站群体系,并能有效整合政府各职能部门网站的信息资源,实现各网站之间的互联互通、信息共享、协同应用。

"政府网站群"建设模式的核心思想是:用户将"中央政府门户网站"作为唯一的入口进行访问与登录,直接进入业务办理程序,无须访问特定的政府机构网站,也不用知道自己是在与哪个政府机构打交道。基本设想如下:市级以上的政府门户网站予以保留,由国务院牵头,省市级政府落实,以信息服务为中心进行建设维护,削减市级以下各政府部门网站,将其内容整合进上级网站;国务院到市级各职能部门,重点建设以在线办事为核心的网站。具体操作思路为:首先,规范各类政府网站的定位与分工,分别建设以信息服务为主和以网上办事为主的政府网站(详见图5.4)。其次,信息服务类网站尽可能由较高级别的政府部门建设,并整合所属机关和下级政府机关的信息。最后,网上办事类网站由具有一定行政管理职能或相关专业背景的部门或单位负责建设。

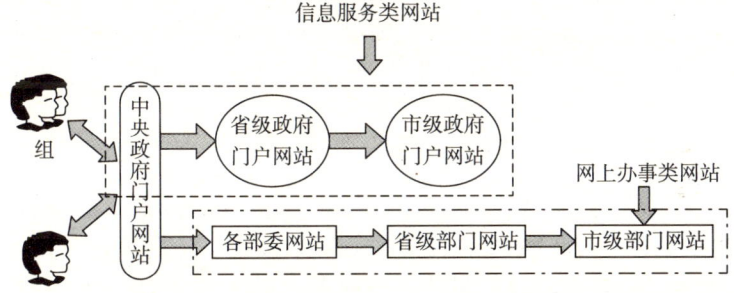

图 5.4　政府网站职能分类图①

2. 强化网络舆论与政府互动的栏目功能

当前中国地方政府网站的栏目设置规划不一,部分栏目更新不及时,使网络舆论表达缺乏与政府互动的渠道。因此可以充分发挥以下栏目的功能②:

(1) 重点引导公众信箱渠道建设

公众与政府网络沟通中,较多涉及投诉、建议、反映问题和咨询。很多政府机关向社会公布了部门及部门负责人的邮件地址,公众可以通过电子邮件形式与之沟通。电子邮件沟通具有匿名性,能保护公众的隐私,针对性强。政府部门虽然不一定能及时作出答复,但可以利用时间差充分了解情况,保证信息的完整性和答复的准确性。由此可见,公众信箱也是政府为公众排忧解难的有效渠道。

---

① 王婷.精简与整合中国政府网站的构想[J].现代交际,2011(6).
② 张建光,张少彤,张向宏.政府网站互动参与渠道的建设与成效[J].电子政务,2009(1).

（2）积极拓宽网上调查覆盖范围

公众基于切身利益的现实需求和践行民主权利的诉求，通过网络表达对政府公共政策偏好并影响政策的意愿非常强烈。为了满足这一需求，开辟网上在线调查是必然和必要的。网上调查是一种较好的网络意见汇集方式，使政府切实了解民情民意，为决策提供支持。目前网上调查的内容过多围绕"对政府网站内容的评价"，较少涉及政府重点工作和社会热点，覆盖范围较窄，甚至有网友发帖说"网上调查就是调查网站"。因此，网上调查的覆盖范围还有很大的提升空间，政府网站应该当好网络舆论的连心桥，有关政策制定、人事变动、绩效考核的内容都可以作为调查的内容。

（3）不断提升在线访谈社会影响

"在线访谈"栏目为公众参与决策提供了一个网络面对面的平台，降低了决策参与的经济成本，让更多民众可以通过该平台表达对公共管理或公共服务的意见和看法，表达自己的利益诉求，参与到政府决策中去。特别是政府部门主管领导与公众面对面的交流不仅直接解答了公众的疑问，而且能有效提高政府部门对公众投诉和反映问题的重视程度，从而加大为民解忧的力度。"2011年2月27日，温家宝总理第三次来到中国政府网、新华网访谈间，同海内外网民进行了两个多小时的在线交流，坦诚回答网民们提出的问题。中央高层领导人的亲身参与不但鼓舞了网民通过网络反映诉求，表达心声的热情，也带动地方党委和政府更加重视网络民意，大力推动了政府网站的网络问政、政民互动栏目建设。"①

（4）逐步发挥网络监督专区优势

随着互联网的普及，网络监督日益成为一种反应快、影响大、参与面广的新兴舆论监督方式。通过网络曝光，纪检监察机关确实从中筛选出了一些党员干部违纪违法案件的线索，也查处了一批腐败分子。党的十八大以来，中央部署强力反腐，"老虎和苍蝇一起打"。在反腐问题上，网络举报发挥了更为积极的作用。2013年4月19日，全国各大重点新闻网站和商业网站同步开设网络监督专区，链接五个官方举报网站。今后，举报人可点击各网站首页上的"欢迎监督，如实举报"字样

---

① 廖杰,王芬.政府网站"在线访谈"的探索实践[J].信息化建设,2011(6).

(图 5.5),即可进入举报网站,注册举报各类违法违纪案件。与以往单一的监督平台不同,此次开通的网络监督专区做了进一步的延伸。一方面,在各大网站都设置入口,方便举报者就自己身边发生的违法腐败问题进行举报,进一步体现出有关部门加大监督力度、拓展群众参与的决心。另一方面,也整合了现有的官方举报网站,通过清晰的说明引导举报人能够就不同类型、不同地区、不同行业的违法腐败问题,有针对性地进行举报。网友纷纷发帖表示对反腐新举措的支持,认为网络监督专区"回应了群众对治理腐败的关切"、"是质的飞跃"、"拓宽了监督渠道"。①

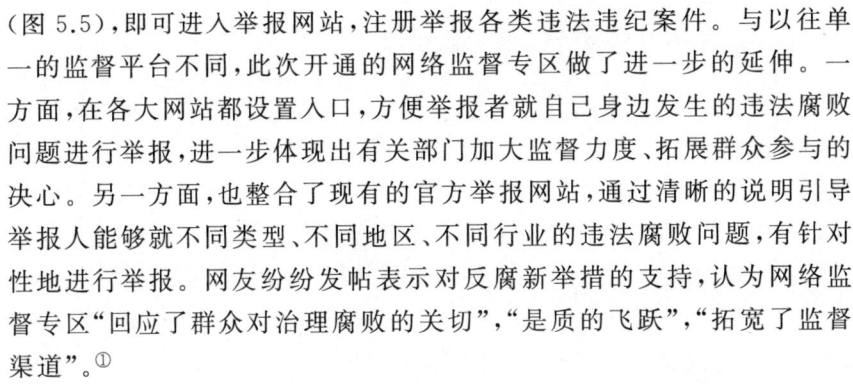

图 5.5 网络举报监督专区截图

网络舆论对与政府互动内容和方式的需求是多方面的,仅仅依靠上述四种方式当然无法完全满足公众需求。政府还应创新互动方式,满足公众网络参与的多元需要,从而反思电子治理中的不足,进一步提升公共服务能力和应对网络舆论的水平。

---

① 国内主要网站网络监督专区受到广泛关注[OL].[2013-08-25], http://news.sina.com.cn/c/2013-05-08/175527063885.shtml.

(二)发挥政务微博"微"能力

微博,即微型博客(Micro-blog),是一个基于用户关系的即时传播工具。微博点对面的信息传递方式改变了从媒体到受众再到媒体的传统模式,信息传播、获取速度很快。微博的分群功能,使不同的"圈子"被清晰标识;"关注"功能有利于使用者主动提炼信息。微博的广泛应用体现了其服务功能,也在网络问政中发挥着重要作用。

政务微博(Government Affairs Micro-blog)即为官方微博账户。2009年湖南省桃源县官方微博"桃源网"出炉,成为中国最早开通微博的政府部门。此后随着微博的迅猛发展,我国政府领导和政府部门开通的实名政务微博出现燎原之势。[①] 2010年被誉为中国的微博元年,微博客异军突起成为备受追捧的舆论新阵地。截至2011年3月中旬,仅新浪微博上的政府机构微博就已经接近2 000个,其中已获认证和推荐的政府机构微博有367家。同时,官员个人微博增长很快,有1 200位官员的微博受到新浪认证和推荐,腾讯微博认证和推荐的"两会代表委员"也达到97位。[②] 截至2011年11月底,我国四大直辖市政府新闻办已全部开通政务微博,北京政务微博"北京发布"和上海政务微博"上海发布"开通以后,迅速引起媒体和网友的热烈追捧。据人民网舆情监测室发布的报告,截至2013年6月26日,通过新浪认证的政务微博总数为7.9万,较2012年同期净增3.4万,公安、团委、外宣类微博仍是微博的第一梯队,气象类和环保类微博逐渐崭露头角(见表5-2)。如今,政务微博在网络舆论引导工作中发挥着重要作用,不仅可以树立政府良好的外部形象,也可以缓解公众的心理压力,构建和谐的政群关系。

[①] 查伟诚.Web2.0时代政务微博:从"政能量"到"正能量":以"南京发布"为例[J].中国传媒科技,2012(20).

[②] 如何应对网络舆情:网络舆情分析师手册[M].北京:新华出版社,2011:13.

表 5-2 十大党政机构微博(统计时间:2013 年 6 月 26 日,新浪微博)

排名	昵称	认证信息	省份	粉丝数	微博数	活跃度	传播力	引导力	总分
1	上海发布	上海市政府新闻办公室官方微博	上海	3 900 629	4 733	96.00	97.86	88.80	96.11
2	成都发布	成都市人民政府新闻办公室	四川	5 696 708	5 365	86.32	99.99	84.50	94.16
3	公安部打四黑除四害	公安部治安管理局、公安部"打四黑除四害"专项行动办公室官方微博	部委	5 695 640	3 824	85.03	99.30	87.16	94.16
4	北京发布	北京市政府新闻办公室官方微博	北京	3 231 527	3 671	95.00	96.80	81.65	94.05
5	微博云南	云南省人民政府新闻办公室官方微博	云南	4 071 180	4 805	94.00	98.10	78.38	93.72
6	豫法阳光	河南省高级人民法院官方微博	河南	2 806 048	4 154	93.65	96.00	81.02	93.34
7	平安北京	北京市公安局官方微博	北京	5 271 492	2 578	81.63	99.56	85.27	93.20
8	广州公安	广州市公安局官方微博	广东	3 765 768	5 430	85.78	97.66	83.10	92.84
9	广西旅游局	广西旅游局官方微博	广西	1 788 531	4 012	85.08	93.47	91.71	92.74
10	平安中原	河南省公安厅官方微博	河南	2 915 955	10 031	85.67	96.22	84.22	92.47

为了适应微博时代的新兴电子治理形态,充分发挥政府服务职能,各级政府部门要利用微博的检索功能,关注当地的社会热点,关注各行各业的意见领袖,倾听网民对热点事件的观点,传达信息、解释和宣传政策,了解和监测网络舆论、把握舆论发展方向,占据舆论主动权。

1.平衡官方身份与娱乐特性的关系

从传播学角度分析,信息发布方和接收方只有处在更为接近的符号环境中才能进行更加有效的信息传递。政务微博要想博得更多人的关注来增强自己的舆论影响力,就不可避免地要俯下身子、摘掉帽子、放下架子,用一种更加亲民的方式与大众沟通。微博语言张扬个性、轻松幽默又带有一定的恶搞性质,与现实社会中的用语环境有所不同,创造出了很多独有的语言模式。如"给力"、"神马"、"浮云"、"我勒个去"、"伤不起"等网络流行词,"凡客体"、"TVB 体"、"咆哮体"等网络语体。在"微时代"下,敢用、会用、善用"微语言",熟悉、关注、驾驭"微语言",是执政者必须具有的素养。只有掌握网民喜闻乐见的"微语言",才能避免网民对管理者心生抗拒、敌意和戒备,才能真正了解民意,使政务微博发挥更大作用。

2011年12月26日,"上海发布"置顶了一条"英雄帖"来征求网友投票参与调查:"岂知灌顶有醍醐,能使清凉头不热。上海发布即将满月,诚邀各位:板砖与口沫齐飞,诤言共建言一色。小布相信:三人行,必有我师焉。改进工作,需要您来提点。"一个月内,"上海发布"以其鲜活、生动的语言形式,创造了"me more cool(棉毛裤)"等被网友大赞的"萌"词汇,该条"气温今起反弹,棉毛裤别急着脱掉"的"早安上海"微博不仅预报了当日的天气,也因很"萌"被新浪微博网友转发了1 973条,甚至在发布的次日还在继续被网友转发。①

通常情况下,政务微博影响力的调查往往以微博的粉丝数量、评论数量、转发率等作为参考指标,这些市场化的评价标准能够促使政务微博尽快融入全民娱乐的浪潮,包括"南京发布"在内的多数具有较强影响力的政务微博都深谙此道,市场化的管理模式、年轻化的制作团队、娱乐化的语言风格似乎成为大多政务微博通用的吸引关注的"三板斧"。但值得注意的是,用微博语言并不等于过度卖萌。在官方微博平台上,官方微博的任意一个细节都很容易被网友捕捉放大,微博的发言稍有不慎就会面临始料未及的"围观"。

2012年11月27日,南京公安局白下分局警方在其官方微博上推出了一段"警车style":先跳一段骑马舞,然后来个"航母Style"姿势,这时一辆警车如豹子般蹿出。"警车style"立即引来众多网友围观,瞬间转发过万,评论过千,有网友批评此举"微博卖萌发嗲让人肉麻"。执法部门尝试网络语言固然可以起到更亲民、更人性化的宣传效果,但不能完全偏离了官方话语系统,在"卖萌"的同时,不能失去执法机关的严肃性。

由此可见,政务微博官方身份与娱乐特性之间的博弈,是场持久战,更是一个互相理解与妥协的过程。其间如何平衡,还需管理者的不断探索和尝试。

2. 主动设置议程

议程设置理论认为,大众传播往往不能决定人们对某一事件或意见的具体看法,但可以安排相关的议题,左右人们关注哪些事。通过议

---

① 朱琳.上海政务微博"上海发布"的发展研究[J].电子政务,2012(11).

程设置,媒介可以使意见相左的团体就某些议题达成某种一致,从而实现不同团体的对话。① 据此,面对网络舆论,政府部门可以采用点对点、点对面、线上与线下相结合等多种方式征集专题意见,然后通过政务微博将现实生活中公众关注的事件设置为议程,使其成为公众议题,并注重收听、互动的联动性,将网络舆论引向既定的方向,促进网络舆论的理性化,形成健康的、强势的主流舆论。

3. 建立健全突发事件应急机制

作为有效应对突发事件或群体事件的工具,政务微博如果能够正面回应流言或猜测,第一时间发布准确信息,第一时间回应网上质疑,就能及时有力地抢占舆论制高点,不给小道消息和谣言以传播空间。第一,发挥优势。政务微博是权威信息资源的独家占有和发布者,应发挥引导优势,实现热点引导、正确引导、理性引导。第二,善用事实。2011年5月的故宫门事件中,由于故宫官方在网络舆论应对中回应不当、缺乏应对技巧,使故宫大院蒙羞不已。从失窃门到错字门再到会所门,由于信息不透明,缺乏信息发布机制,无法顺应舆论的发展,导致多种渠道的传言频传,加之故宫官方不肯放下身段,强行自我辩解,拒绝承认错误,更加引发了民众关注热情的高涨,使得故宫文化形象严重受损。② 而在碘盐抢购、上海地铁事故等多起突发性事件中,相关部门在政务微博上第一时间发布信息、澄清事实,赶在流言纷起之前对突发性事件做出了解释和澄清,及时引导舆论,成功化解了危机事件。第三,及时发声。先入为主是舆论的特征之一。在搞清事实、判明性质后,要及时发言,有针对性地谈看法,抢占先机,避免失语。③

4. 实现与不同媒介的互动

想要充分实现政务微博的各项功能,仅依靠一个或几个部门是远远不够的,还必须整合各方资源,充分发挥不同媒介的传播特点,开展

---

① 蒋忠波,邓若伊.网络议程设置的实证研究:以提升网络舆论引导力为视阈[J].新闻与传播研究,2011(3).
② 陈显中.政务微博引导网络舆情的机制研究[J].宁夏社会科学,2012(3).
③ 徐华西.网络舆论引导之思考[OL].[2013-09-02]. http://media.people.com.cn/GB/192301/192359/192362/15320774.html.

线上和线下多种活动,拓展政府部门在不同媒体受众中的话语权,比如电视媒体的直观、平面媒体的详细、网络媒体的迅速等。如2012年6月初,南京市进行了互联网与手机终端两种媒体的强强联合,由南京市委宣传部新闻发布官方微博"南京发布"在南京手机报开通专栏,每天晚刊"南京发布"都会为读者带来南京城的政策解读、大城小事等全新的资讯。

此外,发挥政务微博在网络舆论引导中的作用,不能忽视传统媒体的作用。

传统媒体在理论与实践层面都经历了较长的历史发展,积累下了经过时间的积淀与检验的独特优势,历来是受众多、公信力高的强势媒体。与新媒体大多数情况下提供的"新闻快餐"相比,传统媒体虽然在新闻信息发布、更新的及时性方面有所逊色,但是传统媒体有大量把关人对信息进行把关,在新闻报道的深度、广度、高度方面是新媒体所不能比拟的。然而新媒体环境下,传统媒体的竞争力受到削弱,议程设置功能相对弱化,甚至为了迎合微博情绪而失去了一定的严肃性和思想性。[①] 传统媒体如果不能发挥引导主流舆论的主导作用,将会直接影响我国主流意识形态对舆论的引导。2012年4月《人民日报》社长张研农在复旦大学的演讲指出:"对《人民日报》而言,我们工作的着力点,是要构建舆论引导新格局,建立现代传播体系,做到传统媒体与新兴媒体并举。"2012年7月22日《人民日报》官方微博正式上线,微博以"权威声音、主流价值、清新表达"为目标定位,以"参与、沟通,记录时代"为责任使命,以传统媒体的责任强化新媒体的力量,受到网友积极响应和称赞,为传统媒体与新媒体尝试结合树立了一个典范。

5. 培养意见领袖

目前,差不多各种利益群体和社会阶层都能在互联网中找到本阶层的"意见领袖"。互联网已经形成了一个相对稳定、多层次的公共领域。通过对100位"意见领袖"的职业分析,我们发现,媒体人士最多,其次是学者、作家与撰稿人、党政干部、企业家商人、公益人士、律师、演艺名人、网络达人等。另外,有超过三成的"意见领袖"具有两到三种社会身份(见图5.6)。

---

① 姜胜洪.运用政务微博加强网络舆情危机应对[J].未来与发展,2013(2).

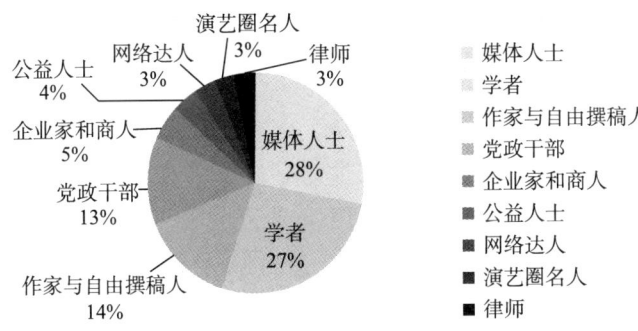

图 5.6　意见领袖的构成

美国的微博客 Twitter(推特)有个统计,2 万名精英用户,只占注册用户的 0.05%,却吸引了一半用户的注意力,即一半的帖文是对极少数精英用户的转发和评论。中国的新浪微博也有类似的情形,大约 300 位"意见领袖"掌握着议程设置权,从而获得相当大的话语权。根据传播学上的"二级传播"假设,新闻事件并不是直接作用于公众,而是由一些民间专家先行做出解读,形成价值判断,传递给公众。公众对他们十分信服,有些甚至到了盲从的程度。网络舆论看似亿万网民在发声,但核心环节是这些"意见领袖"在设置议程上掌握话语权,在网络舆论生成、发展的过程中发挥着启动者、组织者和引导者的作用。

因此,政府要高度重视网络意见领袖特别是本地区网络意见领袖的作用,通过适当的方式对他们进行引导,帮助他们理解党和政府的方针政策,理解政府解决种种复杂问题的基本思路和实际操作方法,使他们思考问题多从政府的角度出发,多从和谐社会的大局考虑,并让他们积极参与到微博群体中,借助他们的影响力对网络舆情进行引导,强化主流言论,孤立非主流言论。

在利用现有意见领袖的同时,政府的电子治理还应该重视培养体制内"意见领袖",以有效引导网络舆论。2012 年 2 月,上海市委领导通过官方微博"上海发布",公开答复了市民患癌父亲住院无门的网络求助,最后使其顺利住院,被传为政坛亲民佳话。浙江省委组织部门领导也以谦和、真诚的姿态走进网民中间,日常工作时间在微博上对组织工作的相关问题答疑解惑,更推出"周末夜话"等栏目与网民进行深度沟通。2012 年

3月,有关领导赴北京参加两会之前,专门通过自己的微博向社会征集建议或意见,网民响应者众。在这种带动之下,浙江省组织系统90%的干部都开设了微博,形成了政务微博中的"浙江军团"。江苏省委宣传部、南京市委宣传部有关处室领导也均开通了个人微博。2012年国庆期间,面对陕西华山突发舆情,陕西省公安厅领导通过自己的新浪微博直播游客疏散,并公布自己的手机号码,为前方的游客疏散和后方的媒体报道搭起了信息沟通的桥梁。2012年10月30日,湖南汉寿县领导在个人微博公布了家庭财产,包括7间老屋、县城一套价值40万元的房产,女儿出嫁给出的22万元,引起热烈反响,再次激起公众对官员财产公示的期盼。根据人民网舆情监测室发布的2013年上半年《新浪政务微博报告》,有60位地方政府一把手活跃在微博上,显示了政府官员贴近群众的本色。

由微博互动带来的积极效应令人振奋。通过微博,不少官员成为网络红人,也拥有了数以万计的粉丝。这说明,官员微博的开通,在畅通官民对话渠道、拉近官民距离、塑造政府亲民形象等方面所产生的无形收益是非常可观。

然而当前官员微博仍数量较少,很多官员都在"潜水",或者穿上了"马甲",身份隐匿,发言谨慎,敢直言且直接介入政务领域的则更少。因而,各级领导干部应加强微博修养,学习微博知识,提高微博能力,加强实名微博互动,包括政务微博与普通网友、网络名人的互动、政务微博间的互动,对于关系到公共利益的重大事件要敢于面对、敢于发言;对于不正当的舆论也要敢于正视、抵制围观。学做网络意见领袖,把党和政府的正确舆论向大众传播,提高党和政府的公信力。

(三)利用整体拓展的新媒体平台

随着人类通信科技的进步,手机功能的不断开发,4G时代的到来,越来越多的人毫不怀疑地将手机(包括手机短信)称为继报纸、广播、电视、网络之后的"第五媒体"。近年来,手机短信已经对基层政治生态产生了巨大影响,如非典事件和山西地震恐慌事件中手机短信流言的传播;基层村委会和社区选举开始用手机短信拉选票,用短信揭露或中伤干部;番禺垃圾焚烧发电厂、厦门"PX"项目"集体散步"事件都是利用手机短信进行的社会动员。

据 CNNIC 报告,当前中国网民手机应用继续发展,手机即时通信使用率仍居首位,达到 67.7%;手机新闻和手机搜索分别以 59.9% 和 56.6% 的使用率分别排名第二、三位。① 随着智能终端的不断普及,未来客户端模式必将超过浏览器访问方式而成为手机上网应用的主流,但也应该看到,客户端只能是常用服务的使用方式,搜索、导航类的统一入口服务不会消亡,但是需要更加智能化、具备预测性、简化用户操作,因为目前手机浏览器访问方式的服务操作性和展示性都较差,对于获取新服务还是主要依赖浏览器访问。政府部门应高度重视手机移动网络在网络舆论中的作用,充分利用这种新的形式开展电子治理与网络舆论的互动,而政府网站的手机版即为一种便捷的方式。据悉,工商总局政府网站手机版(安卓版)移动门户近日上线试运行,这款移动应用软件主要囊括总局新闻动态、图片报道、政务公开等内容,为了照顾不同用户,手机版移动门户还专门为用户提供了 3 种安装形式。国家工商总局信息中心负责人据此表示,从目前使用反馈来看,系统运行稳定,每天通过手机登录总局政府门户的用户量在稳步增加。

又如,2014 年 1 月 14 日北京市政府新闻办在腾讯网首创"北京微博微信发布厅"模式(图 5.7),在全国率先实现了微博和微信的"双微服务"功能的全面融合,在统一的"北京微博微信发布厅"平台上发布政府信息,为百姓服务,使政府信息发布渠道更多、范围更广,政府服务民众更贴近、更精准,回应社会关切更及时、更有效。据市政府新闻办主任王惠介绍,"北京微博微信发布厅"作为全国首个省级政务微博群,自 2011 年 11 月上线运行两年以来,发布厅成员队伍不断壮大,发布平台不断拓展,利用新媒体发布信息、服务群众已成规模。截至目前,"北京微博微信发布厅"拥有全市各区县、委办局及新闻发言人共 81 个一级成员,二级成员超过 2 000 个,腾讯等三网总粉丝量超过 7 000 万,发布信息达到 36 万条,为网民解决问题上万件。"北京微博微信发布厅"成为新时期密切党群政群关系、实现政民互动的有效平台,在全国创造了以多平台、集群化、矩阵式为特点的政务微博"北京模式"。"北京微博微信发布厅"上线后,将在微信中设置微博栏目,网友可以在微信中通过"政府机构"板块直接浏览"北京

---

① 如何应对网络舆情:网络舆情分析师手册[M].北京:新华出版社,2011:20.

发布"及全市各委办局的微博动态;通过"新闻发言人"板块浏览全市各新闻发言人的微博动态;网友既可以通过微博获取政府信息与服务,也可以通过微信获取政府信息与服务,传播效果成倍扩大,服务范围进一步延伸,扩大了政府声音,惠及了更多受众。特别是政府机构和新闻发言人整体以发布厅的形式在微信上线,整合了政府资源,节约了成本,提高了效率,网友只需要添加一个微信号就可以集中查看各个政府机构和新闻发言人的信息。下一步,"北京微博微信发布厅"借助微信平台开拓新的服务渠道,将进一步联合各个政府部门不断充实和完善"北京微博微信发布厅"各项功能,逐步开通"市民服务"功能,实现交互服务与信息推送并重,方便市民查询和及时获取相关服务,使政府信息发布更加全面、服务民众更加到位、回应社会关切更加精准。

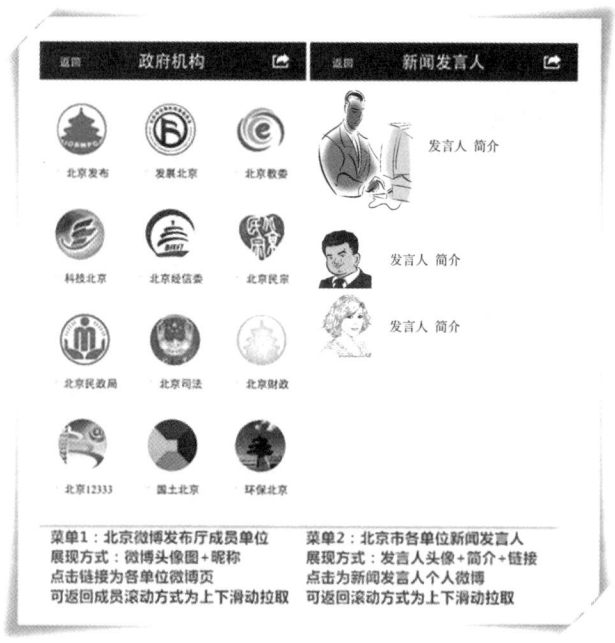

图 5.7 北京微博微信发布厅

五、利用"大数据"提升电子治理智能化水平

随着信息技术的进步与普及,各领域的数据量都在迅猛增长,人类社会的数据积累从量变到质变,"大数据时代"也就降临了。大数据成为未来人们获得新的认知、创造新的价值的源泉,并推动经济、社会与政府转型。

(一)大数据的含义及特征

大数据并非一个确切的概念。最初,这个概念是指需要处理的信息过大,已经超出了一般电脑在处理数据时所能使用的内存量,因此工程师们必须改进处理数据的工具,这导致了新的处理技术的诞生。

然而,"大数据"作为信息社会发展的新生事物,目前还处于被学术界和IT行业认识、探索、应用的初级阶段,因此对大数据的理解见仁见智,尚未形成完整的理论体系,也难以进行精准的定义。

从技术层面而言,大数据(big data,mega data)或称巨量资料,指的是需要新处理模式才能具有更强的决策力、洞察力和流程优化能力的海量、高增长率和多样化的信息资产。

作为最初仅是IT行业内技术术语的大数据,其特点体现为四个层面:

第一,数据体量大(volume)。随着数据加工处理技术的提高,网络宽带的成倍增加,以及社交网络技术的迅速发展,使得数据产生量和存储量成倍增长,从TB级别跃升到PB级别。

第二,数据类型繁多(variety)。随着社交网络和各种网络智能终端的普及和应用,网络日志、电子邮件、视频、呼叫中心对话和社交媒体等非结构化信息占85%,数据类型繁多。只有15%的信息是结构化信息,便于存储在关系型数据库中。

第三,处理速度快(velocity)。数据流的处理速度快,可以在第一时间从各种类型的数据中快速获得高价值的信息,这一点和传统的数据挖掘技术有着本质的不同。传感器、平板电脑和移动电话等产生信息的设备成倍增加,数据规模的无限扩张既对高速化处理提出了新的要求,也为其带来了新的机遇。

第四,价值密度低(value)。只要合理利用数据并对其进行正确、准确的分析,将会带来很高的价值回报。数据规模大并不意味着价值高,相反,这些数据间更多地表现为稀缺性、不确定性和多样性。[①]

大数据的这些特征将决定政府在大数据业务和整个大数据生态系统中收集、分析、管理、存储及分配数据的方式。随着数据作为国家战略资产意识的增强,以及越来越多的国家将数据管理上升到战略层面,大数据势必会以更加积极的姿态进入公共管理和政府治理范畴内。

近年来,美国各级政府开始面对由数据的数量、种类和速度剧增所引发的变革浪潮。美国联邦政府接收的数据量之大,令人难以置信,这使信息过载成为一项根本挑战。在数据量急速膨胀的过程中,新信息要么是未曾发现的信息,要么是未曾有过的信息。产生的问题是,如何有效地捕捉新的真知灼见。对大数据进行恰当的管理、建模、分享和转化,为从中提取新的深刻见解,并以过去根本不可能的方式做出决策,提供了机遇。

简言之,政府领导面临的任务和工作挑战日益加剧,可利用的数据激增,并且过时落伍的信息管理能力完全限制了其应对能力,使政府领导陷于进退两难之地。他们面临的问题包括:如何收集、管理和利用所有的新数据?如何保护和控制数据?如何提高组织间的信息共享,以获得更加综合且相互联系的情报?如何通过更好地了解数据的出处,并回溯至经过验证的可信数据源,从而提高数据的可信度?有哪些先进的可视化技术、工具和格式可用于表达信息,从而实现快速分析,并提出新的深刻见解?为抓住机遇,如何缩小人力资本的缺口?

(二)政府智能化治理的网络基础

2013年是"中国大数据元年",广东省最先试水大数据战略,上海市、重庆市、陕西省等地也纷纷出台大数据相关产业规划。大数据时代的基础是移动互联网、云计算、物联网等新技术,由政府主导信息化基础设施建设。

1. 联网化

从某种意义上说,大数据若不联网,就会成为信息孤岛,无法发挥作

---

① 孟小峰,慈祥.大数据管理:概念、技术与挑战[J].计算机研究与发展,2013(1).

用。新的网络技术降低数据联网的成本,推动了大数据的云端集聚,为更进一步的分析与应用提供了便利。因此,我们要升级移动互联网等相关信息基础设施与环境建设,助推数据的互通与集聚。一方面,政府要加快完成4G网络试点工作,为下一轮全国移动互联网提速升级摸索路径。另一方面,也是更重要的是,加快已有的3G网络应用的普及化,根据工信部统计数据,截至2013年3月底,我国共有11.46亿移动通信服务用户,其中3G用户2.77亿,仅占全部用户的24.2%。这就意味着,对现有技术的应用普及,即可改善七成以上网络用户的体验,为数据采集与集聚提供更广泛的数据源与更快捷的通道。

2. 移动化

互联网使公众快速进入"超链接"(HyperLink)时代,未来人人都是"手机人"。"2013年10月我国已有11.5亿手机用户,其中8.2亿手机用户接入移动互联"①,还有将近40%的人口没有接入移动互联网,没有享受到互联网带来的红利。为此,政府推行"数据救济",设计研发廉价智能手机,免费发放给低收入人群与弱势群体,实现全民手机化和移动互联网覆盖,彻底消除"数据鸿沟"。由于手机是未来大数据最重要的来源之一,手机上网基本等同于在公开时空坐标下的实名上网,因而此举也是数据采集点全覆盖的一大手段。

3. 免费化

要鼓励人们分享数据,就必须先降低其获取数据的成本,提供免费的网络或许是最直接的方法。根据2012年联合国的报告,目前已有24个国家通过免费的Wi-Fi站点提供网络公共服务,新近英国伦敦又在卡姆登区试点全城免费网络服务,我国宁波也在试点4G网络时提出了限时免费,我们完全可以在这些经验做法的基础上,与网络服务供应商协商并设计出一套普适于全国的免费网络服务方案。此举若得践行,则必然会推动大数据的井喷。在大数据时代里,免费网络服务必将成为公民的基本权利与政府的基本公共服务。在这方面,中国应有所作为,引领世界潮

---

① 中国已有8.2亿手机用户接入移动互联网[OL].[2014-12-10]. http://news.china.com.cn/2013-10/11/content_30259480.htm.

流。信息哲学家凯文·凯利(Kevin Kelly)曾把中国称作"版权自由贸易区",我们完全可以更进一步打造一个"网络数据免费区"。

(三)政府智能化治理的路径分析

在智能时代,人与人之间的合作、任务之间的对接会更精确,要求政府治理实现"智能化",以降低整个国家和社会的运行成本。大数据时代的政府治理将在电子治理的基础上,通过海量基础数据的三次转化,以"智能化"进一步提升政府的治理水平:首先,通过利用先进的数据处理技术对大量的政府业务数据和公众行为数据进行分析,实现无序数据向关联化、隐性数据向显性化、静态数据向动态化、海量数据向智能化的转化;其次,政府加大数据开放力度,形成新的产业进而创造利润,同时也可以利用数据加强绩效考评提升政府人员、政府组织和IT资产的效率,进而节省政府行政成本,提升政府竞争力;最后,政府加深在网络反腐、网络舆论监控等公共领域对数据的应用,实现政府决策、政府管理由事后决策转变为事前预警,将数据转化为科学决策,提升政府决策力。如此,经过三次转化,政府把低价值度的数据转变成政府治理能力,实现智能化治理。

从技术层面来看,大数据时代社会信息化和政府信息化程度前所未有,物联网、云计算、数据整合、基于语义网的Web3.0、关联数据、信息发布等新技术的发展与普及,为政府治理实现智能化提供了技术支撑,将会从根本上改革政府的组织模式和政府形态,进而改变政府治理模式,影响整个政府存在的形态。

当然,在看待大数据时,要建立全面、系统的大数据意识,要看到大数据在创造社会价值、变革行为方式等社会属性的"大",而不仅仅只是其物理属性的"大"。大数据时代,政府治理中更加关注的是大数据的社会属性,物理属性为政府治理提供了技术支撑,而社会属性却可能变革政府治理的模式,对于政府治理创新有着不可估量的作用。

具体而言,电子治理形态下的政府要以新的理念、心态和态度审慎地进行"智能化"治理:

1. 开放型政府

谷歌和亚马逊等网站往往被认为是大数据的先驱者,但事实上,政府才是大规模信息的原始采集者,并且还与私营企业竞争他们所控制的大量数据。大数据对于公共部门的适用性和对商业实体是一样的,大部分数据价值都是潜在的,需要通过创新性的分析来释放。但是,由于政府在获取数据中所处的特殊地位,其在数据使用上往往效率低下。因此,提取政府数据价值的最好办法是允许私营部门和社会大众访问,但少数可能会危害国家安全或他人隐私权的情况除外。这种理念让"发放政府数据"的倡议响彻全球,成为大数据时代的最强音。

2008年1月21日,奥巴马总统在就职第一天就发表了一份总统备忘录,命令美国联邦机构的负责人公布尽可能多的数据,这使开放政府数据的想法取得了极大进展。奥巴马的指令促成了data.gov网站的建立,这是美国联邦政府的公开信息资料库。"网站从2009年的47个数据集迅速发展起来,到2012年7月三周年时,数据集已达45万个左右,涵盖172个机构。"①

英国政府已经颁布相关规定鼓励信息公开,并支持由万维网的发明者蒂姆·伯纳斯(Tim Berners-Lee)参与指导的开放式数据中心,这一举措促进了开放数据的新用途并将数据从国家手中解放出来。

欧盟宣布开放数据很快地遍及欧洲。其他国家,如澳大利亚、巴西、智利等也相继出台并实施了开放数据策略。同时,世界各地越来越多的城市和地区也加入了开放数据的热潮,包括一些国际组织。世界各国政府的开放意识在强化,开放意识的缺失,将使一个国家或政府在大数据时代处于"被淘汰"的境地。

2. 包容的心态

大数据时代,国家间的包容性增强,欧盟科学数据的开放战略志在打破体系内20多个国家的数据分界线,实现数据世界的一体化。美国与印度联合开发公共数据OGLP平台,希望可以将其免费、无条件地移植到世界各国或组织,从而使国家边界模糊化;美国"We the People"网站的上线,政府利用"社交"方式为公民提供了合法的倾诉平台,可以更近距离地听到公众的声音,政府与公众之间的包容度增强。

---

① [英]维克托·迈尔-舍恩伯格,肯尼思·库克耶.大数据时代[M].盛杨燕,周涛,译.杭州:浙江人民出版社,2013:150.

3. 科学的态度

大数据时代,数据的颗粒度在变小,政府所能获得和提供的数据更加原始与真实,政府决策过程在科学技术的支撑下变得高效与可考证化,决策结果中不确定因素所带来的风险大大降低。科学思考成为一种习惯,经验分析不再主导。

4. 关联的思考

在小数据世界中,相关关系也是有用的,但在大数据的背景下,相关关系大放异彩。通过应用相关关系,对于任何问题的解决都可以运用"关联",比如人与人的关联、物与物的关联、人与物的关联、时间的关联、空间的关联,建立在相关关系分析法基础上的预测是大数据的核心。这种新的分析工具和思路为我们提供了一系列新的视野和有用的预测,而且不易受偏见的影响。①

5. 深度的分析

大数据时代,分析是深度的、实时的,大数据分析的是极端个人化的数据,这些个人信息以形态各异的形式分散在不同的时间段、不同的地理位置、不同的网站平台,大数据要做的就是不停地分析,深入挖掘这些看似不相关的数据,找出数据间可能存在的规律。

然而,大数据本质上应该是为人服务的工具,而不是目的。作为一个工具,我们必须清醒地认识到它的局限性。大数据科学家所推崇的大数据的三大特质——全体大于抽样,效率大于精确,相关大于因果——既带来优势,也带来问题。

第一,在用大数据分析全局问题时,容易无视个体差异,忽视沉默的大多数,根据国外的研究数据,目前互联网用户由90%的沉默者,10%的评论者,1%的有价值内容制造者组成,如果仅仅依赖于互联网上的信息来做大数据挖掘与分析,则必将被喧哗的少数人所误导。

第二,分析个体问题时,仍无法避免刻板印象与错误偏见,大数据终究不是全数据,而且这个问题将长期存在。

---

① [英]维克托·迈尔-舍恩伯格,肯尼思·库克耶.大数据时代[M].盛杨燕,周涛,译.杭州:浙江人民出版社,2013:83.

第三,用大数据形成集体决策的时候,更要谨慎。现代决策理论与社会网络科学的研究证明,群体智慧仅在有效组织的条件下存在,而在无组织的状态下,多数原则只适用于解决有标准答案的简单问题,一遇到没有标准答案的复杂问题就会错得离谱,出现集体智慧不如个体智慧的现象,因此在某些场合必须慎用大数据。所以,哪怕是用大数据武装到牙齿的政府,也不能迷信数字。在一段时间里,大数据还只能作为我们传统治理模式的补全,而不能作为替代。我们还是要始终对大数据留有一份怀疑与批判,并对客观事实与个体差异留有一份关注与尊重。

结　语

　　治理既是政治学创新的学术流派、话语体系和分析框架,也是社会转型背景中秩序重构、权力运行和组织管理的实践尝试和方向选择。其由西方传入、流行于学术界,并逐渐成为主流思想、大众话语和官方观点,成为改革开放和现代化建设日增矛盾的化解之策。

　　党的十八大以来,以"两个一百年目标"和中华民族伟大复兴为总目标和伟大使命的中国共产党、中国人民和中国政府必将更加重视执政能力和治理效能,这在随后召开的"在新的历史起点上全面深化改革"的党的十八届三中全会上得到淋漓尽致和明确无误的体现和实现,"治理"由学术理论和政策部署上升到"中国特色社会主义制度"层面,即"全面深化改革的总目标是完善和发展中国特色社会主义制度,推进国家治理体系和治理能力现代化"。2014 年 2 月 17 日在中共中央党校召开的"省部级主要领导干部学习贯彻十八届三中全会精神全面深化改革专题研讨班"上,中共中央总书记、国家主席、中央军委主席习近平进一步阐述了全面深化改革视野中的"治理"问题,即"提高国家机构履职能力,提高人民群众依法管理国家事务、经济社会文化事务、自身事务的能力,不断提高运用中国特色社会主义制度有效治理国家的能力"[1]。这是党和政府以全新角度思考国家治理问题的总部署和再动员。

　　新的历史起点上的中国政府治理问题应该如何破题?现实约束条件有哪些?科学治理原则如何树立?如何探索和构建高效的治理路径?这些都是当前和今后一段时间内中国政府治理研究无法回避和必须回答的重大课题。

---

[1]　完善和发展中国特色社会主义制度　推进国家治理体系和治理能力现代[N].光明日报,2014－02－18.

首先，必须坚持以问题导向为原则，以新的历史起点上我国改革发展的大局为分析环境，以"五位一体"的社会主义现代化建设的伟大实践面临问题和存在矛盾的解决为依归，而不是就理论而理论的书斋式的纯学术研究，克服传统理论指导政府改革软弱无力的状况，结合新的语境为政府治理创新提供新的思路；必须坚持以我为主的原则，避免对西方相关理论的过分依赖，不应该只是做西方观点的"传声筒"、西方理论的"应声虫"和"实验者"，而应该在客观辩证基础上结合中国实际进行理论创新，创建中国特色、中国气派的，建立在中国特色社会主义理论自信、道路自信和制度自信基础上的，推动全面深化改革的中国治理学派。即以马克思主义政治观为主线，既借鉴西方治理理论的一般原理，又与当代中国政府治理的现状和实践相结合，综合考量其在中国的适用性。

其次，在全面总结和科学汲取改革开放以来国内外治理实践的经验教训的基础上，必须直面信息时代治理的新变化。一是必须注意政府治理环境的全新变化。信息时代的来临改变了传统的政府治理环境，特别是网络舆论促进了信息传播的民主化，凸显了公民的权利与自由；培养了民众的批判精神和民主意识，成为社会公共生活中不可忽视的监督力量；拓展了社会组织的存在和发展方式，为公共领域的发展提供了新场域。可见，网络舆论为政府治理的研究提供了新的视角，为政府治理功用的发挥提供了新的资源，也为政府治理创新提供了新的动力。毫无疑问，在网络舆论背景下研究中国政府治理问题是一项具有挑战性的全新课题。二是要追踪和研究网络舆论对传统政府权力结构的深刻影响。当前，网络舆论背景下的政府公共权力结构发生了自上而下的、持续的内源性调整。公共决策权力部分地从官员向平民（外在形态是网民）转移，一个良好的互动体系已经在中国公共事务治理的变革之中发轫，必然对政府治理产生全方位的影响。以之为契机，中国政府治理创新成为题中应有之义。

再次，网络舆论背景下的政府治理是从内在理念到外在方式的全面转型。一方面，政府应转变治理理念，有效化解社会矛盾，保持社会稳定，满足公众对政府的合理期待。另一方面，政府治理需要创新形态。政府作为国家行政机关，作为整个社会顺利运转的核心和调节器，承担着大量公众事务的管理和服务功能，实行电子治理，倾听网络舆论，彻底融入网络时代，适应未来信息化社会对政府的需要，已经成为一种客观必然的趋势。

最后,网络舆论背景下的政府治理关键在于建构出科学有效、简单易行的路径。"协商—参与"治理模式是实现良善的社会治理的必然选择。以之为背景和目标,中国政府治理模式应该实现如下的双向互动:凭借国家提供的政治参与的法理基础和制度空间,网络舆论的新力量不断"激活"既有制度设计,从而有效参与治理;同时,国家通过各种渠道对网络舆论进行"吸纳",达成有序治理。

应该客观地说,在解决上述问题方面,笔者已经进行了相当的探索,取得了一些突破。首先,系统梳理了马克思主义经典作家在舆论、舆论治理方面的论述,以及马克思主义经典作家国家治理的治理意蕴;其次,在研究方法上,突破了学术界对网络时代政府治理"外围式"、"点状"的研究,以"总体性"思路涵盖了政府治理中的诸多问题,研究更为细致和全面;再次,在研究成果上,深刻分析了网络舆论对政府的全面改造,提出了网络舆论背景下政府模式转变的方向,探索了网络舆论背景下政府的治理路径。

治理问题和网络舆论问题都是热门的新问题,是全新的课题。如何体现治理的社会主义性质和中国特色,如何将完善和发展中国特色社会主义与治理能力和治理体系的现代化进行有机结合,如何厘清网络舆论的含义特征、形成机制和作用机制都需要随着实践的推进和研究而逐步深入。而两者以何为抓手进行衔接、功能与限度又是什么、良性互动的机制和条件又是什么、网络舆论与治理的典型案例能够抽象出哪些可供借鉴的一般理论和操作方法、利用网络舆论进行科学有效治理还需要哪些具体条件等等将是今后理论和实践应该进一步关注的问题和前进的方向。中国政府治理不可能是任何层面的单向度治理,所以,政府治理应当站在新的历史高度,充分认识社会内在规律和发展特点,理顺政府和其他社会组织的关系,以现代政府的基准实现"参与、法治、透明、回应、责任"的善治基本框架。

参 考 文 献

一、著作

1. 马克思恩格斯选集(第1卷)[M].北京:人民出版社,1995.
2. 马克思恩格斯选集(第2卷)[M].北京:人民出版社,1995.
3. 马克思恩格斯选集(第3卷)[M].北京:人民出版社,1995.
4. 马克思恩格斯选集(第4卷)[M].北京:人民出版社,1995.
5. 马克思恩格斯文集(第1卷)[M].北京:人民出版社,2009.
6. 马克思恩格斯文集(第2卷)[M].北京:人民出版社,2009.
7. 马克思恩格斯文集(第3卷)[M].北京:人民出版社,2009.
8. 马克思恩格斯文集(第4卷)[M].北京:人民出版社,2009.
9. 马克思恩格斯文集(第5卷)[M].北京:人民出版社,2009.
10. 马克思恩格斯文集(第6卷)[M].北京:人民出版社,2009.
11. 马克思恩格斯文集(第7卷)[M].北京:人民出版社,2009.
12. 马克思恩格斯文集(第8卷)[M].北京:人民出版社,2009.
13. 马克思恩格斯文集(第9卷)[M].北京:人民出版社,2009.
14. 马克思恩格斯文集(第10卷)[M].北京:人民出版社,2009.
15. 列宁选集(第1卷)[M].北京:人民出版社,1995.
16. 列宁选集(第2卷)[M].北京:人民出版社,1995.
17. 列宁选集(第3卷)[M].北京:人民出版社,1995.
18. 列宁选集(第4卷)[M].北京:人民出版社,1995.
19. 列宁专题文集[M].北京:人民出版社,2009.
20. 普列汉诺夫哲学著作选集(第2卷)[M].北京:生活·读书·新知三联书店,1984.
21. 毛泽东文集(第1卷)[M].北京:人民出版社,1993.
22. 毛泽东文集(第2卷)[M].北京:人民出版社,1993.
23. 毛泽东文集(第3卷)[M].北京:人民出版社,1996.

24. 毛泽东文集(第4卷)[M].北京:人民出版社,1996.
25. 毛泽东文集(第5卷)[M].北京:人民出版社,1996.
26. 毛泽东文集(第6卷)[M].北京:人民出版社,1999.
27. 毛泽东文集(第7卷)[M].北京:人民出版社,1999.
28. 毛泽东文集(第8卷)[M].北京:人民出版社,1999.
29. 毛泽东选集(第1卷)[M].北京:人民出版社,1991.
30. 毛泽东选集(第2卷)[M].北京:人民出版社,1991.
31. 毛泽东选集(第3卷)[M].北京:人民出版社,1991.
32. 毛泽东选集(第4卷)[M].北京:人民出版社,1991.
33. 毛泽东著作选读(上)[M].北京:人民出版社,1986.
34. 毛泽东著作选读(下)[M].北京:人民出版社,1986.
35. 毛泽东书信选集[M].北京:人民出版社,1983.
36. 刘少奇选集(上)[M].北京:人民出版社,1981.
37. 刘少奇选集(下)[M].北京:人民出版社,1981.
38. 周恩来选集(上)[M].北京:人民出版社,1980.
39. 周恩来选集(下)[M].北京:人民出版社,1980.
40. 邓小平文选(第1卷)[M].北京:人民出版社,1994.
41. 邓小平文选(第2卷)[M].北京:人民出版社,1994.
42. 邓小平文选(第3卷)[M].北京:人民出版社,1993.
43. 江泽民文选(第1卷)[M].北京:人民出版社,2006.
44. 江泽民文选(第2卷)[M].北京:人民出版社,2006.
45. 江泽民文选(第3卷)[M].北京:人民出版社,2006.
46. 邓小平思想年谱[M].北京:中央文献出版社,1998.
47. 中国共产党第十八届中央委员会第三次全体会议公报[M].北京:人民出版社,2013.
48. 中共中央关于全面深化改革若干重大问题的决定[M].北京:人民出版社,2013.
49. 深入学习习近平总书记重要讲话读本[M].北京:人民出版社,2013.
50. 毛寿龙等.西方政府的治道变革[M].北京:中国人民大学出版社,1998.
51. 陈力丹.舆论学:舆论导向研究[M].北京:中国广播电视出版社,1999.
52. 俞可平.治理与善治[M].北京:社会科学文献出版社,2000.
53. 孔德元.政治社会学导论[M].北京:人民出版社,2001.
54. 桑玉成.利益分化的政治时代[M].上海:学林出版社,2002.
55. 王爱冬.政治权力论[M].保定:河北大学出版社,2003.

56. 顾丽梅.信息社会的政府治理[M].天津:天津人民出版社,2003.

57. 廖永亮.舆论调控学[M].北京:新华出版社,2003.

58. 程世寿.公共舆论学[M].武汉:华中科技大学出版社,2003.

59. 王来华.舆情研究概论[M].天津:天津社会科学院出版社,2003.

60. 李文良等.中国政府职能转变问题报告:问题·现状·挑战·对策[M].北京:中国发展出版社,2003.

61. 孙柏瑛.当代地方治理:面向 21 世纪的挑战[M].北京:中国人民大学出版社,2004.

62. 董克用.公共治理与制度创新[M].北京:中国人民大学出版社,2004.

63. 刘文富.网络政治:网络社会与国家治理[M].北京:商务印书馆,2004.

64. 张克生.国家决策:机制与舆情[M].天津:天津社会科学院出版社,2004.

65. 刘邦凡.电子治理引论[M].北京:北京大学出版社,2005.

66. 蒋劲松.责任政府新论[M].北京:社会科学文献出版社,2005.

67. 刘晔.理性国家的成长:中国公共权力理性化研究[M].重庆:重庆出版社,2005.

68. 韩运荣,喻国明.舆论学:原理、方法与应用[M].北京:中国传媒大学出版社,2005.

69. 沈荣华,金海龙.地方政府治理[M].北京:社会科学文献出版社,2006.

70. 顾丽梅.公共政策与政府治理[M].上海:上海人民出版社,2006.

71. 唐娟.政府治理论[M].北京:中国社会科学出版社,2006.

72. 王敬尧.参与式治理:中国社区建设实证研究[M].北京:中国社会科学出版社,2006.

73. 施雪华.政治现代化比较研究[M].武汉:武汉大学出版社,2006.

74. 徐国亮.政府权威研究[M].济南:山东大学出版社,2006.

75. 岳天明.政治合法性问题研究:基于多民族国家的政治社会学分析[M].北京:中国社会科学出版社,2006.

76. 邓正来等.国家与市民社会:一种社会理论的研究路径(增订版)[M].上海:上海人民出版社,2006.

77. 马运瑞.中国政府治理模式研究[M].郑州:郑州大学出版社,2007.

78. 李传军.管理主义的终结:服务型政府兴起的历史与逻辑[M].北京:中国人民大学出版社,2007.

79. 汪向东,姜奇平.电子政务行政生态学[M].北京:清华大学出版社,2007.

80. 菅从进.权利制约权力论[M].济南:山东人民出版社,2008.

81. 胡泳.众声喧哗:网络时代的个人表达与公共讨论[M].桂林:广西师范大学出

版社,2008.

82. 王名.中国民间组织:走向公民社会[M].北京:社会科学文献出版社,2008.
83. 鞠健.新时期中国政治稳定问题研究[M].北京:中共党史出版社,2008.
84. 王天意.网络舆论引导与和谐论坛建设[M].北京:人民出版社,2008.
85. 崔蕴芳.网络舆论形成机制研究[M].北京:中国传媒大学出版社,2012.
86. 顾丽梅等.政策创新与政府治理[M].上海:复旦大学出版社,2009.
87. 王诗宗.治理理论及其中国适用性[M].杭州:浙江大学出版社,2009.
88. 李海青.权利与社会和谐:一种政治哲学的研究[M].济南:山东人民出版社,2009.
89. 傅耕石.服务型政府的构建:中国语境下的审视[M].长春:吉林人民出版社,2009.
90. 石路.政府公共决策与公民参与[M].北京:社会科学文献出版社,2009.
91. 陈国权等.责任政府:从权力本位到责任本位[M].杭州:浙江大学出版社,2009.
92. 王巍,牛美丽.公民参与[M].北京:中国人民大学出版社,2009.
93. 刘建明等.舆论学概论[M].北京:中国传媒大学出版社,2009.
94. 黄鸣刚.公共危机中的网络舆论预警研究:以浙江省为例[M].北京:中国广播电视出版社,2009.
95. 李永刚.我们的防火墙[M].桂林:广西师范大学出版社,2009.
96. 欧阳英.构建和谐社会的政治哲学阐释[M].南京:江苏人民出版社,2010.
97. 张国庆等.典范与良政:构建中国新型政府公共管理制度[M].北京:北京大学出版社,2010.
98. 赵刚印.现代化进程中的公民政治参与:一项对中国与印度的比较研究[M].上海:上海人民出版社,2010.
99. 周俊.全球公民社会引论[M].杭州:浙江大学出版社,2010.
100. 王强.政府治理的现代视野[M].北京:中国时代经济出版社,2010.
101. 李明强,贺艳芳.地方政府治理新论[M].武汉:武汉大学出版社,2010.
102. 唐冰开,刘雪峰.和谐社会视阈下的政府治理问题研究[M].长春:吉林大学出版社,2010.
103. 张淑华.网络民意与公共决策:权利和权力的对话[M].上海:复旦大学出版社,2010.
104. 原宗丽.参与式民主理论研究[M].北京:中国社会科学出版社,2011.
105. 何增科,包雅钧.公民社会与治理[M].北京:社会科学文献出版社,2011.
106. 王浩斌.市民社会的乌托邦:马克思主义的社会历史哲学阐释[M].南京:江

苏人民出版社,2011.

107. 陈芳.公共服务中的公民参与:基于多层次制度分析框架的检视[M].北京:中国社会科学出版社,2011.

108. 蒋淑媛.网络媒介社会功能论[M].北京:新华出版社,2011.

109. 如何应对网络舆情:网络舆情分析师手册[M].北京:新华出版社,2011.

110. 杜骏飞.危如朝露:2010—2011中国网络舆情报告[M].杭州:浙江大学出版社,2011.

111. 敬义嘉.网络时代的公共管理[M].上海:上海人民出版社,2011.

112. 邓正来.国家与市民社会:中国视角[M].上海:格致出版社,2011.

113. 邹军.看得见的"声音":解码网络舆论[M].北京:中国广播电视出版社,2011.

114. 高红玲.网络舆情与社会稳定[M].北京:新华出版社,2011.

115. 俞可平.敬畏民意:中国的民主治理与政治改革[M].北京:中央编译出版社,2012.

116. 杨光斌、寇健文.中国政治变革中的观念与利益[M].北京:中国人民大学出版社,2012.

117. 杨道田.公民满意度指数模型研究:基于中国市场政府绩效的视角[M].北京:经济管理出版社,2012.

118. 余秀才.网络舆论:起因、流变与引导[M].北京:中国社会科学出版社,2012.

119. 张春华.网络舆情:社会学的阐释[M].北京:社会科学文献出版社,2012.

120. 喻国明.中国社会舆情年度报告(2012)[M].北京:人民日报出版社,2012.

121. 董礼胜等.发达国家电子治理[M].北京:社会科学文献出版社,2012.

122. 赵光勇.政府改革:制度创新与参与式治理[M].杭州:浙江大学出版社,2013.

123. [美]阿尔温·托夫勒.朱志焱,等,译.第三次浪潮[M].北京:北京三联书店,1983.

124. [美]约翰·奈斯比特.梅艳,译.大趋势:改变我们生活的十个新方向[M].北京:中国社会科学出版社,1984.

125. [美]罗伯特·达尔.王沪宁,等,译.现代政治分析[M].上海:上海译文出版社,1987.

126. [美]查尔斯·林德布洛姆.竺乾威,等,译.决策过程[M].上海:上海译文出版社,1988.

127. [法]托克维尔.董果良,译.论美国的民主[M].北京:商务印书馆,1989.

128. [美]蒂里希.徐钧尧,译.政治期望[M].成都:四川人民出版社,1989.

129. [美]尼葛洛庞蒂.胡泳,等,译.数字化生存[M].海口:海南出版社,1997.

130. [古希腊]亚里士多德.吴涛彭,译.政治学[M].北京:商务印书馆,1997.

131. [美]约翰·布洛克曼.汪仲,等,译.未来英雄:33位网络时代精英预言未来文明的特质[M].海口:海南出版社,1998.

132. [美]埃瑟·戴森.胡泳,等,译.2.0版:数字化时代的生活设计[M].海口:海南出版社,1998.

133. [德]哈贝马斯.曹卫东,等,译.公共领域的结构转型[M].上海:学林出版社,1999.

134. [美]汉娜·阿伦特.竺乾威,等,译.人的条件[M].上海:上海人民出版社,1999.

135. [美]约翰·罗尔斯.万俊人,译.政治自由主义[M].南京:译林出版社,2000.

136. [美]肯尼思·约瑟夫·阿罗.钱晓敏,等,译.社会选择:个性与多准则[M].北京:首都经济贸易大学出版社,2000.

137. [美]埃莉诺·奥斯特罗姆.余逊达,等,译.公共事物的治理之道:集体行动制度的演进[M].上海:上海三联书店,2000.

138. [美]迈克尔·麦金尼斯.毛寿龙,等,译.多中心治道与发展[M].上海:上海三联书店,2000.

139. [美]B·盖伊·彼得斯.吴爱明,等,译.政府未来的治理模式[M].北京:中国人民大学出版社,2001.

140. [美]詹姆斯·N.罗西瑙.张胜军,等,译.没有政府的治理[M].南昌:江西人民出版社,2001.

141. [美]凯斯·桑斯坦.黄维明,译.网络共和国:网络社会中的民主问题[M].上海:上海人民出版社,2003.

142. [美]乔治·弗雷德里克森.张成福,等,译.公共行政的精神[M].北京:中国人民大学出版,2003.

143. [美]曼纽尔·卡斯特.夏铸九,等,译.网络社会的崛起[M].北京:社会科学文献出版社,2003.

144. [美]格罗佛·斯塔林.陈宪,等,译.公共部门管理[M].上海:上海译文出版社,2003.

145. [美]珍尼特·V.登哈特,罗伯特·B.登哈特.丁煌,译.新公共服务:服务,而不是掌舵[M].北京:中国人民大学出版社,2004.

146. [美]卡罗尔·佩特曼.陈尧,译.参与和民主理论[M].上海:上海人民出版社,2006.

147. [美]詹姆斯·博曼,威廉·雷吉.陈家刚,等,译.协商民主:论理性与政治

[M].北京:中央编译出版社,2006.

148.[美]沃尔特·李普曼.阎克文,等,译.公众舆论[M].上海:上海人民出版社,2006.

149.[美]戴维·奥斯本,特德·盖布勒.周敦仁,等,译.改革政府:企业家精神如何改革着公共部门[M].上海:上海译文出版社,2006.

150.[美]尼尔·波斯曼.何道宽,译.技术垄断:文化向技术投降[M].北京:北京大学出版社,2007.

151.[美]萨拉蒙等.全球公民社会:非营利部门视界[M].北京:社会科学文献出版社,2007.

152.[美]弗朗西斯·福山.黄胜强,等,译.国家构建:21世纪的国家治理与世界秩序[M].北京:中国社会科学出版社,2007.

153.[美]理查德·斯皮内洛.李伦,等,译.铁笼,还是乌托邦:网络空间的道德与法律[M].北京:北京大学出版社,2007.

154.[美]詹姆斯·E.凯茨,罗纳德·E.莱斯.傅小兰,等,译.互联网使用的社会影响[M].北京:商务印书馆,2006.

155.[美]塞缪尔·P.亨廷顿.王冠华,等,译.变化社会中的政治秩序[M].上海:上海人民出版社,2008.

156.[美]斯蒂芬·戈德史密斯,威廉·D.埃格斯.孙迎春,译.网络化治理:公共部门的新形态[M].北京:北京大学出版社,2008.

157.[英]戴维·赫尔德.燕继荣,等,译.民主的模式[M].北京:中央编译局出版社,2008.

158.[美]杰伊·布莱克,[中]张咏华.大众传播通论[M].上海:复旦大学出版社,2009.

159.[英]伯特兰·罗素.储智勇,译.权威与个人[M].北京:商务印书馆,2010.

160.[美]马克斯韦尔·麦库姆斯.郭镇之,等,译.议程设置:大众媒介与舆论[M].北京:北京大学出版社,2010.

161.[美]约翰·克莱顿·托马斯.孙柏瑛,等,译.公共决策中的公民参与[M].北京:中国人民大学出版社,2010.

162.[美]哈罗德·D.拉斯韦尔,亚伯拉罕·卡普兰.王菲易,译.权力与社会:一项政治研究的框架[M].上海:上海人民出版社,2012.

二、期刊

1.李永刚.互联网络与民主的前景[J].江海学刊,1999(4).

2.汪玉凯.电子政府:政府管理方式的一场深刻变革[J].中国机构,2001(3).

3. 童星,罗军.网络社会:一种新的、现实的社会存在方式[J].江苏社会科学,2001(5).

4. 俞可平.作为一种新政治分析框架的治理和善治理论[J].新视野,2001(5).

5. 李景鹏.关于行政权力的自律与他律[J].新视野,2002(1).

6. 王洛忠.构建电子政府若干问题刍议[J].中国行政管理,2002(12).

7. 张华青.论政治现代化与公民文化[J].复旦学报(社会科学版),2003(1).

8. 黄少华.论网络空间的社会特性[J].兰州大学学报(社会科学版),2003(3).

9. 吴昕春.治理的层次及其基本内容[J].安徽师范大学学报(人文社会科学版),2003(5).

10. 郁建兴,吕明再.治理:国家与市民社会关系理论的再出发[J].求是学刊,2003(4).

11. 赵红梅,王明波.我国电子政务的现状与对策[J].东北大学学报(社会科学版),2003(5).

12. 毛寿龙.以人为本与政府治理理念[J].安徽决策咨询,2004(1).

13. 汪玉凯,杜治洲.电子政务对中美两国政府治理模式影响的比较[J].中国行政管理,2004(3).

14. 王来华等.对舆情、民意和舆论三概念异同的初步辨析[J].新视野,2004(5).

15. 王来华.舆情的主客体关系与突发性群体事件[J].社科纵横,2004(4).

16. 曾盛聪.中国现代化与公民社会发展[J].重庆社会科学,2005(1).

17. 王浦劬、杨凤春.电子治理:电子政务发展的新趋向[J].中国行政管理,2005(1).

18. 周志忍.当代政府管理的新理念[J].北京大学学报(哲学社会科学版),2005(3).

19. 陈祥荣.电子政务与电子治理[J].成都行政学院学报,2005(5).

20. 蒋瑛等.人民本位:政府职能演进中的电子政务[J].南京政治学院学报,2006(4).

21. 詹中原.公共政策问题建构过程中的公共性研究[J].公共管理学报,2006(4).

22. 刘毅.网络舆情与政府治理范式的转变[J].前沿,2006(10).

23. 刘邦凡,覃思思.论电子治理下的政府管理转变与创新[J].电子政务,2007(C1).

24. 周绍斌.网络时代政府权力扩张趋势分析[J].社会主义研究,2007(2).

25. 叶战备,向良云.电子治理:电子政府发展的必然选择[J].探索,2007(3).

26. 陈潭,倪明胜.政治博客现象及其公共治理[J].政治学研究,2007(3).

27. 向良云.电子治理的主体选择:网络治理结构[J].云南行政学院学报,2007(5).

28. 刘祖华.网络民意与公共决策[J].党政论坛,2007(5).

29. 张国庆,曹堂哲.权力结构与权力制衡:新时期中国政府优化公共权力结构的政策理路[J].湖南社会科学,2007(6).

30. 陈祥荣.信息社会的电子治理[J].中国行政管理,2008(A1).

31. 王柏松.解读网络政治学[J].山东理工大学学报(社会科学版),2008(1).

32. 苏礼和.浅析现阶段我国公民政治参与的良性发展[J].内蒙古农业大学学报(社会科学版),2008(1).

33. 刘尚哲.论政府权威与权力制约[J].法制与社会,2008(3).

34. 徐国亮.建设服务型政府与强化政府权威[J].江西社会科学,2008(4).

35. 王来华.论网络舆情与舆论的转换及其影响[J].天津社会科学,2008(4).

36. 孙柏瑛,李卓青.政策网络治理:公共治理的新途径[J].中国行政管理,2008(5).

37. 张康之.论参与治理、社会自治与合作治理[J].行政论坛,2008(6).

38. 刘远柱.公民网络政治参与和政府管理创新[J].学习论坛,2008(9).

39. 刘良.中国网络公共领域的兴起与政府治理模式变迁[J].长白学刊,2009(1).

40. 张建光等.政府网站互动参与渠道的建设与成效[J].电子政务,2009(1).

41. 陈发桂.网络环境下公民参与司法民主化进程探析[J].行政论坛,2009(2).

42. 易学志.善治视野下政府治理能力基本要素探析[J].辽宁行政学院学报,2009(4).

43. 骆勇.网络时代下的网络问责:一种新型民主形态的考量[J].云南行政学院学报,2009(4).

44. 俞可平.治理和善治引论[J].马克思主义与现实,1999(5).

45. 王乃圣.转型期我国公民社会发展的困境与对策探析[J].中国特色社会主义研究,2009(6).

46. 王来华.舆情研究与民意研究的差异性[J].天津大学学报(社会科学版),2009(4).

47. 刘太刚.问责风暴的非理性倾向及对策思考[J].领导科学杂志,2009(29).

48. 彭邦银.民主政治建设的理性抉择:从网民参与到公民参与[J].武汉交通职业学院学报,2009(4).

49. 储峰,高宏星.论网络政治参与对政府公共管理的影响[J].四川行政学院学报,2010(1).

50. 王玉宝.组织政治参与与公民社会构建[J].广西社会科学,2010(2).

51. 蔡林慧.拓展我国公民监督路径的载体分析[J].理论探讨,2010(3).

52. 吉亚娟,李梦瑶.网络公共舆论监督的兴起与政府的应对[J].江南社会学院学报,2010(1).

53. 昌灏.论信息分化与网络政治参与的非均衡性[J].辽宁行政学院学报,2010(3).

54. 严一云,刘晓光.当代中国网络公共领域的政治功能[J].安徽农业大学学报

(社会科学版),2010(2).

55. 杨文.网络舆论与政府的引导调控[J].贵阳市委党校学报,2010(2).

56. 刘学民.网络公民社会的崛起:中国公民社会发展的新生力量[J].政治学研究,2010(4).

57. 傅慧芳.公民网络参政需求的增长与制度回应的博弈[J].北京师范大学学报(社会科学版),2010(4).

58. 黄芳娟.网络政治参与对政府公共决策的正面效应[J].中共银川市委党校学报,2010(2).

59. 王新华,柴勇.论政府网络舆论干预的边限与模式选择[J].长白学刊,2010(5).

60. 王锡锌,章永乐.我国行政决策模式之转型:从管理主义模式到参与式治理模式[J].法商研究,2010(5).

61. 张勇,郑曙村.中国网络公共领域的兴起与政府治理[J].中共南京市委党校学报,2010(5).

62. 周志平.近年网络公共领域研究述评[J].广东行政学院学报,2010(6).

63. 金太军.电子政务:实践错位及其化解[J].吉林大学社会科学学报,2010(5).

64. 谢金林.控制、引导还是对话:政府网络舆论管理理念的新思考[J].中共福建省委党校学报,2010(9).

65. 胡东生,朱斌.网络民主视域下的公共政策合法性探析[J].唐山师范学院学报,2010(6).

66. 徐武生.政府—社会—公民的良性互动:政府应对网络群体性事件的善治之道[J].当代世界与社会主义,2011(1).

67. 罗亮,黄毅峰.网络群体性事件:转型时期社会危机的新形态[J].求实,2011(1).

68. 郭保伟.网络群体性事件的成因及应对[J].中共青岛市委党校、青岛行政学院学报,2011(1).

69. 陈相雨.公民社会构建中网络舆论监督效用的理性研判[J].新疆社会科学,2011(1).

70. 方曙光.网络公共领域:现代公民社会建构的契机[J].广东技术师范学院学报(社会科学版),2011(2).

71. 李斌.政府网络舆论危机探究:基于政府公信力视角[J].石河子大学学报(哲学社会科学版),2011(1).

72. 邵宇.论转型时期我国地方政府治理模式面临的挑战与创新[J].岭南学刊,2011(2).

73. 王文科.网络问政:民意的舆论诉求与政府的规制供给[J].福建行政学院学

报,2011(2).

74. 方付建等.网络舆情热点事件"系列化呈现"问题研究[J].情报杂志,2011(2).

75. 张海等.网络民主视域中的舆论监督[J].西安政治学院学报,2011(1).

76. 金太军等.西方电子民主研究及启示[J].马克思主义与现实,2011(3).

77. 叶冰莹,赖帝水.网络舆论对公共政策议程设置的影响研究[J].辽宁行政学院学报,2011(4).

78. 李辉.治理时代:政府改革的新挑战[J].山东师范大学学报(人文社会科学版),2011(4).

79. 张艺华.电子治理:网络化时代政府管理创新的范式选择[J].淮北师范大学学报(哲学社会科学版),2011(2).

80. 袁建军,金太军.参与民主理论核心要素解读及启示[J].马克思主义研究,2011(5).

81. 涂章志,刘丽文.论地方政府在舆情应对中的网络问责[J].河北青年管理干部学院学报,2011(5).

82. 魏星河,邹海斌.我国公民网络参政与政府治理改善[J].新视野,2011(5).

83. 寇大伟.双向互动机制:中国公民社会发展的路径选择[J].陕西理工学院学报(社会科学版),2011(2).

84. 李宇.群体事件与政府网络舆情管理[J].云南行政学院学报,2011(5).

85. 李涛.中国公民社会的兴起与政府合法性的构建[J].陇东学院学报,2011(5).

86. 赵灿.参与式治理:社会转型治理的新视域[J].长春市委党校学报,2011(6).

87. 张志安,贾佳.中国政务微博研究报告[J].新闻记者,2011(6).

88. 燕继荣.变化中的中国政府治理[J].经济社会体制比较,2011(6).

89. 金太军.政府公共危机管理失灵:内在机理与消解路径——基于风险社会视域[J].学术月刊,2011(9).

90. 王艳.社会包容视角下政府治理探析[J].社科纵横,2011(9).

91. 孟庆国.网络问政的意涵、形式与特征[J].电子政务,2011(9).

92. 周亚越,韩志明.公民网络问责:行动逻辑与要素分析[J].北京航空航天大学学报(社会科学版),2011(5).

93. 辜胜阻.虚拟社会管理与网络舆论危机应对[J].电子政务,2011(9).

94. 李晓莉,李郁芳.西方学者公共治理理论研究综述[J].江苏商论,2011(10).

95. 张秀敏.网络舆论主体社会影响力刍议[J].前沿,2011(10).

96. 史达.电子治理的概念解析及基本框架研究[J].电子政务,2011(10).

97. 李传军.重构电子政务模式:从电子政务到电子治理[J].行政管理改革,2011(10).

98. 李文峰.马克思市民社会思想探析:兼论对中国特色社会主义建设的价值意蕴[J].中共四川省委党校学报,2011(4).

99. 史成虎.从政策网络视角分析新阶层政治参与的效度问题[J].河南理工大学学报(社会科学版),2011(4).

100. 郭莉.权力制约视野下的网络舆论监督法理分析[J].江西社会科学,2011(10).

101. 诸葛福民等.公共危机治理中的信息公开问题:政府、媒体和公众的利益博弈[J].山东社会科学,2011(11).

102. 唐明勇.改革开放以来中国共产党的舆论引导:经验与启示[J].江西社会科学,2011(11).

103. 黄建.善治视阈下我国政府改革的策略选择[J].领导科学,2011(33).

104. 戴建华,杭家蓓.国内网络舆论的群体极化现象研究述评[J].情报科学,2011(11).

105. 赵越.权威的来源及其合法化问题[J].华北电力大学学报(社会科学版),2011(A2).

106. 官盱玲.改革开放以来中国共产党重视新闻舆论监督的经验与启示[J].求实,2011(12).

107. 谭双林,张韦.网络舆论形成过程中权力与权利的博弈[J].电子政务,2011(12).

108. 何显明.中国网络公共领域的成长:功能与前景[J].江苏行政学院学报,2012(1).

109. 郭艳英.政策网络视角下的地方政府治理创新[J].西安石油大学学报(社会科学版),2012(3).

110. 罗佳.论微博时代的政府公信力建设[J].理论导刊,2012(3).

111. 陈显中.政务微博引导网络舆情的机制研究[J].宁夏社会科学,2012(3).

112. 刘继荣.网络公共领域的形成及其可能[J].重庆大学学报(社会科学版),2012(5).

113. 王浦劬.中国的协商治理与人权实现[J].北京大学学报(哲学社会科学版),2012(6).

114. 胡宁生,魏志荣.网络公共领域的兴起及其生态治理[J].南京社会科学,2012(8).

115. 郑天鹏.地方政府网站公众参与的实践与建议:以吉林省为例[J].中国信息界,2012(8).

116. 刘波亚,郭燕来.提升与强化:网络公共领域与中国当代市民社会[J].理论月刊,2012(8).

117. 段忠贤.网络社会的兴起:善政的机会与挑战[J].电子政务,2012(10).

118. 郝继明.政府公信力危机:网络舆论的影响机理[J].唯实,2012(10).

119. 廖晓明,奉婷.我国政务微博参与公共管理的作用机理和条件初探[J].南昌大学学报(人文社会科学版),2012(6).

120. 朱琳.上海政务微博"上海发布"的发展研究[J].电子政务,2012(11).

121. 郑慧.参与民主与协商民主之辨[J].华中师范大学学报(人文社会科学版),2012(6).

122. 李晓非,厉云飞.网络时代影响政府权威的因素探析[J].长春市委党校学报,2013(1).

123. 常士訚.协商治理与民主建设:以东亚国家民主巩固为背景[J].晋阳学刊,2013(1).

124. 杜仕菊,曹娜.中国网络公共领域实践:可能、机制与限度[J].晋阳学刊,2013(2).

125. 王浦劬.中国协商治理的基本特点[J].求是,2013(10).

126. 汪旻艳.网络公共领域与政治生态的互动与对接[J].领导科学,2013(31).

127. James C. Davies, Toward A Theory of Revolution American Sociological Review, Volume 27, No.1, 1962.

128. Carole Pateman, Participation and Democratic Theory, Cambridge: Cambridge University Press, 1970.

129. Jane Mansbridge, Beyond Adversary Democracy, New York: Basic Book, 1980.

130. Margery S Berube. The American Heritage Dictionary, New York: Dell Publishing Co., 1983.

131. Benjamin Barber, Strong Democracy: Participatory Politics for a New Age, Berkeley: University of California, 1984.

132. J Habermas, The Theory of Communicative Action, vol.2, Trans. T McCarthy Boston: Beacon Press, 1987.

133. Hannah Arendt, The Human Condition, second edition., Chicago: The University of Chicago Press, 1998.

134. Jeffrey Luke, Catalytic Leadership.San Francisco, CA: Jossey-Bass, 1998.

135. Keith Faulks, Political Sociology: A Critical Introduction, Edinburgh University Press, 1999.

136. H. Schneider, Participatory Governance for Poverty Reduction, Journal of

International Development, Dec.11, 1999.

137. Robert B. Denhardt, Janet Vinzant Denhardt, the New Public Service Serving Rather the Steering, in Public Administration Review, November/December 2000 Vol.60, 6.

138. Larry N. Gerston. Public Policy Making: Process and Principles.New York: M.E.Sharpe Inc., 2001.

139. Eran Vigoda.From Responsiveness to Collaboration Governance: Citizens, and the Next Generation of Public Administration .Public Administration Review, Vol 62, No.5, Sep/Oct, 2002.

140. Archon Fung, Erik Olin Wright: Deepening Democracy: Institutional Innovations in Empowered Participatory Governance, New York: Verso, 2003.

141. Owen E.Hughes.Public Management and Administration: An Introduction. 3rd. Sydney, AUS: Palgrave Macmillan, 2003.

142. Charles Taylor, Modern social imaginaries, Durham: Duke University Press, 2004.

143. Andrew Heywood, Political Theory: An introduction, Palgrave Macmillan, 2004.

144. J Cohen, A Fung, "Radical Democracy", Swiss Journal of Political Science, 2004.

145. Amit Ray. Participatory Governance: Addressing the Problem of Rising Groundwater Level in Cities.Journal of Human Ecology, 2005, 18(2).

146. Andrea Cornwall, Engaging Citizens, Lessons from Brazils Experiences with Participatory Governance, InfoChange News & Features, December 2006.

后 记

时间如白驹过隙,网络技术的发展日新月异,转眼就进入了 4G 时代。当我还在研究近几年网络舆论发展动态的时候,新的网络事件突然间就发生了,使我根本来不及去关注和分析,理论研究总是跟不上形势的变化,所以说本书所关涉的研究足以成为一个人孜孜以求、皓首穷经的毕生事业。

本书在我博士论文的基础上修改而成,又增加了我毕业后对该课题的思考,从而使其内容更为丰富。本书的撰写,从我的学科专业角度而言,面临着很大的压力。在政治学、行政学界持续关注网络时代政府治理范式并产生大量研究成果的情况下,继续深入研究意味着创新和超越的难度很大。满含着对现实的剖析和理论的反思,在因年龄和学识所限的稚嫩表达中,书稿终于完成了。

应该说,在教学任务和科研任务较为繁重的情况下,我能够高效地完成书稿写作,颇觉欣慰。虽然本书的研究还不够深入,研究的视角还不够广泛,但能为政府未来的治理之道描绘出一幅切实、全面的蓝图,为政府转型提供一种理论视角和现实路径,确实让人期待。

在本书即将付梓之际,特别要感谢我的导师蔡林慧教授,蔡老师亦师亦友,她渊博的知识、扎实的功底、谦和的风度令我受益良多。蔡老师在论文选题和写作中给予我极大的鼓励与包容,每一次交流都能使我产生新的思维火花,有了继续前行的动力。

感谢俞良早教授、赵晖教授、孙建社教授、王立新教授、王永贵教授、王进芬教授对我博士学习的指导和帮助,感谢他们在论文开题和论文写作中所提出的宝贵意见。博士三年学习中,我在课堂上增长了学识,领略到了专业学科的博大精深;在导师身上,也看到了学者所具有的科学研究的执着精神和应该承担的社会责任。

感谢公共管理学院研究生办公室杨俊凯老师、李冠群老师,教务办公室卢明琴老师,研究生辅导员顾美红老师点滴的关心和支持。感谢我的博士同学胡凤飞、胡芳、于龙、董田甜,我们在思想交锋中得到启发,在学术道路上互相鼓励,不懈追求。虽然三年中相聚的机会并不多,但友情常在。

感谢我的家人对我写作的关心和支持,他们无私的奉献是我前进的动力。

本书的出版得到了公共管理学院"当代中国国家治理丛书"项目的资助,在此感谢公共管理学院行政管理系对青年教师的科研支持。同时,感谢南京师范大学出版社和高教部张春主任以及责任编辑刘娟娟,他们工作耐心、细致,给书稿提出了很多宝贵的修改意见。

在本书的编写中,我参考了国内外许多学者的相关成果,并在书后列出了主要参考文献,在此一并向他们表示感谢。

汪旻艳

2015年3月2日于南京仙林